Español para hablantes de herencia

CURSO DE ESPAÑOL COMO LENGUA DE HERENCIA. PRIMER Y SEGUNDO SEMESTRE.

MARGARITA CASAS

Linn-Benton Community College

i

UNIDAD 12
La salud

Apéndice A
Acentos

Apéndice B
Actividades de mecanización en Quia.com

En Internet
Actividades multimodales para hablantes de herencia (OER)
HTTPS://MOODLE.LINNBENTON.EDU/COURSE/VIEW.PHP?ID=13582

Para los estudiantes

¡Bienvenidos! Ojalá que con estas páginas aprendas no solo acerca de tu idioma, sino también de tu identidad cultural y de las muchas culturas que comparten el español como su herramienta de comunicación.

Para los profesores

Comencé a enseñar clases de español para hablantes de herencia hace varios años. Junto con esta aventura inicié también la búsqueda del libro de texto "perfecto". Sin embargo, por alguna razón u otra, nunca apareció. Fue esa la razón por la que decidí escribir mis propios materiales.

Una de las consideraciones principales para decidirme a escribir materiales fue el precio exorbitante de los libros de texto. Además, la mayoría de los libros parecía más bien un texto para enseñar a escribir. Aunque es cierto que ese es uno de los objetivos de la clase, también es cierto que un libro de esa naturaleza no es una herramienta muy útil cuando uno desea la participación de los estudiantes: que hablen, que den sus opiniones, que aprendan unos de otros.

Los materiales que aquí presento son un reflejo de mi filosofía: Aunque todas las variantes de un idioma deben tener validez, nuestros hablantes de herencia deben adquirir la habilidad de distinguir entre lo que es coloquial y lo que se considera estándar. Los alumnos que deciden tomar esta clase generalmente son estudiantes que recibieron toda su educación en inglés. Al usar el español no tienen problemas para comunicarse en situaciones de la vida diaria, pero podrían incrementar su vocabulario y gramática para desenvolverse en situaciones más formales, y así poder usar la lengua profesionalmente y con seguridad, sin preocuparse si es "espanglish" o no. Entre los materiales hay numerosos ejemplos que contrastan el español influenciado por el inglés con el que no lo está, así como las estructuras gramaticales que producen interferencia para quienes conocen el inglés y el español.

Además de mejorar sus habilidades, los estudiantes aprenderán sobre su idioma, como una estrategia para cultivar su capacidad de análisis. Así mismo, estas páginas aportan numerosos ejemplos de las variaciones del español en el mundo, así como la gran diversidad de culturas e historias que se agrupan bajo la palabra "hispano". No menos importante, estas páginas proveen de un espacio para que nuestros estudiantes puedan explorar su identidad.

Tras enseñar tres clases secuenciales para hablantes de herencia, decidí convertir mis materiales a un formato OER (*Open Educational Resources*). Estos materiales incluyen tres unidades temáticas y se pueden encontrar en las páginas de COERLL y en la página OER para hablantes de herencia en LBCC. Las cinco unidades que aquí se presentan están basadas en esos materiales originales, pero han sido mejoradas y he añadido nuevas secciones e información para despertar el interés de los estudiantes. Las cinco unidades presentan suficiente material para cubrir un semestre.

Con el objetivo de mantener los materiales a un costo accesible, he evitado el uso de textos que requieran pago por concepto de autor, pero el Internet ofrece una variedad increíble de literatura a la que los estudiantes pueden acceder gratuitamente. Además de asignarles cuentos de autores reconocidos, una de mis actividades favoritas es que lean noticias en alguno de los diarios más importantes, y redacten un análisis que incluya un resumen, un comentario sobre la importancia de esa noticia, y un comentario sobre cómo les afecta personalmente esta noticia.

Otro recurso valioso son los videos de *TedTalk* en español. No solo ofrecen una gran variedad de temas interesantes para explorar, sino que también exponen a los estudiantes a acentos diferentes. En mi página OER de LBCC pueden encontrar actividades OER para acompañar algunos videos de TedTalk.

Los temas explorados y la gramática también tienen como objetivo darles las herramientas necesarias a los estudiantes que decidan continuar el estudio formal de esta lengua.

¡Suerte con sus cursos, y prepárense para aprender mucho de sus estudiantes y de sus historias personales!

La organización de los materiales

Cada unidad explora un tema diferente y está dividida en las siguientes secciones:

Lectura   Es un artículo breve que presenta el tema y muestra parte del vocabulario en contexto. Incluye una sección de comprensión y una de conversación sobre el tema.

Vocabulario Esta sección añade vocabulario esencial para explorar el tema, así como actividades para controlar mejor ese vocabulario y expandirlo. Se ofrecen varias actividades para practicarlo, así como actividades adicionales de conversación. Aunque muchas palabras de la lista parecen demasiado básicas, es una manera de resaltar lo que los alumnos ya saben. Una actividad excelente es pedirles que trabajen en parejas y se expliquen las palabras (sin decirlas), para que su compañero les diga cuál están explicando.

Diferenciemos el inglés del español Una de las dificultades más grandes que tienen los hablantes de herencia es interferencia del inglés en sus conocimientos del español. Esta sección busca entender la diferencia entre el español estándar y el llamado espanglish, el cual no puede ser fácilmente comprendido por hispanohablantes de otros países, particularmente si no hablan inglés. El objetivo de esta sección no es eliminar el espanglish -el cual puede ser parte de la identidad de los estudiantes-, sino reconocer cuando se usa, y ayudar a los estudiantes a familiarizarse con el uso de palabras y expresiones usadas en los diferentes países hispanos.

Cuaderno de gramática y lengua En esta sección se van presentando temas gramaticales que ayudarán a los estudiantes a entender cómo funciona la lengua y a tener más control sobre las estructuras. Además de ejercicios, estas páginas incluyen explicaciones que pueden ser usadas como referencia. En varias ocasiones la sección comienza con un breve cuestionario (*¿Ya lo sabes?*) en el que los alumnos deben decidir qué opción les parece la correcta. El cuaderno de gramática es también un apoyo para los profesores que tengan clases mixtas (con estudiantes de herencia y de español como segunda lengua).

Ortografía Esta sección presenta varios temas que típicamente son difíciles para los estudiantes. Por supuesto, se incluyen actividades para practicar.

Nuestras culturas El objetivo de este segmento es presentar diferentes aspectos de las culturas hispanas. En algunas unidades se habla de temas que unen a todos los países hispanohablantes, y en otros el objetivo es profundizar más en las culturas de un país específico.

Para explorar Esta parte propone temas que los estudiantes pueden explorar y posiblemente presentar ante la clase. Los temas sugeridos les permiten a los estudiantes leer en español, sintetizar la información y presentarla. En la mayoría de los casos los temas sugeridos permiten profundizar en varias culturas hispanas y sus valores, así como mostrar la gran diversidad de culturas.

Para escribir mejor Información útil para escribir en general.

A escribir Se sugiere aquí un tema para escribir una composición formal relacionada con los temas explorados en cada unidad, o un documento de uso profesional, como un Curriculum Vitae.

El mundo del trabajo Esta sección es flexible. A veces es un texto que explora las diferentes profesiones que requieren de empleados bilingües, y a veces practica habilidades necesarias, como traducir o interpretar, o usar el registro correctamente.

Biografías El objetivo de las biografías es presentar a hispanos notables tanto en los Estados Unidos como de otros países. Las biografías funcionan también como lecturas adicionales, y van seguidas por actividades de comprensión y de conversación.

Curiosidades Esta página ofrece información sobre temas diversos o interesantes que puedan ser del interés del alumnado. El formato de pequeñas cápsulas informativas permite usarlos de manera casual si una clase tiene cinco o diez minutos adicionales.

Redes sociales El internet está inundado de fotografías, chistes, memes e infografías con información interesante que puede llevar a discusiones interesantes en una clase de lenguas. Esta sección ofrece la misma flexibilidad que la sección de Curiosidades, y puede invitar a los estudiantes a expresar su creatividad a través de la elaboración de sus propios memes.

Actividades de mecanización en Quia

En el segundo apéndice del libro se puede encontrar una lista con actividades que pueden ser asignadas en Quiz.com. Todas las actividades del libro están disponibles en la página español_como_herencia: https://www.quia.com/pages/mcasas/page104

Unidad 1
Nuestra identidad

Contenido y Objetivos

o Reflexionarás sobre tu cultura y tu identidad.

o Analizarás textos relacionados con el tema de la identidad de una persona.

o Te familiarizarás con los conceptos básicos del español, como la división en sílabas, la ortografía de los números y los conceptos de género y número.

o Aprenderás la historia de los apellidos

o Analizarás porqué ocurre el Espanglish y discutirás el papel que juega en tu vida.

Antes de leer

Piensa en tu identidad. ¿Te consideras hispano o latino? Habla con un(a) compañero(a) y expliquen sus preferencias.

¿Son sinónimos estas dos palabras o hay diferencia en el significado?

¿Eres hispano(a) o eres latino(a)?

En el mundo hay aproximadamente 442 millones de personas que hablan español como su lengua materna (*Ethnologue*, 2018), por lo que el español es la segunda lengua más hablada del planeta. Un número **semejante** de personas habla el inglés como su lengua natal.

De acuerdo con el último censo disponible de los Estados Unidos, en este país, 57 millones de personas se consideran hispanas (2017). De éstas, aproximadamente 41 millones hablan español como su **lengua materna**, pero más de 52 millones hablan este idioma.

El significado de la palabra *hispano* es que una persona habla español o proviene de un país en donde se habla este idioma oficialmente. Cabe preguntarse: Si hay 57 millones de hispanos, ¿cómo es que solo 41 millones hablan español? ¿Puede considerarse una persona hispana aunque no hable este idioma? ¿Qué características tienen en común estas personas para poder **conformar** un solo grupo, a pesar de **provenir** de 21 países diferentes?

Aunque el significado del **término** *latino* es diferente al de la palabra *hispano*, el censo de los Estados Unidos creó una gran confusión sobre sus significados al considerarlos sinónimos. De acuerdo a varios estudios, de los 57 millones de hispanos en los Estados Unidos, sólo al 24% le gusta identificarse como *hispano* o *latino*. La gran mayoría de las personas de origen español o latinoamericano prefiere identificarse por su **nacionalidad**, aunque solamente un 23% de quienes nacieron en Estados Unidos prefiere llamarse ''estadounidense''.

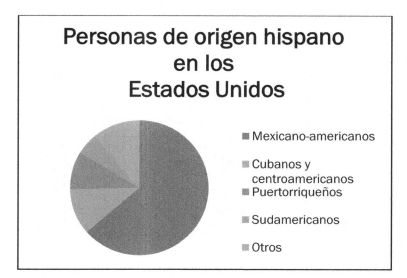

Personas de origen hispano en los Estados Unidos

- Mexicano-americanos
- Cubanos y centroamericanos
- Puertorriqueños
- Sudamericanos
- Otros

Mexicanoamericanos 63.3%

Cubanos y centroamericanos* 12.3%

Puertorriqueños 9.5%

Otros 9.9%

Sudamericanos (Argentina, Colombia, Chile, Ecuador, Perú, Venezuela) 5.2%

SOURCE: *PEW Research Center. Datos del 2015.*

Después del 2016 ha aumentado significativamente el número de migrantes centroamericanos y puertorriqueños, mientras que la inmigración de México continúa disminuyendo.

COMPRENSIÓN

1. ¿Cuáles son las tres ideas principales del texto?

2. En tu opinión, ¿cuál es la intención del artículo?

3. Responde con tu opinión las dos preguntas que se hacen en el texto:

   ¿Puede considerarse que las personas que no hablan español sean hispanos?

   ¿Qué características tienen en común estas personas para poder conformar un solo grupo?

CONVERSACIÓN

En el texto no se da una definición para la palabra "latino". Trabaja con un compañero para escribir una definición de esa y de las otras palabras de la siguiente lista.

o   latino(a)

o   hispano(a)

o   mexicano(a)

o   español(a)

o   chicano(a)

> **La controversia**
> En tu opinión, ¿hay alguna diferencia entre preferir el término "latino(a)" y el de "latinx"?

OPINIONES

A pesar del claro significado de la palabra *hispano*, según un estudio del *Pew Research Center*, la mayoría de los hispanos que viven en los Estados Unidos no piensa que hablar español sea necesario para identificarse como hispano. En tu opinión, ¿qué es necesario?

> **¿Es necesario hablar español para considerarse hispano?**
>
> El Centro de investigaciones PEW hizo esta pregunta, y estas fueron las respuestas de las personas que se consideran hispanas o latinas.
>
> | | no es necesario | es necesario |
> |---|---|---|
> | Todos | 71% | 28% |
> | Nacidos fuera de Estados Unidos. | 58% | 41% |
> | Nacidos en los EE. UU. | 87% | 11% |
>
> PEW Research Center, 2015.

Sustantivos	orgullo	anglosajón	**Verbos**
apariencia	raza	caucásico	asimilarse
apellido	ser humano	estadounidense	considerarse
apodo	subgrupo	hispanoamericano	discriminar
características	**Adjetivos**	hispanoparlante	identificarse
etnia	afroamericano	iberoamericano	
etiquetas	amerindio	indígena	
herencia cultural	angloparlante	latinoamericano	

A practicar

a) **Definiciones** Las siguientes palabras aparecen en la lectura al principio de este capítulo. Trabaja con un compañero para escribir una definición o dar un sinónimo para cada una y después úsenla en una oración.

conformar _____

lengua materna _____

nacionalidad _____

provenir _____

término _____

b) **¿Estás de acuerdo?** Trabajen en parejas. Lean las afirmaciones y digan si están de acuerdo o no, y expliquen por qué.

1. Mi identidad está basada en quién soy, no en lo que otros creen que soy.

2. Los seres humanos se clasifican en razas y etnias.

3. Todos los hispanos compartimos la misma cultura.

4. *Mexicano* y *puertorriqueño* son ejemplos de razas.

5. No deberían existir etiquetas para agrupar a la gente, porque así no habría discriminación.

6. En realidad solamente hay una raza: la raza humana.

7. Mis mejores amigos comparten muchos rasgos de mi identidad.

8. Es muy importante conocer a personas con identidades diferentes a la propia.

4

a) ¿Quién eres y cómo eres?

Piensa en cinco o seis palabras que te describen. Escríbelas en el cuadro de abajo y después habla con varios compañeros acerca de sus descripciones. ¿Qué tienen en común tus compañeros? ¿Qué es diferente?

b) Características

En la lectura inicial se habló de cuatro subgrupos de hispanos en los Estados Unidos. Trabajen en grupos para hablar de algunas características culturales de estos grupos. ¿Qué diferencias hay? ¿Qué tienen en común?

centroamericanos

cubanos

mexicanos

puertorriqueños

c) Lengua e identidad cultural

Trabajen en parejas para responder las preguntas y dar sus opiniones.

1. La palabra hispano define a una persona de todos los países donde se habla español. ¿Qué palabra hay para referirse a una persona de un país donde se hable el inglés?

2. Muchos descendientes de inmigrantes decidieron no enseñar su idioma materno a sus hijos. ¿Por qué crees que tomaron esta decisión?

3. ¿Cómo aprendiste el español? ¿Qué hizo tu familia para que aprendieras?

4. Si un día decides tener hijos, ¿les enseñarían español? ¿Por qué?

5. Si respondiste que sí a la pregunta anterior, ¿qué estrategias usarías para enseñarles el español a tus hijos?

6. ¿Qué diferencias hay entre el español que hablas tú y el que habla alguien que nació y creció en un país de habla hispana?

Investigación

Busca en Internet algunos consejos para criar niños bilingües. Reporta las estrategias que encuentres y compáralas con tu experiencia personal. Después de una recomendación adicional.

---

d) ¿Quiénes somos? Completa las oraciones de abajo con palabras que te describan. Después circula por la clase para encontrar compañeros que se hayan descrito con palabras semejantes. Usa el espacio en blanco para tomar notas sobre los nombres para reportar a la clase.

1. Soy _____

2. Soy _____

3. Soy _____

4. Estoy _____

5. Estoy _____

6. Estoy _____

Nota lingüística

¿Por qué en español se usan dos verbos (**ser** y **estar**) cuando en inglés solamente se usa *to be*? ¿Cuál es la diferencia?

e) Nuestra identidad Nuestra identidad no es una sola etiqueta como "hispano" o "latino". Somos seres complejos y hay muchos factores más que explican quiénes somos. Completa el diagrama de abajo para reflexionar en tu identidad. Comenta con un(a) compañero(a) de la clase: ¿Cuáles de estos factores son los más importantes en tu identidad? Los círculos adicionales son para que escribas otros factores que explican quién eres.

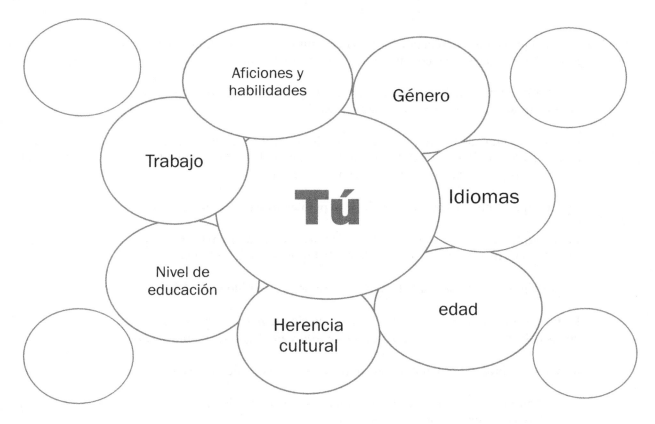

f) Una canción Preséntale a la clase una canción o una poesía con la que te identifiques.

EL ALFABETO (ABECEDARIO)

Los alfabetos en inglés y en español son muy similares. El alfabeto español ha variado con los años. Por ejemplo, varias letras han desaparecido, entre ellas la che [ch], la doble ele [ll], y la doble ere [rr].

Aunque los alfabetos son similares, hay algunas diferencias importantes. En clase hablaremos sobre estas diferencias, lo que te ayudará a leer en voz alta con confianza (en caso de que no lo hayas hecho antes).

El alfabeto español

A	B	C	D	E	F
G	H	I	J	K	L
M	N	Ñ	O	P	Q
R	S	T	U	V	W
X	Y	Z			

El alfabeto español fue diseñado para facilitar la escritura. Es una escritura fonética, es decir que básicamente, lo que se escribe es lo que se lee, con muy pocas excepciones. Observa las siguientes consideraciones:

- o La letra **h** es una excepción ya que no tiene ningún sonido, pero se debe escribir para respetar el origen etimológico de las palabras que la necesitan.

- o Aunque las letras dobles (**ch**, **ll** y **rr**) hayan desaparecido del alfabeto, al ocurrir dentro de las palabras mantienen un sonido original. Por ejemplo, el sonido de la *ll* no es igual al de dos eles. Estas letras no se pueden separar cuando se divide una palabra en sílabas.

- o La letra **q** siempre va seguida de la letra **u**, pero en este caso la **u** no suena.

- o La letra **g** tiene un sonido suave si la siguen las vocales **a**, **o** y **u** (por ejemplo, *ganas*, *gorila*, *gusto*). Su sonido es fuerte si va seguida de la **e** o la **i** (por ejemplo, *gelatina*, *gitano*).

- o Al principio de una palabra la letra **r** siempre tiene el sonido de la doble erre: radio, ratón.

- o La **ñ** es una letra única del español. No es una simple *n*, y escribir *n* en vez de *ñ* cambia el significado de las palabras. ¿Cuál es la diferencia entre ***una*** y ***uña***? ¿ Y entre ***año*** y ***ano***?

- o Muchas palabras del español requieren de un acento (también llamado *tilde*).

- o Al escribir una pregunta o una exclamación, es indispensable indicar dónde comienza con los signos respectivos de interrogación (¿) y de exclamación (¡).

A lo largo de este curso practicarás estos y otros principios en la sección llamada **Ortografía.**

La ortografía de los números

1	uno	12	doce	30	treinta
2	dos	13	trece	31	treinta y uno
3	tres	14	catorce	32	treinta y dos
4	cuatro	15	quince	40	cuarenta
5	cinco	16	dieciséis	50	cincuenta
6	seis	17	diecisiete	100	cien
7	siete	18	dieciocho	101	ciento uno
8	ocho	19	diecinueve	500	quinientos
9	nueve	20	veinte	1000	mil
10	diez	21	veintiuno	1.000.000	un millón
11	once	22	veintidós		

Hace mucho tiempo se aceptaba escribir con palabras separadas los números entre 15 y 30 (por ejemplo, *diez y seis*). Sin embargo, esta regla cambió hace más de cuarenta años y ahora solamente se considera correcto escribirlos en una palabra.

Observa que los números no tienen género, pero cuando se usan para modificar a un sustantivo, aquellos que terminen en **-*un*** o en **-*er*** deben cambiar a la forma femenina si se refieren a un sustantivo femenino.

Hay ***treinta y un*** *estudiantes en la clase.*   Hay ***veintiún*** *países en donde se habla español.*

Hay ***treinta y una*** *páginas en el capítulo.*   Hay ***veintiuna*** *personas en la lista.*

Observa también que la traducción de "*one thousand*" generalmente no se traduce como "un mil", sino solamente *mil*. Por ejemplo, la fecha 1938 se dice *mil novecientos treinta y ocho*.

¡Atención! El plural de *millón* pierde el acento: millones.

Foto cortesía de Gerardo Kloss

A PRACTICAR

Escribe los siguientes números:

a) 1 115 _____

b) 534 _____

c) 23 744 _____

d) 2 301 100 _____

La oración y las partes del idioma

Seguramente ya sabes que una oración se divide en **sujeto** y **predicado**. Dentro de una oración también encontramos palabras que se clasifican en categorías lingüísticas como **adjetivos, adverbios, artículos, sustantivos, preposiciones** y algunas otras. Lee las siguientes oraciones y decide qué parte del idioma es cada una de las palabras.

adjetivo	adjetivo posesivo	adverbio	artículo	
conjunción	pronombre personal	preposición	sustantivo	verbo

1. Mi familia vive en una comunidad pequeña.

2. Yo estoy tomando clases difíciles.

3. Leí rápidamente y ahora estoy listo para la clase.

4. La gente prefiere no trabajar los fines de semana.

Notas importantes

1) A diferencia del inglés, los adjetivos deben <u>concordar</u> con el sustantivo que describen. En otras palabras, deben cambiar a femenino o masculino y singular o plural, dependiendo del sustantivo al que se refieran.

> Soy *inteligente* → somos *inteligentes*

> Es un libro *largo* → es una novela *larga*

2) Es posible (y preferible) omitir los pronombres personales, a menos que haya duda de quién es el sujeto.

> ~~Yo~~ soy de California.

3) A diferencia del inglés, el artículo definido es necesario al principio de una oración si hay un sustantivo.

> *Spanish is a beautiful language* → **El español** es un idioma bonito.

Aprenderás más sobre el uso de los artículos en la Unidad 5.

Las reglas generales de género y número

En el idioma español los sustantivos tienen género (femenino o masculino), y número (singular o plural). El género de una palabra es arbitrario y se decide por cuestiones meramente lingüísticas. Por ejemplo, la palabra vestido es masculina porque termina en "o", aunque su uso se asocie con la vestimenta de las mujeres.

Las siguientes son las reglas más útiles para reconocer el género de una palabra.

GÉNERO MASCULINO

1) El 99% de los sustantivos que terminan en *–o* son masculinos.

Excepciones más frecuentes: la mano   la moto   la radio

2) La gran mayoría de las palabras que terminan en *–r* o *–l* son masculinas.

Excepciones más frecuentes: mujer   flor   cárcel   miel

3) Más del 90% de las palabras que terminan en *–n*, o *–s* son masculinas.

Algunas excepciones: imagen   razón   res   tos

4) Si la palabra termina en *–e*, hay aproximadamente un 90% de posibilidades de que sea una palabra masculina.

Algunas excepciones: clase   llave

5) Si la palabra puede referirse a un hombre o a una mujer, el género se indicará en el artículo:

     el/la estudiante   el/la presidente   el/la gerente

6) Las culturas ancestrales de las Américas terminan en la letra a, pero son palabras masculinas:

     los aztecas   los incas   los mayas   los olmecas

GÉNERO FEMENINO

1) Casi todas las palabras que terminan en *-a* son femeninas. Sin embargo, hay muchas palabras que entraron al español del idioma griego, y estas tienden a ser excepciones.

Excepciones más frecuentes: el aula   el día   el mapa   el planeta

         el poema   el problema   el tema

2) Así mismo, todas las palabras que terminan en *-ción*, *-ie* y *-umbre* son femeninas.

3) Con pocas excepciones, las palabras que terminan en *–dad*, *-tad* y *–tud* también son femeninas.

Género y número de sustantivos y adjetivos

El género es un concepto arbitrario de la lengua. En español un sustantivo se puede considerar masculino o femenino. Casi siempre una palabra que termina en o es masculina, y una que termina en a es femenina, pero hay excepciones que hay que recordar. Las palabras que terminan en **e** o en consonante, deben conocerse para saber si son femeninas o masculinas. Si tienes dudas, consulta un diccionario.

A practicar

a) Sustantivos Escribe junto a la palabra si es masculina (**M**) o femenina (**F**)

idioma _____	televisión _____	problema _____
vestido _____	día _____	foto _____
salud _____	relación _____	programa _____
reunión _____	labor _____	mujer _____
conferencia _____	administración _____	azúcar _____

b) Dos posibilidades Los siguientes sustantivos pueden ser femeninos o masculinos, pero cambian de significado. Trabaja con un compañero para hacer una oración con el sustantivo femenino y una con el sustantivo masculino.

1.	el frente/ la frente		5.	el coma/la coma	
2.	el cura/la cura		6.	el corte/la corte	
3.	el guía/ la guía		7.	el cólera/la cólera	
4.	el papa/ la papa		8.	el radio/ la radio	

c) La concordancia Las siguientes oraciones tienen errores de concordancia. Corrígelos.

1. Mi familia vienen a visitarme a menudo. _____

2. Las clases me pareció muy interesante. _____

3. La gente que fueron al evento eran jóvenes. _____

4. No es verdad que el dinero nos haga más feliz. _____

Las sílabas

Entender la división de las sílabas en español te ayudará a separar palabras y a entender mejor los acentos.

Una sílaba es la división fonológica de una palabra. Muchas palabras en español empiezan con una consonante. Si empiezan con una vocal, la vocal sola casi siempre es una sílaba. Las consonante solas nunca constituyen una sílaba: necesitan de vocales.

li-bro   co-mi-da   a-co-ger

Generalmente las consonantes contiguas se dividen en sílabas diferentes, con la excepción de las dobles consonantes que tienen un sonido particular, como **rr**, **ll** y **ch**.

a-ma-rrar   a-ma-ri-llo   a-rroz

Las dobles consonantes **cc** y **nn** siempre se dividen, quedando en sílabas separadas.

ac-ci-den-te   in-na-to

¡Atención! la **r** y la **l** deben aparecer como parte de la sílaba de la <u>consonante</u> que las precede. De la misma manera, la **s** no se separa de la vocal que la precede.

cla-si-fi-ca-ción   mi-cro-bio-lo-gía   es-truc-tu-ra

Los siguientes pares de consonantes son inseparables y forman una sílaba con la vocal que las sigue: **br, cr,dr, gr, fr, kr, tr** y **bl, cl, gl, fl, kl, pl**

fre-no   la-drón   go-gle   pla-to   fran-co   crio-llo

Un diptongo se define como la combinación de una vocal fuerte (a, e, o) y una débil (i, u). Los diptongos y triptongos (Una vocal fuerte entre dos débiles) no se pueden separar.

mien-tes   re-si-duo   coin-ci-den-cia   mur-cié-la-go

Dos vocales fuertes requieren que se separen las sílabas (este fenómeno se conoce como *hiato*).

a-é-reo   le-al-tad   te-a-tral

Singular y plural

Si una palabra termina en vocal, se pluraliza con <u>s</u>. Si termina en consonante, el plural es -<u>es</u>. Si termina en <u>z</u>, el plural es -<u>ces</u>. Si termina en <u>í</u>, o en <u>ú</u> también se pluraliza -<u>es</u>, con pocas excepciones (como champús y menús).

amigo → amigos   camión → camiones   lápiz → lápices   rubí → rubíes

○   Las siguientes palabras no tienen plural: *caos, génesis, salud, sed, tez*

○   El singular y el plural es igual para los días de la semana (excepto sábado y domingo), y para las siguientes palabras (entre otras): *cactus, caries, cosmos, crisis, dosis, hipótesis, virus.*

A PRACTICAR

Las reglas para dividir sílabas van a ayudarte en cuestiones de ortografía y para entender las reglas de acentuación. Además, en español las palabras de deben separar en sílabas completas al final de un renglón.

a) División en sílabas Divide en sílabas las palabras de la lista

identidad _____

sudamericano _____

estadounidense _____

autoestima _____

asimilación _____

aclaración _____

fotografía _____

aguileña _____

b) Pluralización Pluraliza las palabras de la primera columna. Cambia al singular las palabras de la segunda columna. Si tienes dudas, consulta un diccionario en línea, o la página de la RAE (Real Academia de la Lengua).

Ejemplos:

leal → leales   avión → aviones

1. cartel _____

1. televisiones _____

2. lápiz _____

2. acciones _____

3. feliz _____

3. crímenes _____

4. comunidad _____

4. jabalíes _____

5. maniquí _____

5. cafés _____

6. gurú _____

6. monstruos _____

Antes de leer

1. ¿Cuál es tu nombre completo?

_____   _____   _____
Nombre(s) de pila   apellido paterno   apellido materno

2. ¿Cuántos apellidos tiene tu nombre? ¿Por qué?

3. ¿Tienen significado tus apellidos? ¿Sabes en dónde se originaron?

El origen de los apellidos hispanos

El nombre de una persona es una clave que nos ayuda a entender un poco su identidad. Hay apellidos que podemos reconocer inmediatamente por su origen, aunque sea lejano. A veces hasta la ortografía de un apellido es una pista a su origen. Por ejemplo, ¿se escribe Gómez o Gomes?

Desde tiempos remotos se han usado nombres para distinguir a una persona de otra. Durante la Edad Media la identidad de una persona se documentaba en las iglesias mediante la combinación de un nombre de pila, el lugar de origen de la persona y el nombre del padre. Para organizar la información, los notarios medievales escribían al lado del nombre de pila el resto de la información. Con el tiempo esta información se transformó en los apellidos que son comunes en la actualidad. Muchos de los apellidos modernos están basados en el lugar de origen de la persona, como pueblos, regiones o accidentes geográficos de la zona donde se nació, como es el caso de los apellidos Arroyo, Cuevas, Montes y Nieves. Este tipo apellidos se conoce como toponímico. Otro grupo de apellidos se originó en la profesión de los padres, como Guardia, Molinero y Zapatero. En esos tiempos las profesiones solían ser hereditarias, haciendo esta información más relevante. Un tercer grupo de apellidos se derivó de descripciones físicas de los padres: Calvo y Moreno son dos ejemplos de esto. Otros apellidos se originaron en nombres de animales, adoptando su nombre como símbolo de las cualidades asociadas con ese animal.

Durante el Medievo también aumentó mucho la población y se hizo necesario distinguir a todos los que compartían un mismo nombre de pila. Por eso se empezaron a usar en España los apellidos patronímicos, es decir, apellidos que se derivaron del nombre de pila del padre. Los sufijos -is, -ez e -iz se usaron -y se siguen usando- en diferentes regiones de España (cuyos idiomas eran el vasco, el catalán y el español) para significar "hijo de". ¿Conoces a alguien cuyo apellido sea "Pérez"? Este apellido originalmente significaba "hijo de Pedro", y se convirtió en uno de los apellidos más comunes del idioma español. Hubo otros factores que repercutieron en los apellidos. Por ejemplo, durante la época de la Inquisición muchas familias de origen árabe y judío eligieron convertirse al cristianismo para no ser expulsados de España. En muchas ocasiones esta conversión significó cambiar su apellido. Muchos nombres que comienzan con "San" se originaron en esta época: Santana, Santa María y Santos son tres ejemplos.

Probablemente fue entre los siglos XIII y XV que comenzó el uso obligatorio del apellido. Se sabe que en 1870 nació el Registro Civil español, el cual reglamentó su uso hereditario. Antes de ese momento se había gozado de gran libertad para escoger los apellidos, además de que la gente podía cambiar la ortografía, e incluso inventar apellidos a su gusto.

También a finales del siglo XIX, algunas familias nobles o de la clase alta empezaron a combinar dos apellidos con el objetivo de distinguirse de otras familias. Se cree que algunas familias de estratos económicos más humildes comenzaron a imitar a los nobles, y para ello usaban el apellido paterno y el materno juntos, con el objetivo de crear el efecto de nobleza de los apellidos compuestos. Fue así como surgió el uso de los dos apellidos. Curiosamente, en Europa solamente España y Portugal adoptaron esta costumbre, pero estos dos países llevaron la costumbre de usar los dos apellidos a sus colonias en América. Argentina es la única nación donde la costumbre fue usar solamente un apellido. Aunque a partir de 1998 la ley pide que se registren tanto el apellido paterno como el materno, muchos argentinos continúan utilizando solamente uno.

Mapa de los diez apellidos más comunes de España, por regiones.
Fuente: Wikipedia. Dominio público.

Tradicionalmente los apellidos se listan en un orden específico: Primero se lista el apellido paterno, seguido por el apellido materno. Sin embargo, esta tradición está cambiando. En España se aprobó en el año 2010 una reforma al registro civil que les permite a los padres de un niño decidir el orden de sus apellidos. Según la nueva legislación, si los progenitores no llegaran a ponerse de acuerdo sobre el orden, se usaría el orden alfabético. El caso de España no es único. También en México ha sido aprobada legislación sobre los apellidos. Según nuevas leyes del año 2014, los residentes de la Ciudad de México pueden decidir el orden de los apellidos de sus hijos. En caso de que no haya un acuerdo, se seguirá el orden tradicional.

Al parecer, aun las más arraigadas de las tradiciones van cambiando poco a poco.

Después de leer

1. ¿Son tus apellidos parte de tu identidad? Explica por qué.

2. ¿En dónde se originaron tus apellidos y qué significan?

3. Es tradición en algunas culturas que las mujeres abandonen su apellido paterno cuando se casan. ¿Tú abandonarías tus apellidos? Explica tu respuesta.

4. ¿Crees que el uso se esté extendiendo a países donde se habla inglés? ¿Por qué?

5. ¿Qué ventajas y qué desventajas tiene el uso de dos apellidos?

Para investigar

1. ¿Por qué crees que en Argentina se acostumbraba usar solamente el apellido paterno hasta 1998?

2. En España las leyes han cambiado y ya no es necesario que el apellido paterno sea el primero. Averigua lo que dice la nueva ley. Después de encontrar la información, da tu opinión personal: ¿Es buena idea?

3. Tener un nombre se considera un derecho fundamental del ser humano. ¿Por qué?

> **Los apellidos más comunes:**
>
> **Argentina**: González y Rodríguez
>
> **Colombia**: Rodríguez, Gómez y González
>
> **España**: García y González
>
> **México**: Sierra, García y Martínez
>
> **Venezuela**: Ramírez y González

PARA PROFUNDIZAR

¿Te interesa el tema? Busca en el Internet un video o un artículo con las palabras "Historia de los apellidos". Toma nota de los datos más interesantes acerca del uso de los apellidos en diferentes civilizaciones/momentos de la historia y compártelos con la clase.

Latinoamérica

i) Para investigar y analizar

¿Qué significa la palabra "América" para ti? ¿Cuál es la diferencia con las palabras "Latinoamérica", "Hispanoamérica", "Centroamérica" o "Sudamérica"?

¿Qué asocias tú con la palabra "Latinoamérica"?

ii) Para leer y analizar

Busca en internet las siguientes poesías o canciones y, para analizarlas, responde las preguntas de abajo

> *Pequeña América*, por Pablo Neruda
>
> *A Roosevelt*, por Rubén Darío
>
> *I am Joaquín*, por Rodolfo "Corky" González
>
> *Latinoamérica*, por Calle 13

1. ¿Cuál es el **tono**?

2. ¿Qué quiere comunicar **la voz narrativa**?

3. ¿Cuál es el **tema** o el **mensaje** de este poema o canción? (Da ejemplos directamente del texto).

4. ¿Te gustó la poesía/canción? ¿Por qué? ¿Qué sentimientos te provoca?

iii) Para ver y analizar

Elige una de las siguientes opciones.

a) *Mi familia* (1995, dirigida por Gregory Nava).

 Ve la película y analízala desde el punto de vista de las experiencias de esta familia. ¿Cómo afectó su vida ser hispanos en los Estados Unidos? ¿Hay alguna semejanza con tu vida?

b) *The Power of an Illusion* (PBS, tres episodios de una hora cada uno).

 Elige al menos dos episodios (uno debe ser el primer video) y escribe una reacción y análisis de lo que aprendiste y cómo se relaciona con tu experiencia.

La oración

Hablar y escribir son dos habilidades diferentes e independientes la una de la otra. Al hablar improvisamos para explicar nuestras ideas, pero cuando escribimos tenemos tiempo para organizar los pensamientos de forma clara y concisa. Un lector asume que quien ha escrito el texto ha tomado el tiempo necesario para organizar sus pensamientos de una manera clara. Las expectativas de un texto escrito son que estará bien organizado, no tendrá errores ortográficos y será coherente. ¡Toma tu tiempo para escribir! Nunca escribas lo que te viene a la mente sin regresar a leerlo para editarlo.

Hay muchas razones para escribir. Es posible que solo quieras contar una historia, o quizás quieras hablar de tu opinión sobre un tema. Quizás tu objetivo sea debatir una opinión con la que no estás de acuerdo. Definir el objetivo de tu texto es importante porque te ayudará a decidir el orden en que debes presentar la información. En general, es buena idea comenzar con una introducción. En ella puedes decirle al lector el tema del que hablarás, o capturar su interés mediante una anécdota relevante.

Cualquiera que sea el tema de tu texto, el elemento fundamental para comunicarte por escrito es la oración: un pensamiento completo, autónomo. Distinguimos una oración de una frase porque la oración tiene un verbo conjugado y, por lo mismo, cuenta con un sujeto y un predicado.

Para escribir claramente es necesario crear oraciones completas, pero no demasiado largas. Entender la puntuación (de la que hablaremos en la Unidad 3) te ayudará a separar las oraciones de manera lógica. Por lo pronto, un truco muy útil es leer en voz alta lo que escribes. Si necesitas hacer una pausa breve mientras hablas, es señal de que requieres una coma. Si la pausa es un poco más larga o has cambiado de sujeto, es probable que necesites un punto.

A continuación te ofrecemos algunos consejos básicos adicionales:

- Evita escribir oraciones muy largas para mantener la claridad. Cuando domines mejor el idioma podrás escribir oraciones más largas. Por lo pronto, concéntrate en escribir tus ideas claramente.
- No asumas que tus lectores saben de qué estás hablando. Incluye toda la información básica y elimina la información innecesaria.
- Trata de mantener el orden tradicional de la oración: sujeto + verbo + complementos.

A practicar

a) **Claridad** Observa las siguientes oraciones y decide cuál es más clara y por qué. ¿En qué casos hay ambigüedad (más de una interpretación)?

1. a) Felicia lee un libro para sus clases y Ana también pero no escribe un reporte.

    b) Felicia y Ana leen un libro para sus clases, pero Felicia no escribe un reporte.

2. a) El pez está listo para comer.

    b) El pescado está listo para ser comido.

3. a) El Barcelona le ganó al Real Madrid en su campo.

    b) El Barcelona le ganó en su campo al Real Madrid.

b) **Editando un texto** Lee el siguiente texto y trabaja con un(a) compañero(a) de clase para editarlo. Usa oraciones más cortas y claras. Pueden cambiar todo lo que les parezca necesario. ¡**Atención**! El texto tiene errores de varios tipos.

Mi familia somos de Guatemala y yo por eso la tradición y los valores es muy importante para ellos. Mi abuela de una generación anterior ella cree que una mujer pertenece en la cocina y debe estar capaz de cocinar en el momento en que somos quince años edad pero a diferencia de los hombres que nomas se sientan pa que las mujeres les sirven la comida pero yo no estoy de acuerdo con esto porque no es justo por eso me peleo con mi abuela.

CONSEGUIR Y DAR INFORMACIÓN PERSONAL

En esta unidad hemos hablado de los apellidos y de la identidad de una persona. Imagina que estás trabajando para una compañía que quiere darle servicio a personas que hablan español. Para abrirles un expediente necesitas conseguir la información de la forma que aparece a continuación.

Primero traduce al español la información que se pide. Después piensa en la pregunta que debes hacer para conseguir la información. Presta atención al hecho de que la pregunta en inglés no siempre corresponde culturalmente a lo que se debe preguntar en español.

Al final, trabaja con un compañero y túrnense para pedirse la información. **¡Ojo!** Como en cualquier situación formal de trabajo, usen la forma de usted para hablarse.

Modelo   *First name* → Nombre → ¿Cuál es su nombre de pila?

Inglés	Español	Pregunta necesaria	Respuesta de tu compañero(a)
First name			
Middle name			
Family name			
Age			
Birthday			
Place of birth			

El idioma dominante

Aunque una persona bilingüe habla dos idiomas, es poco común que la persona tenga exactamente la misma habilidad en ambos: generalmente hay una lengua dominante. Si vives en los Estados Unidos es probable que hayas completado tu educación primaria y secundaria en inglés. Para entender mejor cuál es tu idioma dominante, completa el siguiente cuestionario.

	ESPAÑOL	INGLÉS	NO TENGO PREFERENCIA
1. En mi casa hablo en…			
2. Prefiero leer en…			
3. Si hay opción, prefiero ver televisión en…			
4. Hablo con mis mejores amigos en…			
5. Mi página de Facebook/Instagram (etc.) está en…			
6. Escribo mejor en…			
7. Siempre encuentro las palabras que necesito para expresarme en …			
8. Generalmente sueño en …			

a) **Resultados** Trabaja con un compañero y comparen sus respuestas. Basándose en ellas, ¿**cuál es su idioma dominante**? ¿Por qué creen que sea así? Repórtenle la información a la clase.

b) **Opiniones** Ahora habla con un compañero diferente sobre sus respuestas a las siguientes preguntas.

1. ¿En cuál de los dos idiomas tienen un vocabulario más amplio?

2. ¿A veces mezclan los dos idiomas? ¿Por qué? ¿Piensan que sea malo mezclar los dos idiomas?

3. Den ejemplos de lo que consideran que es el "espanglish".

4. ¿Creen que haya alguna diferencia entre cómo se habla el español en Estados Unidos y cómo se habla en otros países? Expliquen y den ejemplos.

Para investigar

Busca en Internet el video *The benefits of the bilingual brain*. [http://ed.ted.com/lessons/how-speaking-multiple-languages-benefits-the-brain-mia-nacamulli]

¿Qué ventajas tiene ser bilingüe? ¿Cómo funciona el cerebro de forma diferente para las personas bilingües?

CAMBIO DE CÓDIGO (*CODE SWITCHING*)

Cambiar de código significa alternar idiomas dentro de una conversación. Los hablantes bilingües tienden a cambiar de código cuando no encuentran una palabra en uno de sus idiomas, o cuando piensan que una palabra en otro idioma explica mejor lo que quieren decir. Hay otras razones para el cambio, como connotaciones, modas o motivos emocionales.

El cambio de código puede ocurrir de cuatro maneras diferentes.

---

1) Cambio de código inter-oracional

> Ana no me llamó. *What's up with her*?

2) Cambio intra-oracional

> Me encanta *ir de shopping* con mis amigos

3) Cambio de coletilla/muletilla (tag)

> Así son ellos, *you know*.

4) Cambio intra-palabra

> Vamos a watchear el juego en la tele.

Estos cambios de código son parte del fenómeno que se conoce como "Espanglish", pero pueden ocurrir en la mezcla de dos idiomas, cualesquiera que sean.

a) Reflexión Conversa con un compañero sobre sus respuestas a las preguntas.

1. ¿Hablas *Espanglish*? ¿Con quién y con qué frecuencia?

2. ¿Qué se necesita para hablar y/o entender el *Espanglish*?

3. ¿Crees que sea un idioma como el español o el inglés? ¿Por qué?

4. ¿Tiene el *Espanglish* algún papel en tu identidad personal? Explica.

b) Jorge Ramos: El futuro del Espanglish.

Busca en el Internet el artículo "*El futuro del Espanglish*" del periodista Jorge Ramos y «traduce» al español estándar el primer párrafo de su artículo.

Patrones de escritura diferentes en inglés y en español

En esta sección vamos a examinar ejemplos de reglas ortográficas, y en ocasiones vamos a contrastar el inglés y el español.

Para empezar, si la lengua en la que lees y escribes más es el inglés, es probable que uses ciertos patrones del inglés al escribir en español. Vamos a observar aquí algunas diferencias básicas.

a) *ph-, -tion, -mm*

Escribe la traducción al español para cada palabra. Después de completarlas observa los patrones que se repiten y establece una conclusión ortográfica. Por ejemplo, si en inglés se escribe "ph", en español se escribe…").

photo _____   ambition _____   immoral _____

philosophy _____   condition _____   immature _____

Conclusiones:
_____

b) *-age* y *-gist*

language _____   zoologist _____

message _____   geologist _____

Conclusiones:
_____

c) *-ty*

clarity _____   reality _____   obscurity _____

enormity _____   quality _____   quantity _____

Conclusión:
_____

d) Mayúsculas y minúsculas

En español **no** se usan letras mayúsculas para escribir nacionalidades, idiomas, días de la semana o meses del año. Sin embargo, debes usarlas con nombres propios, como los nombres de los países.

December _____   Monday _____   Mexican _____

A practicar

a) Patrones ortográficos El siguiente ejercicio te ayudará a recordar mejor las diferencias de ortografía entre el inglés y el español. Escribe la traducción de las siguientes palabras:

1. *temptation* _____

2. *location* _____

3. *description* _____

4. *passage* _____

5. *anthropology* _____

6. *communication* _____

7. *mention* _____

8. *dimension* _____

9. *distribution* _____

10. *geology* _____

11. *discussion* _____

12. *courteous* _____

13. *affinity* _____

14. *psychology* _____

b) Más diferencias ortográficas Hay palabras que son muy similares en los dos idiomas y significan lo mismo. Estas palabras se llaman cognados. En la página anterior observaste las siguientes diferencias ortográficas en muchos cognados:

- La **_ph_** del inglés se convierte en **f**: *Philosophy* → filosofía.

- No existen las dobles consonantes, con la excepción de **cc**, **ll**, **nn** y **rr**: a**cc**ión, **ll**uvia, i**nn**ato, pe**rr**o.

- la **ct** del inglés se convierte en **cc** en español: *dictionary* → diccionario

Escribe la palabra en español.

1. *commercial* _____

2. *personnel* _____

3. *graphic* _____

4. *photography* _____

5. *trapped* _____

6. *common* _____

7. *access* _____

8. *traffic* _____

9. *correct* _____

10. *professor* _____

Pixnio. Dominio público. (CC)

Opción A: Mi vida ahora

Vas a escribir acerca de ti.

Párrafo 1: Da información personal ¿Quién eres? ¿Cómo eres? ¿Cómo es tu familia?

Párrafo 2: Da información sobre tu familia y tu vida en general. Resalta los aspectos que para ti sean los más importantes.

Párrafo 3: Habla sobre tus planes futuros.

Párrafo 4: Conclusión

Opción B: Mi identidad

Vas a analizar tu identidad cultural

Párrafo 1: Explica quién eres y cuáles son palabras que te describen y por qué.

Párrafo 2: Explica qué te diferencia de otra cultura y contrasta esas diferencias.

Párrafo 3: Habla de tu experiencia personal en los EE. UU. como hispano/latino/chicano etc.

Párrafo 4: Conclusión

Opción C: Ser bilingüe

Vas a reflexionar en tus experiencias hablando inglés y español.

Párrafo 1: Presenta el tema y explica cómo te consideras en tu habilidad de hablar inglés y español (u otros idiomas). Incluye una nota sobre lo que te gustaría mejorar.

Párrafo 2: Analiza cómo afecta tu vida el bilingüismo (efectos positivos y negativos).

Párrafo 3: Habla de tus planes futuros relacionados con los idiomas.

Párrafo 4: Conclusión

Dolores Huerta

Dolores Huerta es uno de los nombres más reconocidos del movimiento por los derechos de los trabajadores agrícolas. Dolores nació en 1930 en Nuevo México, dentro del seno de una familia de inmigrantes de México. Sus padres se divorciaron cuando ella tenía apenas 3 años, y su madre se mudó a Stockton, en California, en donde abrió un restaurante para mantener a sus tres hijos. Su madre, Alicia Chávez, apoyó a muchos trabajadores del campo ofreciéndoles comida a un precio accesible, y a veces hasta alojamiento. Con este ejemplo, Dolores creció muy consciente de la importancia de la compasión y de participar en actividades cívicas. Dolores también experimentó discriminación por ser hispana, y se convenció de la necesidad de cambiar y corregir injusticias sociales. Después de estudiar en un tecnológico (*Community College*), trabajó como maestra de una escuela primaria, pero el ver las carencias de los niños y su hambre ayudaron a decidirla a dedicarle su vida a corregir estas injusticias.

En 1960, Huerta fundó la *Agricultural Workers Association*, y en 1962 la *National Farm Workers Association*, junto con César Chávez. Gracias al trabajo de estos líderes, los trabajadores del campo consiguieron importantes avances en sus condiciones de trabajo. De particular importancia fue el boicot a las uvas, el cual culminó con un acuerdo en 1970, el cual protegía los derechos de los trabajadores. La lucha no siempre fue fácil: Fue detenida por la policía en 21 ocasiones, incluyendo una en la que fue golpeada violentamente (1988), aunque todas sus manifestaciones habían sido pacíficas. A pesar de su edad, Huerta continúa luchando y ayudando, particularmente a través de su fundación.

Dolores Huerta

Jorge Ramos

Jorge Ramos Ávalos nació en la Ciudad de México en 1958, en el seno de una familia de clase media. Su padre era arquitecto y Jorge es el mayor de cinco hermanos. Estudió Comunicación en la Universidad Iberoamericana de la Ciudad de México y comenzó su carrera profesional trabajando como periodista para una radiodifusora de esta misma ciudad. Posteriormente colaboró en noticiarios para la televisión, pero decidió trasladarse a California en 1983 tras una disputa con la televisora para la que trabajaba. Ya en EE. UU. tomó un curso especializado de periodismo en la Universidad de California en los Ángeles (UCLA). A partir de 1985 trabaja en Univisión, y desde 1986 es conductor del noticiario de esta cadena estadounidense que transmite en español. Ramos también dirige un programa editorial llamado Al Punto. Más allá de su trabajo para Univisión, Jorge Ramos publica una columna de opinión en más de 40 periódicos y mantiene una bitácora en el internet.

Además de haber ganado ocho premios Emmy y múltiples distinciones a lo largo de su carrera, Ramos ha publicado trece libros. La revista Time lo incluyó en su lista de los hispanos más influyentes en los Estados Unidos, y es sin duda una de las personas más reconocidas entre los hablantes de español en Estados Unidos.

En cuanto a su vida personal, Ramos ha estado casado tres veces. Su esposa actual es la exmodelo venezolana Chiquinquirá Delgado. Ramos tiene una hija (Paola) y un hijo (Nicolás) de sus primeros dos matrimonios. Paola tiene una maestría de la Universidad de Harvard y trabajó en la campaña presidencial de Hillary Clinton. ¿Seguirá los pasos de su padre?

Jorge Ramos (Foto publicada por la NASA, dominio público).
Fuente: www.jorgeramos.com

Después de leer

1. Decide cuáles son las tres ideas más importantes de cada una de las biografías. Usa tus palabras, no las del texto original.

2. ¿Habías oído hablar de alguna de estas dos personalidades hispanas? ¿Qué sabías ya?

3. ¿A cuál consideras más influyente, o con cuál te identificas más? ¿Por qué?

¿Español o castellano?

Puede decirse que nuestro idioma se originó en la región de Castilla, en el centro de España. Por esa razón se le conocía como castellano. Sin embargo, hoy en día hay consenso en que el idioma debe llamarse español, dando crédito así a su larga historia y a la diversidad de culturas que han contribuido a moldear la lengua como la conocemos hoy.

¿Has oído a alguien referirse al *castellano*? ¿Se usaba la palabra como sinónimo de *español*?

Public domain: pdclipart.org

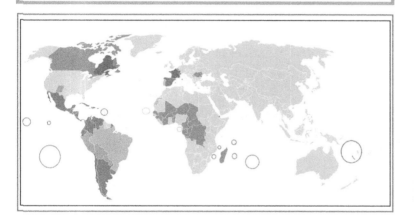

Dominio público.

El español en el mundo

Hoy en día, el español se habla como idioma oficial o *de facto* en 20 países del mundo. Casi 500 millones de personas hablan esta lengua como su idioma materno, y se considera una de las lenguas más importantes del mundo, por lo que muchas personas más lo aprenden como un segundo idioma o como lengua extranjera.

México es el país del mundo donde hay más hablantes de español, con más de 120 millones. El segundo lugar corresponde a Colombia, con casi 50 millones. España queda en tercer lugar con 47 millones de personas.

Curiosamente, de acuerdo a un estudio del Instituto Cervantes, en Estados Unidos hay 52 millones de personas que pueden hablar este idioma, lo que lo situaría en el segundo lugar con más hispanohablantes. Aun así, se discute en varios círculos si los Estados Unidos debe considerarse un país hispanohablante. ¿Qué piensas tú?

Los siguientes memes circulan en las redes sociales.

1. ¿Alguno te parece gracioso?

2. Diseña un meme para difundir algo que hayas aprendido en esta unidad.

- **Disculpe, ¿tiene libros sobre la fatiga?**

- **No, están agotados.**

- Me voy de viaje por dos semanas.
- ¡Qué bien! No te olvides de escribir.
- ¡Espero que no!... con lo que me costó aprender.

Un cuestionario de primaria...

5. ¿Quién es tu héroe?

Mi papá

6. ¿Por qué?

Es muy valiente.

7. ¿Hay algo a lo que le tenga miedo tu héroe?

A mi mamá.

- **Why was the cat a bad Fisher and a bad singer?**

- **He could not carry atún.**

Openclipart. Author: mmourinho

¿Cómo se llama la aplicación que elimina los errores de ortografía?

- **¡Primaria!**

Fuentes: Amo la ortografía/ Amo la buena ortografía / Recreo viral

UNIDAD 2
LAS RAÍCES HISPANAS Y EL IDIOMA ESPAÑOL

CONTENIDO Y OBJETIVOS

Objetivos

- o Diferenciarás el lenguaje coloquial del lenguaje formal.

- o Analizarás la mecánica de la conjugación en el presente del indicativo.

- o Aprenderás más sobre la historia de la lengua y la cultura española y la contrastarás con la cultura que heredaste de tu familia.

- o Continuarás aprendiendo sobre los cognados falsos, calcos y anglicismos.

Los orígenes hispanos de los Estados Unidos

El español ya se hablaba en las tierras que hoy constituyen los Estados Unidos mucho antes de que este existiera como un país independiente.

Como todos sabemos, antes del descubrimiento de América había muchos grupos culturales y étnicos que se habían establecido en Norteamérica (el territorio que hoy ocupan Canadá, Estados Unidos y México). Durante la Conquista y la Colonia, los españoles exploraron muchas zonas y se establecieron allí. Por lo mismo, el español ha sido un idioma que se ha usado en estas tierras desde antes que el inglés.

En los siglos XVI y XVII, un grupo de misioneros españoles fundó misiones en muchas partes de Estados Unidos, misiones que se convertirían posteriormente en ciudades. De allí que muchas poblaciones de los Estados Unidos lleven nombres de santos: San Francisco, San Antonio y Santa Bárbara son ejemplos de esto. Cabe mencionar también que ocho estados tienen en su nombre esta herencia española: California, Colorado, Florida, Montana, Nevada, y Nuevo México. Texas y Utah tomaron sus nombres de la pronunciación española de dos palabras de lenguas indígenas de los primeros habitantes de esos estados.

Cuando los Estados Unidos consiguió su independencia de Inglaterra, los siguientes estados todavía pertenecían a la Nueva España (la colonia española que hoy es México) y se hicieron parte de México cuando este consiguió su Independencia en 1821: Arizona, California, Colorado Nevada, Nuevo México, Utah y Texas. También partes de Kansas, Oklahoma y Wyoming pertenecieron a México (aunque esta información varía según las fuentes).

Texas fue cedida a los Estados Unidos tras una guerra entre los dos países. Es interesante observar las grandes diferencias en la percepción de este conflicto.

Tras anexarse este territorio, los Estados Unidos siguió su expansión obligando a México a venderle los otros estados que se mencionaron anteriormente. Junto con la *venta* de este territorio se firmó el Tratado de Guadalupe para establecer las nuevas fronteras y establecer los derechos de los mexicanos en esos territorios. En este tratado se les garantizaba a los habitantes de las tierras cedidas que podrían conservar sus propiedades, seguir practicando su cultura y hablando su lengua. También se les prometió la ciudadanía estadounidense (como condición para preservar sus tierras). Aproximadamente el 90% de los habitantes de estos territorios optaron por la ciudadanía estadounidense.

A pesar del Tratado de Guadalupe, en los años que han transcurrido desde esa anexión, los derechos de la población hispana no siempre han sido respetados. En particular, históricamente hubo muchos intentos por restringir el derecho a sus propiedades.

Hoy en día, a pesar de su larga historia y aportaciones, los hispanos continúan siendo un grupo poco entendido por la mayoría de los estadounidenses.

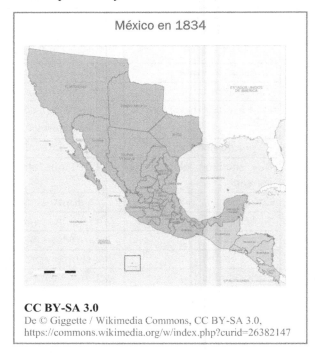

México en 1834

COMPRENSIÓN DE LECTURA

a) ¿Es cierto? Lee las siguientes oraciones y decide si son ciertas o falsas según la lectura. Corrige las falsas.

	Cierto	Falso
1. El español empezó a hablarse en Estados Unidos un poco después del inglés.	☐	☐
2. Unos misioneros españoles fundaron el estado de Texas.	☐	☐
3. Varias partes de Kansas, Wyoming y Oklahoma pertenecieron a México.	☐	☐
4. Texas fue el primer territorio mexicano que los Estados Unidos se anexó.	☐	☐
5. El Tratado de Guadalupe se firmó para anexar Texas.	☐	☐
6. Los mexicanos que vivían en territorios anexados tuvieron que irse.	☐	☐
7. Gracias al Tratado de Guadalupe los derechos de los mexicanos se han respetado.	☐	☐
8. Según la información, la historia hispana en EE. UU. empezó con la inmigración.	☐	☐

b) Conversación

1. En el texto se habla de varias diferencias en la versión de la historia. ¿Cuál es una de estas diferencias?

2. En el texto se mencionan varios nombres hispanos de lugares en Estados Unidos. ¿Cuáles son otros nombres hispanos que conoces?

3. ¿Por qué crees que el 90% de los mexicanos haya preferido la ciudadanía estadounidense?

4. En varias partes del país se ha tratado de pasar leyes para prohibir el uso de cualquier lengua que no sea el inglés. ¿Por qué crees que algunos quieren prohibir otros idiomas? ¿Cuáles son las ventajas y desventajas de tener una ley como esta?

> **Para investigar**
> Investiga en Internet que es lo que propone la ley de *English Only*, en qué estados se ha aprobado, y cómo afecta a los hispanohablantes.

VOCABULARIO Y CONVERSACIÓN

a) **Significados** La siguiente es una lista de palabras que se usaron en la lectura inicial. Trabaja con un compañero y túrnense para explicar el significado de cada palabra **sin decir la palabra que están explicando**. Su compañero debe escuchar e identificar la palabra que se explicó.

anexión	factor	lengua
ceder	frontera	obligar
ciudades	garantizar	población
derechos	herencia	restringir
dialecto	idioma	tratado
establecerse	imperio	
étnico	indígena	

b) **Expande tu vocabulario** Encuentra un **sinónimo** o una frase (de dos palabras) que se aproxime al significado de cada uno de los siguientes términos. En la segunda línea escribe la palabra en inglés para referirse a este concepto.

1. anexión   _____   _____

2. población   _____   _____

3. frontera   _____   _____

4. descubrimiento   _____   _____

5. expansión   _____   _____

6. idioma   _____   _____

c) **Palabras relacionadas** Para cada palabra, encuentra dos o más palabras que vengan de la misma raíz. Puedes usar otras partes de la lengua (por ejemplo, si es un verbo, puedes dar el sustantivo asociado, o un adjetivo).

Modelo: habitante → habitar, habitado, deshabitado

1. población _____

2. ceder _____

3. establecerse _____

d) Preguntas para reflexionar Trabaja con un compañero para responder las preguntas.

1. En tu opinión, ¿qué significa "hablar con corrección"? ¿Es importante para ti? ¿Por qué?

2. ¿Te expresas de manera diferente cuando hablas con tus amigos que cuando hablas con tus profesores? Si respondiste que sí, ¿en qué consisten las diferencias?

3. ¿En qué se diferencia el español que hablas al de una persona que ha vivido toda su vida en países como México, Guatemala o España? ¿Cuál es la diferencia entre un idioma y un dialecto? ¿Es uno mejor que otro? Explica.

4. ¿Te gustaría hablar otros idiomas? ¿Cuáles? ¿Por qué?

e) Citas sobre los idiomas Las siguientes son citas acerca de los idiomas. ¿Qué significan? ¿Están de acuerdo?

«Hablo el español con Dios, el italiano con las mujeres, el francés con los hombres y el alemán con mi caballo». (Carlos I de España, monarca, 1500-1558)

«Un idioma es un dialecto con un ejército detrás». (Max Weinreich, lingüista, 1894-1969)

«Cada idioma es un modo diferente de ver la vida». (Federico Fellini, cineasta, 1920-1993)

«El lenguaje nos ayuda a capturar el mundo, y cuanto menos lenguaje tengamos, menos mundo capturamos. [...]. Si se empobrece la lengua se empobrece el pensamiento». (Fernando Lázaro Carreter, lingüista, 1923-2004)

«Las lenguas tienen dos grandes enemigos, los que las imponen y los que las prohíben». (Fernando Savater, filósofo, 1947-)

«Quien no conoce las lenguas extranjeras nada sabe de la suya propia». (Goethe, escritor 1749-1832)

«Su Alteza, la lengua es el instrumento del Imperio». (Antonio de Nebrija a Isabel I de Castilla la Católica, al presentarle su Gramática).

LA CONJUGACIÓN (PRESENTE DEL INDICATIVO)

¿Ya lo sabes? Observa los ejemplos e indica cuál de las dos versiones te parece la correcta.

1.	a) Mis padres se esforzan para darnos una buena vida.
	b) Mis padres se esfuerzan para darnos una buena vida.
2.	a) Venimos a clase todos los días.
	b) Vinimos a clase todos los días.
3.	a) Los asistentes se divierten viendo el espectáculo.
	b) Los asistentes se divierten viendo el espectáculo.

Los verbos son una parte fundamental de la lengua. Entender cómo funcionan te ayudará a usar el lenguaje con mayor precisión y aumentará tu confianza.

Conjugar un verbo significa que lo modificamos para saber quién hace la acción y cuándo. ¡Un verbo conjugado comunica mucha información! Por ejemplo, si ves el verbo "leer", no sabemos quién lo hace, pero si lo cambiamos a "leí", sabemos que la persona que habla es quien hizo la acción y que ya ocurrió (pretérito).

Para entender mejor la mecánica de la conjugación, empezaremos por hablar de los verbos en el presente.

1. LOS VERBOS REGULARES

Los verbos en español llevan la información de **qué** se hace, **quién** lo hace y **cuándo** lo hace. En contraste, las conjugaciones del idioma inglés solo indican lo que se hace y si es presente o pasado.

El tiempo **presente del indicativo** en español se usa para hablar de acciones habituales (de rutina) y generalidades de nuestra vida.

> **_Soy_** estudiante. **_Asisto_** a la universidad por las mañanas y **_trabajo_** por las tardes. **_Vivo_** con mi familia.

Observa como en los ejemplos se indica quién hace la acción sin necesidad de decir "yo".

Para conjugar un verbo usamos la primera parte de la palabra (el radical) y eliminamos la terminación (-ar/-er/-ir) para añadir una nueva terminación.

Las siguientes son las terminaciones para los verbos regulares de los tres grupos en el presente (-ar, -er, -ir):

EL PRESENTE DEL INDICATIVO			
	cantar (-ar)	beber (-er)	vivir (-ir)
yo	canto	bebo	vivo
tú	cantas	bebes	vives
él/ella/usted	canta	bebe	vive
nosotros	cantamos	bebemos	vivimos
ustedes	cantan	beben	viven
ellos	cantan	beben	viven

2. VERBOS CON CAMBIOS EN EL RADICAL

Algunos verbos requieren de un cambio adicional en el radical, como en el caso del verbo **querer**:

		QUERER
1^{era} persona del singular	yo	quiero
2da persona del singular	tú	quieres
3^{era} persona del singular*	usted	quiere
3^{era}	él/ella	quiere
1^{era} persona del plural	nosotros	queremos
2da persona del plural	vosotros	queréis
2da persona del plural	ustedes	quieren
3^{era} persona del plural	ellos	quieren

*Aunque semánticamente usted es segunda persona del singular, gramaticalmente se comporta como tercera persona y, por tanto, requiere de cambios en los verbos cuyo radical cambia.

Estos son los cambios que pueden ocurrir en el radical (la raíz) de estos verbos:

e → ie Ejemplos: advertir, comenzar, entender, encender, hervir, mentir, negar, nevar, quebrar, querer, pensar, perder, preferir, recomendar, sentir

e → i Ejemplos: competir, pedir, reír, repetir, servir, sonreír

o → ue Ejemplos: acostar, apostar, colgar, costar, devolver, dormir, encontrar, llover, morir, poder, recordar, soñar

u → ue *Jugar* es el único verbo de este grupo.

A practicar

Completa la siguiente tabla con las conjugaciones en presente de los verbos para cada persona.

	cerrar	volver	pedir	nevar	adquirir
yo					
tú					
Él/ella/usted					
nosotros					
vosotros					
ustedes/ellos					

EL PRESENTE IRREGULAR

3. Verbos con la primera persona irregular

Algunos verbos no siguen las reglas anteriores en la conjugación para la primera persona (yo). ¿Cuál es la conjugación del presente para cada uno de los siguientes verbos?

	YO		YO
caber	_____	poner	_____
conducir	_____	saber	_____
conocer	_____	salir	_____
dar	_____	ser	_____
estar	_____	traer	_____
hacer	_____	ver	_____

4. Otros verbos irregulares

Algunos verbos tienen irregularidades en varias de sus conjugaciones, no sólo en la forma de **yo**. Completa la tabla según tus conocimientos.

	oler	seguir	satisfacer	oír
Yo	_____	_____	_____	_____
Tú	_____	_____	_____	_____
él/ella/usted	_____	_____	_____	_____
Nosotros	_____	_____	_____	_____
ustedes/ellos	_____	_____	_____	_____

5. Haber

Solamente hay una forma para conjugar este verbo en presente: **hay**.

Hay un maestro. → **Hay** varios estudiantes.

Hay varios estudiantes.
Public Domain Clip Art

A practicar

a) Lotería Pregúntales a compañeros diferentes si hacen las actividades de la tabla. Para ganar el juego debes completar <u>dos líneas enteras</u> con las respuestas de tus compañeros. Toma notas para después reportarle a la clase.

Modelo: Estudiante 1: ¿Ves la televisión más de una hora al día?

Estudiante 2: Sí, veo la televisión dos horas antes de dormirme.

Estudiante 1: (Haz una pregunta adicional, por ejemplo: ¿Cuál es tu programa favorito?)

(VER) la televisión más de una hora al día	(DIVERTIRSE) con amigos todos los fines de semana	(VENIR) a la escuela a las ocho de la mañana	(TRAER) comida a la escuela
(CONOCER) a alguien famoso	(DESPERTAR) temprano.	(DARLES) sorpresas a sus amigos	(HACER) la tarea por la noche
(OIR) música	(SABER) andar en bici/nadar	(VESTIR) ropa formal de vez en cuando	(AVERGONZARSE) cuando comete un error
(PODER) tocar un instrumento musical	(RECORDAR) algo de la última clase de español	(APOSTAR) a veces	(QUEBRAR) cosas con frecuencia

b) Mentiras Escribe 5 ideas sobre ti usando verbos diferentes. Dos deben ser mentira. Después circula por la clase y comparte las ideas. Tus compañeros tendrán 3 oportunidades para decidir cuáles son las mentiras.

entender   mentir   caber   oír   querer   pensar   perder   preferir   competir   saber   pedir
sonreír   servir   reír   dormir   esforzarse   poder   recordar   soñar   jugar

1.

2.

3.

4.

5.

Verbos reflexivos y pronominales

¿Ya lo sabes?

Indica qué oraciones crees que sean las correctas de la siguiente lista, según las reglas del español estándar.

---

1.   a) Me voy a la escuela a las ocho de la mañana.

     b) Voy a la escuela a las ocho de la mañana.

2.   a) No me baño por la mañana porque tengo prisa.

     b) No baño por la mañana porque tengo prisa

3.   a) Me pongo ropa rápidamente y conduzco a la escuela.

     b) Pongo ropa rápidamente y me conduzco a la escuela.

→ ¿Por qué crees que sea necesario el pronombre **me** antes de algunos verbos, pero no en otros?

→ ¿Cuándo **no** se necesita?

Verbos con pronombres

En español se debe usar un pronombre reflexivo (me, te, se, nos, se) junto con los verbos cuando el sujeto recibe la acción del verbo. En otras palabras, la persona se hace la acción a sí misma. **Estos verbos reciben el nombre de verbos reflexivos.**

   Ella **se** lava   *She washes **herself***

1. La conjugación Completa la conjugación de los siguientes verbos. Recuerda que el pronombre se debe colocar antes del verbo conjugado:

	levantarse	enojarse	vestirse	bañarse	
yo					
tú					
él/ella/usted					
nosotros					
ustedes/ellos					

→ ¿Son reflexivos **todos** los verbos de la tabla? ¿Cuáles no lo son y qué significan? -Explica tu respuesta.

Verbos pronominales

1. Aunque a simple vista parecen verbos reflexivos, en realidad son verbos que tienen otros significados. El más común es el de un cambio de estado, como en el caso del verbo *enojarse*. No se está diciendo que uno se haya enojado con uno mismo, sino que indica que antes la persona tenía otro estado de ánimo, y este ánimo cambió al enojo.

Tres verbos muy usados para referirse a un cambio son los siguientes:

hacerse

ponerse

volverse

Da un ejemplo para cada uno de estos tres verbos.

2. Otro significado que resulta del uso de pronombres es el de una acción recíproca (mutua):

Martín saluda a Magda. Magda saluda a Martín → **Se** saludan (el uno a la otra).

Yo saludo a mis hermanos y mis hermanos me saludan → **Nos** saludamos (los unos a los otros).

Ponlo a prueba

A) ¿Cuál es la diferencia? Decide cuál es la diferencia en el significado de cada par de verbos y escribe un ejemplo usándolos.

1. arreglar / arreglarse _____

2. asustar / asustarse _____

3. comer/comerse _____

4. dormir/ dormirse _____

5. despedir/ despedirse _____

6. ir/ irse _____

7. hacer / hacerse _____

8. mudar / mudarse _____

9. meter/ meterse _____

10. rendir / rendirse _____

ESPAÑA

La cultura hispana en realidad no es una cultura, sino una gran variedad de culturas diferentes que comparten un idioma para comunicarse. Gracias al idioma estas culturas tienen muchos elementos en común, pero las diferencias también son significativas, no solo en cuanto a cultura, sino también historia e identidad. En esta ocasión hablaremos de España, el lugar en donde se originó el idioma.

Para empezar: ¿Qué sabes sobre España?

a) ¿Cierto o falso? Trabaja con un compañero para decidir si las ideas de la lista son ciertas o falsas. Si piensan que una oración es falsa, corríjanla.

1. El territorio que hoy es España estuvo ocupado por cientos de años por musulmanes.
2. España consiguió su independencia en el siglo XV.
3. España se divide en estados independientes.
4. Hay varios idiomas oficiales en este país.
5. El país fue una monarquía durante muchos siglos, pero ahora el gobernante es un presidente.
6. España es uno de los países más grandes de Europa.
7. Mussolini fue dictador de España durante muchos años.
8. En la actualidad el país es miembro de la Comunidad Europea.

b) Lluvia de ideas Ahora hagan una lluvia de ideas para compartir lo que ya saben sobre España con respecto a los siguientes temas.

- ✓ Personas importantes de la historia de España
- ✓ Personas importantes contemporáneas de España
- ✓ La comida española
- ✓ Las tradiciones de España
- ✓ Los lugares más conocidos
- ✓ La historia
- ✓ La lengua (¿cómo es diferente el español de España?).

c) Investigación Elige un aspecto de la cultura de España y preséntaselo a la clase.

d) Presentación Vas a escuchar una presentación sobre España, o a ver un video sobre este país. Toma notas sobre las ideas más importantes porque después deberás escribir un resumen.

Variaciones del español

En el mundo hay veintiún países en los que se habla español como idioma oficial o de facto. Este número no incluye a los Estados Unidos, país en donde, de hecho, hay más hablantes del español que en la misma España. Sin embargo, a pesar de las fuerzas que tratan de estandarizar la lengua (como los diccionarios y la Real Academia de la Lengua), hay importantes diferencias en cómo se habla en diferentes regiones del mundo. Las diferencias en el idioma son muchas veces un reflejo de diferencias culturales o históricas. Entre otras cosas, las palabras reflejan realidades diferentes.

Las diferencias en la lengua pueden ocurrir en diferentes niveles: **a nivel léxico** (diferencia en la palabra elegida para designar un concepto), o **diferencias gramaticales** (por ejemplo, el uso de vos en vez de tú). Por supuesto, también hay **diferencias en las maneras de pronunciar**, o en el ritmo con el que se habla, lo que llamamos el acento.

Los siguientes son ejemplos de palabras con variaciones léxicas en México y en España. Trabaja con un compañero para decidir cuál es su equivalente en el español del otro país.

En México se dice...	y en España se dice...
rentar	
elevador	
computadora	
	majo
aretes	
	coger
	bombilla
	grapadora
	boli
está bien / *okey*	
niño	
	piso
playera	

El acento español

Escucha un programa de radio o televisión española y escribe una lista de las diferencias que observes.

Después comenta con tus compañeros y comparen sus listas. ¿Fue fácil o difícil entender el programa?

¿De qué región de España era el acento? Recuerden que dentro de la misma España hay importantes diferencias en la pronunciación y el léxico.

Mapa de España.
Source: Open clipart.
Author: Berteh

Antes de leer

1. ¿Por qué crees que en español existe el uso de "tú", "vos" y "usted", cuando en inglés se usa solamente *you*?

2. ¿Qué sabes acerca del uso de *vosotros*?

El registro y el lenguaje coloquial

La noción de registro lingüístico se refiere a la elección de una opción de entre varias que ofrece un idioma. La elección tiene que ver con factores como convenciones sociales, el medio de comunicación (¿escrito? ¿oral?), el tema del que se habla y la intención del mensaje. Por ejemplo, un adolescente elegirá palabras diferentes para comunicarle un mensaje a un maestro que a su mejor amigo. Quizás las palabras elegidas sean diferentes si está hablando cara a cara con su amigo, o escribiéndole un texto en el teléfono.

La palabra **coloquio** es sinónimo de conversación. Usar lenguaje coloquial significa usar un idioma informal, familiar. Sin embargo, usar lenguaje coloquial no significa necesariamente usar las formas de la segunda persona del singular (*tú*). Hay muchas otras maneras en las que se puede usar el lenguaje coloquial aunque se usen las formas de *usted*. Cabe mencionar que en España, a diferencia de los países hispanoamericanos, cuando se le habla a un grupo de personas se distingue entre un uso formal (ustedes) y un uso informal (vosotros).

Además del cambio en el uso de los pronombres, es posible distinguir entre la formalidad y la informalidad de un registro examinando el uso de fórmulas, palabras o convenciones específicas que sean adecuadas para esa situación. El léxico tiende a ser más específico en el ámbito de nuestra vida profesional. En contraste, los registros informales aparecen más en interacciones con personas cercanas, como familiares y amigos. Las interacciones informales se caracterizan por la falta de planeación en el uso de fórmulas, y el uso de estructuras simples.

Existe también un tercer tipo de registro, llamado *lenguaje vulgar*, el cual, por definición, es un registro equivocado en la situación en la que se emplea. Se caracteriza por usos incorrectos del idioma, pobreza lingüística y léxica. El lenguaje coloquial goza, en general, de aceptación social, mientras que el lenguaje vulgar carece de ella. Ejemplos de palabras que algunos consideran *vulgarismos* son usar *nadien* (en vez de **nadie**), *cercas* (en vez de **cerca**), *hubieron* (en vez de **hubo**), y *haiga* (en vez de **haya**). Sin embargo, la división entre lo que es un coloquialismo y lo que es un vulgarismo es cada vez más difícil de establecer. Muchas expresiones que antes se consideraban vulgarismos, hoy se aceptan como lenguaje coloquial, como en el caso de los ejemplos citados anteriormente. Irónicamente, el lenguaje coloquial y los vulgarismos han ido cambiando la lengua más que el llamado lenguaje culto, pues si la mayoría de los hablantes usan una expresión, esta terminará siendo aceptada como una variante de la lengua.

En realidad, lo más importante no es juzgar que forma es mejor, sino entender cuándo es conveniente usar cualquiera de estos registros para facilitar la interacción y tener la mejor comunicación posible.

Para pensar

1. Ya que en Hispanoamérica no se usa *vosotros*, ¿cómo se sabe si se le está hablando formal o informalmente a un grupo de personas?

2. ¿Por qué crees que el lenguaje coloquial se acepte mucho más que el lenguaje vulgar?

3. ¿Juzgas a las personas por su manera de hablar? Explica tu respuesta.

A practicar

a) Comentarios La siguiente es una lista de ejemplos de expresiones coloquiales comunes al hablar, pero que no se usan en el lenguaje formal o escrito. Escribe una alternativa que no sea coloquial para cada una. ¡Atención! No es necesario cambiar todas las palabras en negritas.

1. Vi una película **bien bonita**. _____

2. El video está **rebueno**. _____

3. Hacía **harto calor**. _____

4. Este regalo es **pa mi madre**. _____

5. Mi **apá** trabaja demasiado. _____

6. No creo que **haiga nadien**: no contestan. _____

7. **¿Quiúbole?** Hace mucho que no te veía. _____

8. ¡El vestido que **comprastes está tan bonito**! _____

9. **Vamos yendo** a la tienda. Está **muy cercas**. _____

10. ¡**Qué pancho armaron** en la fiesta! _____

11. **Nomás** llamo a mi **abue** y me voy. _____

12. **Agarré tres clases bien** difíciles. _____

b) Más coloquialismos Las siguientes palabras se usan comúnmente en el español de México en contextos coloquiales o cuando se habla con niños. ¿Qué palabra usarías para substituirla en un contexto formal?

1.	panza	_____	5.	chido	_____
2.	chafa	_____	6.	transa	_____
3.	gacho	_____	7.	choncho	_____
4.	agüitado	_____	8.	nomás	_____

Evitar coloquialismos

En el español coloquial se usan una serie de expresiones que son parte de la improvisación del momento. Cuando escribimos tenemos tiempo para pensar y, por lo mismo, las expectativas son mayores. No escribas coloquialismos en un texto escrito, a menos que se trate de un diálogo en un texto literario y así hablen los personajes. Los siguientes son ejemplos de usos coloquiales que no se usan al escribir un texto formal.

Pero

"¡Pero qué difíciles son las matemáticas!"; "¡Pero cómo se atreve a cuestionarme!"

Expresiones como si, y, que, conque, ni, pues,

"Pues habrá que ver que pasa."; "Le dije que conque sí, eh".

Marcadores discursivos como bien, bueno, vamos, mira, venga, oye

"¡Vamos, que así es esto!"; "Bueno, pues yo concluyo mi ensayo ahora".

Interjecciones o muletillas (ay, ¿eh?, ¡vaya!, este).

"¡Ay, se me hizo difícil entender la presentación!"; "este, pues no estoy de acuerdo".

También se considera coloquial el uso de ciertas estructuras gramaticales. Por ejemplo, el imperfecto para indicar intención ("*Venía a darle las gracias*"; "*Quería invitarla a una fiesta*"), o el futuro para hablar de probabilidad ("*No vino, ¿estará enfermo?*"). Cabe señalar que el léxico coloquial cambia contantemente. Aunque ha habido intentos de crear un diccionario del español coloquial, es una labor prácticamente imposible debido a la velocidad con la que aparecen nuevos términos en todos los países hispanoparlantes. Además, el léxico coloquial incluye palabras acortadas ("peli" en vez de película; "cole" en vez de colegio, etc.), y préstamos de otras lenguas. Si te interesa el tema, consulta el diccionario de español coloquial de Victoriano Gaviño, el cual se encuentra en esta dirección del Internet: coloquial.es

Al escribir no se debe dar la impresión de improvisar. Por eso, evita repeticiones y el uso de palabras innecesarias. Planea cuidadosamente cada oración.

La organización de un texto

Es importante organizar las ideas de manera que fluyan lógicamente porque queremos dar la impresión de haber planeado bien nuestro texto. Por eso, antes de empezar a escribir, elabora un mapa de lo que quieres decir. No cometas el error de escribir lo que vas pensando sin regresar a editarlo y organizarlo. Es fundamental revisar lo que escribiste, incluso varias veces. Así podrás asegurarte de que las oraciones estén completas, corregir errores tipográficos y cerciorarte de que las ideas fluyan de manera lógica y coherente. Uno de los errores más comunes es escribir lo que le viene a uno a la cabeza, saltando de un tema a otro (incluso dentro de una misma oración), sin orden. Para que tu escrito tenga una dirección y un propósito, antes de empezar a escribir establece qué es lo que quieres comunicar y cuáles son las ideas o la información que apoyan el mensaje.

¡Traducción, por favor!

a) Mensaje al profesor En esta ocasión vas a «traducir» un mensaje electrónico a un registro más formal, uno que sea adecuado para escribirles a tus profesores.

¡**Atención!** Corrige también errores de ortografía o puntuación, así como cualquier «detalle» que pueda ayudarle al profesor a entender claramente el mensaje.

DE:	osoferoz@yahoo.com	**ENVÍADO: 5 de diciembre 2017**
A:	perez_nuñez@español.com	
ASUNTO:		

Que tal maestro quería preguntarle si podemos entregar la tarea tarde xque este finde tengo que trabajar y pues no tengo tiempo bueno gracias.

b) Otros mensajes Ahora escribe los siguientes mensajes:

1) Un mensaje electrónico a tu profesor para decirle que vas a faltar a clase.

DE:
A:
ASUNTO:

2) Un mensaje al presidente de tu universidad para pedirle una cita (decide tú el asunto de la reunión).

DE:
A:
ASUNTO:

Escuela de idiomas

Imagina que es verano y estás trabajando para una escuela de idiomas. Tu trabajo es responder los mensajes de estudiantes latinoamericanos que quieren venir a estudiar inglés a los Estados Unidos.

a) Llamada Trabaja con un compañero. Uno de ustedes va a hacer el papel del estudiante interesado. El otro va a ser el representante de la escuela y responderá las preguntas. Tomen algunos minutos para prepararse usando las siguientes instrucciones.

Estudiante: Piensa en al menos diez preguntas lógicas y escríbelas antes de llamar. Por ejemplo, piensa en la duración de los cursos, el hospedaje y las comidas, los precios, etc.

Representante: Toma unos minutos para escribir algunas ideas acerca de la información que crees que en estudiante internacional va a necesitar, así como dos o tres características de la escuela. Por ejemplo, cuánto cobran, cuántos estudiantes hay por grupo, actividades extracurriculares, hospedaje, atractivos de la región, etc.

Presten atención al registro formal de la situación. No usen formas de *tú*.

b) Mensajes Ahora vas a responder al siguiente correo electrónico enviado por la madre de un estudiante interesado en asistir a la escuela de idiomas de la actividad anterior.

DE: gutierrezm@educa.cl   **ENVÍADO: 20 de marzo 2018**

A: englishnow@englishnowcourses.net

ASUNTO: Consulta

A quien corresponda:

Les escribo para pedir información adicional acerca de sus cursos de verano. En particular quisiera saber si aceptan a menores de edad. Mi hija tiene 14 años, pero es muy madura para su edad.

Su información en *www.englishnow.com* no menciona nada acerca de cómo seleccionan a las familias anfitrionas para los estudiantes internacionales, así que les agradecería cualquier información. Por último, ¿cuántos niveles de inglés tienen? ¿los libros están incluidos en el costo del curso?

Le agradezco su atención y quedo a sus órdenes,

Marisela Gutiérrez

Cognados falsos y el espanglish

Imagina que un amigo está aprendiendo español y hace los siguientes comentarios. Tu amigo no sabe que algunas palabras que se parecen significan algo totalmente diferente (cognados falsos).

Trabaja con un(a) compañero(a) y túrnense para explicar cuál es el error (o los errores), qué significa lo que dijeron y cómo se debería decir en el español estándar.

1. Voy a tener una fiesta por el día de las brujas y estoy muy excitado.

2. Ayer se me rompieron los pantalones... ¡me sentí muy embarazado!

3. Apliqué a varias universidades y todavía no sé si me aceptaron.

4. Mi vecino me dio una apología porque fue muy rudo con mi hija el otro día.

5. Atiendo un colegio porque quiero estudiar una maestría.

6. El senador quiere correr para ser presidente.

7. Mi profesor me hizo una cuestión que no pude responder.

8. El tronco de mi automóvil es muy largo, caben varias maletas.

9. Fui a una lectura sobre el cambio climático.

10. En las vacaciones nos quedamos en un hotel muy lujurioso.

public domain clipart

¡Traducción, por favor!

Observa los siguientes ejemplos de "espanglish" y «tradúcelos» al español de alguien que no ha tenido contacto con el idioma inglés.

1. El conductor de la orquesta hizo un trabajo extraordinario.

2. Para conducir, su auto necesita tener aseguranza.

3. Yo trabajo apodando árboles de manzana.

4. No está loco, está sano.

5. Asisto a este colegio para estudiar una maestría.

6. Estoy muy cansado de trabajar, hay que tomar un break.

7. Recibí una parcela de mi abuela en Texas.

8. ¿Cuál es la agenda de ese político? No confío en él.

9. Las facilidades de esta universidad son muy modernas.

10. Prefiero no comer ese postre porque es muy rico y yo estoy a dieta.

LA ACENTUACIÓN

En español las palabras se dividen en **agudas**, **llanas** (también llamadas graves), **esdrújulas** y **sobreesdrújulas**. Las reglas de acentuación se basan en esta clasificación y ahora vas a practicar las cuatro reglas más básicas.

Para entender la clasificación primero debes saber dividir las palabras en sílabas y reconocer cuál es la sílaba tónica (la que suena más fuerte).

Tipo de palabra	Característica	Ejemplos
aguda	La sílaba tónica es la última.	Canción, condición, azul
llana o grave	La sílaba tónica es la penúltima (es decir, la segunda, contando desde el final de la palabra).	Mesa, hombre, banco,
esdrújula	La sílaba tónica es la tercera (contando desde el final).	Ánimo, sábado, párroco
sobreesdrújula	La sílaba tónica es la cuarta (contando desde el final).	Enérgicamente, escribiéndoselas

Reglas generales de acentuación

Palabras agudas: Se acentúan si terminan en vocal, o en las consonantes **n** o **s**. No se acentúan en el resto de los casos.

pantalón   patín   pincel   pared   José

Palabras llanas o graves: Se acentúan si terminan en consonante, exceptuando la **n** y la **s**.

regla   Cádiz   moda   perla   Pérez

Palabras esdrújulas: Se acentúan en todos los casos.

patético   mérito   pretérito   pérdida   básico

Palabras sobreesdrújulas: Siempre se acentúan.

permítemelo   escóndeselo   termínatelo

LA ACENTUACIÓN

Otras consideraciones para acentuar

1) Palabras monosilábicas A veces se deben acentuar para diferenciar el significado. A este tipo de acento se le conoce como diacrítico. Por ejemplo:

de	*preposición*	**tu**	*posesivo*
dé	*dar, mandato*	**tú**	*pronombre personal*
mi	*adjetivo posesivo*	**el**	*artículo*
mí	*pronombre personal*	**él**	*pronombre personal*

2) Palabras interrogativas Todas las palabras para preguntar (qué, quién, cuándo, cómo, etc.) requieren de un acento. Observa que si la palabra no es parte de una pregunta es posible que no lleve tilde.

3) Diptongos Un diptongo es una combinación de una vocal fuerte (**a**, **e**, **o**) y una débil (**i**, **u**) dentro de una misma sílaba. Se requiere una tilde sobre la vocal fuerte cuando se aplican las otras reglas de acentuación. **¡Atención!** Hay reglas adicionales sobre diptongos y triptongos de las que hablaremos posteriormente.

A practicar

a) Pronunciación Lee en voz alta las siguientes palabras para diferenciar cuál es la sílaba fuerte. Después explica la diferencia en el significado de cada una.

1. analizo   analizó

2. celebre   célebre   celebré

3. doméstico   domestico   domesticó

4. publico   público   publicó

b) ¿Se necesita el acento? Observa las palabras de la lista, identifica la sílaba tónica y escribe el acento **solamente** si es necesario.

algebra	comezon	familia
autobus	comico	gorila
avion	contaminacion	heredero
bilingüe	educacion	ladron
bonito	elemental	matematicas
casa	esparrago	quimica

A practicar

a) Clasificación Anteriormente aprendiste que las palabras se dividen en **agudas, llanas, esdrújulas o sobreesdrújulas,** según donde se encuentre la sílaba tónica.

1) Separa las siguientes palabras según su clasificación.

2) Después de clasificarlas, escribe los acentos si se necesitan.

agujeta	examen	redaccion
arbol	examenes	renglon
cafe	leccion	simpatia
conferencia	Jimenez	simpatico
escondiendolos	Mexico	super
esparrago	perdida	supermercado
escribid	permitame	zoologico

agudas	graves	esdrújulas	sobreesdrújulas

A continuación repetimos las reglas para que te puedas referir a ellas más fácilmente. Hay varias reglas adicionales que encontrarás la unidad 5, y también en el apéndice A de este libro (donde todas las reglas aparecen juntas).

Reglas generales de acentuación

Palabras agudas: Se acentúan si terminan en vocal, o en las consonantes **n** o **s.**

      pantalón   patín   pincel   pared   José   .

Palabras llanas o graves: Se acentúan si terminan en consonante, exceptuando la **n** y la **s.**

      regla   Cádiz   moda   perla   Pérez

Palabras esdrújulas: Se acentúan en todos los casos.

      patético   mérito   pretérito   pérdida   básico

Palabras sobreesdrújulas: Siempre se acentúan.

      permítemelo   escóndeselo   termínatelo

El idioma español

En este capítulo has aprendido un poco acerca de la historia del idioma español. Ahora vas a escribir un breve ensayo (entre 500 y 600 palabras) acerca de un tema relacionado con el idioma.

Las siguientes preguntas o afirmaciones son para ayudarte a elegir un tema específico. Es probable que tengas que investigar y leer sobre el tema. Recuerda citar las fuentes que utilices.

- o Es difícil traducir porque no hay una traducción para todo.

- o Pensaría de forma diferente si no hablara español.

- o Aprender otro idioma debería ser obligatorio.

- o La gente se pone paranoica cuando no entiende lo que alguien está diciendo

- o El espanglish debería considerarse un idioma

- o Hay palabras que necesitan inventarse en inglés/español

- o Hay diferencias entre el español de Estados Unidos y el de México

- o ¿Debería los Estados Unidos ser un país bilingüe? ¿Qué implicaría legalmente?

- o La importancia del español en el mundo

- o ¿Tienen los comunicadores de los medios (TV, radio, internet) la obligación de modelar un idioma correcto?

- o ¿Es realmente necesaria la Real Academia de la Lengua Española (RAE)? ¿Qué pasaría si no existiera la RAE?

- o ¿Se debe considerar a los Estados Unidos como un país hispano?

Rita Moreno

Una de las actrices más conocidas en los Estados Unidos es una puertorriqueña cuya carrera tiene más de 70 años de existencia. Estamos hablando de Rita Moreno, quien además de ser actriz es también bailarina y cantante. Su trabajo ha sido muy exitoso tanto en teatro como en películas y en televisión. De hecho, es una de las pocas artistas que ha ganado premios importantes en estas cuatro categorías: un Óscar (cine), dos Emmy (televisión), un Grammy (música) y un Tony (teatro)

Rita Moreno nació en Puerto Rico en 1931 con el nombre de Rosa Dolores Alverío. Cuando tenía cinco años su madre se mudó a Nueva York con ella. Rita comenzó a tomar clases de baile, y a los 13 años consiguió su primer trabajo en Broadway, interpretando a Angelina en la obra *Skydrift*. Inmediatamente llamó la atención de los productores de Hollywood, lo que eventualmente llevó a su participación en varias películas. En 1961 obtuvo el Óscar gracias a su interpretación de Anita en *West Side Story*. Aunque Moreno confiaba en que este éxito le permitiría conseguir papeles menos estereotipados, no fue así. Por lo mismo, dejó de participar en películas por siete años.

Portada de la autobiografía de Rita Moreno.

Aunque los papeles no estereotipados tardaron en llegar, Moreno finalmente empezó a recibir ofertas para actuar en programas en los que no tenía que ser una hispana pobre, una sirvienta o una pandillera. Por citar un par de ejemplos, Moreno fue la voz de Carmen en *Where the Earth is Carmen San Diego*. También ganó un premio ALMA por su interpretación de una psicóloga en la serie *Oz*. Rita Moreno participó en series muy conocidas como *Law & Order*, con un papel recurrente. También cantó en la Casa Blanca para el presidente Clinton, y recibió la Medalla Presidencial de la Libertad, un importante honor civil de los Estados Unidos.

En cuanto a su vida personal, Rita Moreno tuvo relaciones sentimentales con personalidades muy conocidas del medio, como lo fueron Marlon Brandon (con quien estuvo casada por ocho años) y Elvis Presley. Su relación más importante fue con Leonard Gordon, con quien tuvo a su única hija. El matrimonio duró 45 años, hasta la muerte de él.

Rita Moreno publicó su autobiografía en el 2011, en la que hizo patente su indignación por la discriminación étnica que sufren las minorías en Hollywood. A pesar de su edad, continúa muy activa en su carrera. Por ejemplo, participa en el programa *One day at a Time*, de Netflix, estrenado en 2017 y que tiene una nominación para un premio Emmy. Además de su carrera profesional, Rita Moreno se ha distinguido por ser vocal en cuanto a los retos de los hispanos, y por su lucha por conseguir justicia social. Cabe mencionar su participación para llevar ayuda a Puerto Rico tras el devastador huracán María en 2017.

¿Quieres sorprenderte mucho más con la vida de esta estrella? Su autobiografía *Rita Moreno: Memorias* te está esperando.

Comprensión

1. ¿Quién es Rita Moreno y en qué se ha distinguido?
2. En tu opinión, ¿qué es lo más importante que ha logrado?
3. ¿Por qué es importante para la comunidad hispana?

Conversación

Habla con un compañero para conversar sobre las siguientes preguntas.

1.   ¿Quiénes son otros actores o actrices hispanos que se han distinguido?
2.   ¿Qué tipos de papeles interpretan?
3.   ¿Han hecho algo más por apoyar a la minoría hispana?

Los siguientes memes circulan en las redes sociales.

1. ¿Cuál es la respuesta al primer meme?

2. ¿Estás de acuerdo con lo que se plantea en el segundo meme? Explica por qué.

3. Diseña un meme para difundir algo que hayas aprendido en este capítulo.

¿Cuántos acentos hacen falta en el siguiente texto?

Fue a visitarme un tio, pero se le olvido que ese miercoles yo fui a ver a mi medico porque me sentia mal.

Elige tu respuesta:
a) 3
b) 4
c) 5
d) 6

Es cierto que la ortografía no enamora, pero no me veo con alguien que quiera "aserme mui feliz"

Si buscas los siguientes verbos en un diccionario...¡no los vas a encontrar!

haiga
habemos
veniste
oyiste

Mejor ni los digas ni los escribas.

¡Atención!
Las siguientes palabras no requieren de tilde:

examen

feliz

imagen

resumen

Sin embargo, los plurales de esas palabras sí necesitan la tilde.

Fuentes: *Yo amo la buena ortografía y Amantes de la ortografía*

¿Cuándo nació el idioma español?

No hay un momento en la historia en el que se pueda considerar que un idioma nace, pues las lenguas han evolucionado junto con la historia de los seres humanos.

El idioma latín es de vital importancia porque los romanos, quienes lo hablaban, lo diseminaron por todo su imperio. El latín se impuso en los pueblos conquistados, pero se mezcló con otras lenguas que ya se hablaban en esos lugares. Así nacieron las diferentes lenguas latinas, también llamadas lenguas romances.

Una de las lenguas derivadas del latín es el castellano, el que recibió ese nombre porque se hablaba en la región de Castilla. Hoy lo conocemos como el idioma español.

Lenguas cooficiales en España:

- ◼ Gallego, oficial
- ◼ Gallego reconocido, pero no oficial
- ◼ Euskera oficial
- ◻ Euskera reconocido, pero no oficial
- ◼ Catalán oficial.
- ◼ Catalán reconocido, pero no oficial.
- ◻ Aranés
- ◼ Valenciano oficial
- ◼ Valenciano oficial pero no lengua histórica

Momentos importantes del español

Antonio de Nebrija publicó el primer diccionario del castellano en 1492.

¿Por qué crees que los diccionarios sean importantes?

La Real Academia de la Lengua (RAE) fue fundada en 1713, inspirada en el modelo francés. Sus objetivos eran preservar y fomentar el buen uso del idioma. A través del tiempo, cada uno de los países en donde se habla español ha fundado su propia academia. En total hay 23, y todas trabajan juntas como parte de la Asociación de las Lenguas de la Lengua Española (ASALE).

El inglés no tiene una academia de la lengua. *¿Cómo crees que los angloparlantes preservan el buen uso de su idioma?*

Las lenguas romances

Idiomas

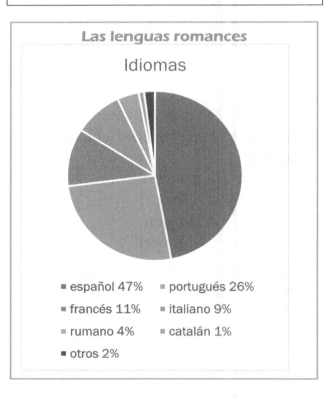

- ◼ español 47%
- ◼ portugués 26%
- ◼ francés 11%
- ◼ italiano 9%
- ◼ rumano 4%
- ◼ catalán 1%
- ◼ otros 2%

UNIDAD 3

Comida e identidad

Contenido y Objetivos

Objetivos

o   Identificar y analizar diferentes valores culturales.

o   Comparar y analizar practicas relacionadas con la dieta.

o   Incrementar tu vocabulario a través del uso de afijos.

o   Entender las diferencias y semejanzas entre la puntuación en español y en inglés.

o   Mejorar tu conocimiento metalingüístico del idioma español.

Comida e identidad

La comida es un tema **favorito** de las conversaciones. Los alimentos nos proporcionan **sustento**, así como oportunidades para convivir, para compartir, para desarrollar la creatividad y, por supuesto, para conversar. Por si fuera poco, la comida nos da también un componente de nuestra identidad. ¿Quién no recuerda los **platillos** que preparaba su abuela o de algún otro **pariente**?

Además de ser parte de nuestra identidad, la comida une a personas de todas las nacionalidades. Es un elemento fundamental de cada cultura, un elemento **central** de incontables tradiciones, y un testigo de la historia de una región. En la comida de un pueblo podemos ver los ingredientes que se cultivan, los **métodos** de preparación y los ritos culturales que rodean el acto de comer. Con la comida asociamos prácticas culturales (hacer un asado para verse con los amigos); valores (comprar productos frescos del mercado sobre ruedas, no del supermercado); prácticas religiosas (no comer carne durante la cuaresma), así como otras tradiciones que hablan de nuestra herencia cultural.

Crédito: Pixnio.

A pesar de que el número de granjeros y agricultores ha disminuido significativamente en el último siglo, hoy en día la industria de la comida es un **negocio** cada vez más grande que va más allá de producir alimentos. Se trata de uno de los segmentos de la economía más importantes, ya que provee de empleos directa e indirectamente a una gran parte de la población del mundo. Algunos de los segmentos de este mercado incluyen la investigación para producir mejores variedades genéticas de productos vegetales y animales, su producción, su distribución, su **conservación** y el mercadeo de los alimentos.

Un concepto interesante que combina la identidad cultural de un producto con su protección comercial es la clasificación de *producto de denominación*. Cuando un producto se **cataloga** con este título, significa que solamente puede ser **producido** en el lugar específico en el que se originó. Hay **implicaciones** económicas importantes de esta protección legal. Ejemplos de productos de denominación son el champán (producto de Francia), el tequila (de Jalisco, en México), el queso parmesano (de la región de Parma, en Italia), y el queso manchego (de la región de la Mancha, en España).

El fenómeno opuesto al de la denominación de origen es el de la internacionalización; se trata de comidas que se popularizaron en extensas regiones, rebasando fronteras. Generalmente se trata de platillos de preparación relativamente rápida, cuyos ingredientes pueden también encontrarse fácilmente. Por ejemplo, mucha gente en varios países hispanoamericanos cree que algunos platillos son típicos de su país solamente, cuando en realidad se comen en toda la región, o incluso se originaron en otra parte o cultura del **mundo**. Ejemplos de esto son el flan, el arroz con leche o las empanadas.

Independientemente del origen de cualquier platillo, lo que es indiscutible es que gran parte de nuestra identidad cultural **se afianza** alrededor de la comida. Los platillos tradicionales generalmente tienen una historia larga que puede remontarse incluso a tiempos ancestrales, es decir, a la dieta de nuestros antepasados. Por todo esto, comer supera la esfera de lo cotidiano y se convierte en una expresión de identidad cultural, con su complicada red de valores y connotaciones.

Comprensión y discusión

1. En pocas palabras, ¿cuál es el tema del artículo?
2. En el texto se habla de cómo la comida expresa prácticas culturales y religiosas, así como valores. Basado en tu experiencia, da un ejemplo para cada una.
3. ¿Cuál es la intención del autor? ¿Qué evidencia hay en el texto de esto?
4. ¿Estás de acuerdo con el autor? Explica tu respuesta.
5. ¿Influye tu identidad en lo que comes, o lo que comes influye en tu identidad? Explica.
6. ¿Es posible comer sin que haya un elemento cultural?
7. ¿Existe algún producto de denominación dentro de los Estados Unidos? ¿Hay platillos "típicos" de los Estados Unidos que en realidad se hayan originado en otros países?

Vocabulario

Proporciona un sinónimo para cada una de las palabras en negritas que aparecen en la lectura.

PROYECTO CULTURAL
Investiga un plato típico de una cultura o región que no sea la tuya. Prepara un reporte para la clase. Por lo menos debes incluir la siguiente información:

o Origen
o Los ingredientes y el modo de preparación
o La historia del platillo
o Los ritos culturales alrededor del platillo (cómo, cuándo, dónde y quién lo come).

---

a) Conversación Habla con uno o dos compañeros acerca de sus respuestas a las siguientes preguntas.

1. ¿Cuál es tu comida favorita? ¿Qué ingredientes se necesitan para prepararla? ¿Sabes cocinarla? ¿Es difícil?

2. ¿Cuáles son los ingredientes básicos en tu dieta?

3. De todas las comidas "étnicas" disponibles ¿Cuál es tu favorita y por qué?

4. ¿Hay alguna comida que comas solamente en una fecha específica? ¿Cuál y cuándo? ¿Por qué?

5. ¿Hay diferencias entre tu alimentación y la de tus padres o abuelos? Explica con detalles.

6. ¿Qué dice tu dieta acerca de ti?

b) Citas sobre la comida Elige dos de las siguientes citas y habla de ellas con un compañero: En sus palabras, ¿qué significan estas citas? ¿Están ustedes de acuerdo? ¿Por qué?

Quien comparte su comida, no pasa solo la vida. (Anónimo)

Pan con pan, comida de tontos. (Anónimo)

Somos lo que comemos. (dicho popular).

El amor por la boca entra. (dicho popular)

A buen hambre no hay pan duro. (Dicho popular)

Las penas con pan son menos. (Dicho popular)

Los jóvenes hoy en día son unos tiranos. Contradicen a sus padres, devoran su comida, y le faltan al respeto a sus maestros. (Sócrates)

---

c) Ejemplos Las siguientes palabras aparecen en la lectura de la página anterior. Escribe una oración con cada una de ellas.

1. resguardado _____

2. cotidiano _____

3. componente _____

4. fundamental _____

5. connotaciones _____

La siguiente es una lista de palabras relacionadas con la comida. Encierra en un círculo las palabras que no reconozcas o de las que no estés cien por ciento seguro de qué significan. Consulta con la clase y con tu profesor para despejar dudas.

Vocabulario básico

Sustantivos	mate	sabroso
antojo	nutrientes	salado
botella	proteínas	saludable
calorías	sabor	soso
carbohidratos	totopos	vegetariano
chatarra	vitaminas	**Verbos**
dieta	**Adjetivos**	adelgazar
fibras	amargo	aumentar
frasco	congelado	eliminar
grasas	delicioso*	engordar
harinas	descremado	evitar
kilo	embotellado	freír
lácteos	dulce	hornear
legumbres	grasoso	masticar
libra	magro	limitar
litro	perjudicial	hacer dieta
mariscos	picante	probar

* Nota: *A diferencia del inglés, no se debe usar la palabra "muy" antes del adjetivo **delicioso**.*

a) Categorías Completa la tabla con las formas necesarias de cada palabra.

Verbo	Sustantivo	adjetivo
		congelado
limitar		
	grasas	
	nutriente	
freír		

Actividad adicional: Escribir una oración para cada palabra.

b) El contexto Completa las siguientes ideas con palabras del vocabulario. **¡Atención!** Deberás cambiar varias de las palabras a otras categorías de la lengua que tengan la misma raíz de la palabra (por ejemplo, podrías convertir un verbo en un sustantivo). No se necesitan todas las palabras.

calorías   dulce   engordar   embotellado   frasco   grasa   limitar   picante

1. El contenido _____ de las comidas fritas en muy alto.

2. El café es amargo, mucha gente prefiere _____ con azúcar.

3. Para vender el vino y la cerveza, se deben _____.

4. ¡Ay! _____ mucho esta salsa.

5. Por favor, ayúdame a _____ este molde para hacer galletas.

6. Estoy muy _____, debo comenzar una dieta.

c) Opiniones Trabaja con un compañero para expresar una opinión fundamentada acerca de las siguientes comidas. Empiecen por describir su valor nutricional, su opinión sobre su importancia en la dieta de la gente de los Estados Unidos (u otro país). Digan si les gusta o no ese alimento y cierren con una conclusión general. Traten de usar varias palabras del vocabulario.

1. la pizza

2. los refrescos

3. la quinoa

4. la papa

5. la tortilla

6. los mariscos

7. los huevos

8. ¿? (elige un alimento)

> **¿Hay una palabra?**
> Determina qué palabra(s) hay en español para referirse a los siguientes alimentos:
>
> *bagel*
> *cupcake*
> *milkshake*
> *sandwich*

d) Crucigrama Trabaja con un compañero. Uno de ustedes va a ver el crucigrama **A** en la siguiente página, y el otro va a trabajar con el crucigrama B en la página que sigue al crucigrama A. Van a turnarse para explicarse las palabras de sus listas <u>sin decirlas</u>. Tampoco deben ver la información de su compañero.

A

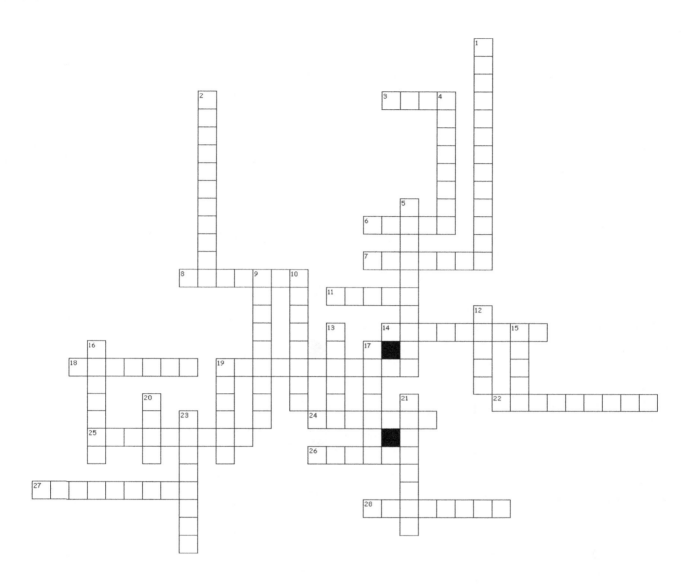

Estudiante A (horizontales)

3. mate

6. freír

7. lácteos

8. botella

11. dulce

14. saludable

18. picante

19. embotellado

22. congelado

24. hornear

25. adelgazar

26. frasco

27. vitaminas

28. chatarra

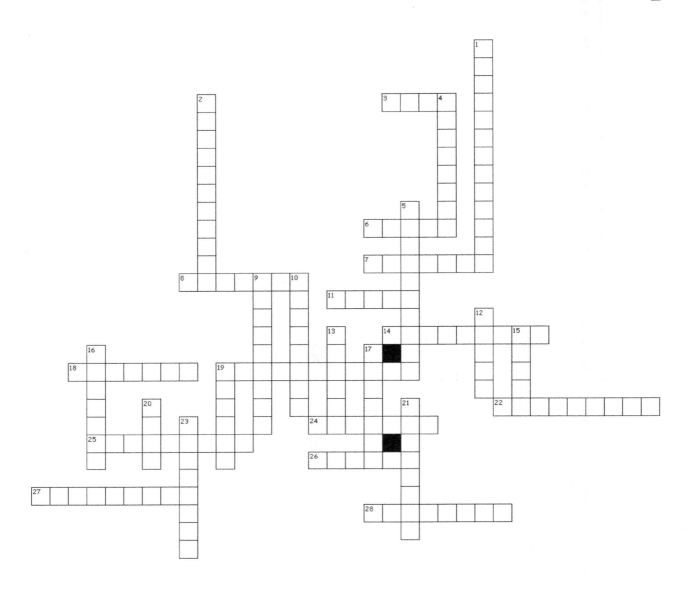

Estudiante B (verticales)

1. carbohidratos
2. vegetariano
4. engordar
5. descremado
9. legumbres
10. aumentar
12. magro
13. salado

15. litro
16. limitar
17. harinas
19. evitar
20. kilo
21. calorías
23. mariscos

El presente progresivo

Observa las siguientes oraciones y decide cuáles crees que sean correctas de acuerdo con las reglas estandarizadas del español. Después trabaja con un compañero para corregir las que no sean apropiadas.

> Todos los días estoy comiendo una dieta sana.
>
> Este fin de semana estoy yendo a la playa.
>
> Mi hermana y yo estamos estudiando en una universidad pública.
>
> Soy leyendo un buen libro.
>
> Mi amigo está trabajando en un restaurante.

El uso

El tiempo usado en los ejemplos de arriba se conoce como el presente progresivo. En inglés el presente progresivo se usa en varias situaciones en las que no se usa en español, como para hablar de planes futuros. En el español, el uso se limita a acciones en progreso en ese preciso momento.

La forma

El presente progresivo se forma con el verbo estar y un gerundio. *Gerundio* es el nombre de un verbo terminado en *-ando* o *-iendo*. Como puedes observar en la tabla de abajo, el gerundio no cambia su conjugación en ningún caso. Esto es porque se usa con el verbo estar, que es el que se debe conjugar.

	-ar		-er/ -ir
yo	estoy cant**ando**	nosotros	estamos escrib**iendo**
tú	estás bail**ando**	vosotros	estáis viv**iendo**
él/ella/usted	está cant**ando**	ustedes/ellos	están entend**iendo**

¡Atención! En el inglés es común usar el gerundio sin el verbo **estar**, en cuyo caso funciona como sustantivo. Por lo mismo, puede ser el sujeto de una oración. En español esto no es posible: si un verbo es el sujeto de la oración se debe usar un verbo en infinitivo.

Smoking *is bad for your health.*   **Fumar** es malo para la salud.

Más sobre el gerundio

1. Algunos verbos tienen un gerundio considerado irregular, pero que sigue unas reglas lógicas:

caer	cayendo	**ir**	yendo
construir	construyendo	**leer**	leyendo
destruir	destruyendo	**oír**	oyendo

Observa que se usa la letra *ye* en vez de la *i* para deshacer un triptongo (tres vocales juntas).

2. En inglés es común usar el gerundio para hablar del futuro. En español puedes usarlo solamente si estás haciendo la acción mientras hablas, o si es parte de una rutina temporal. Si la acción va a ocurrir en el futuro, no se debe usar.

> *Are you travelling next weekend?* → **¿Vas a viajar** el próximo fin de semana?

> *I like reading.* → Me gusta **leer**.

> *This term I am taking four classes.* → Este semestre **estoy tomando** cuatro clases.

3. Tanto en inglés como en español es posible usar el gerundio como un adverbio, es decir, una palabra que modifica cómo se hace una acción.

> *They entered the room singing.* → Entraron a la habitación **cantando**.

Traducciones

a) **¿Necesitas el gerundio?** Observa los siguientes ejemplos en inglés y trabaja con un compañero para decidir cuál es la mejor traducción al español. Presten atención al uso del gerundio, del infinitivo o del futuro.

1. Cooking with love is the secret for a great taste.

2. I don't enjoy going to the supermarket.

3. I am making a cake to celebrate your anniversary next weekend.

4. She ate her food chewing slowly.

5. I am reading a very interesting book.

Afijos: sufijos y prefijos

Un **afijo** es una silaba o una parte de una palabra que tiene la capacidad de cambiar el significado de un vocablo. Existen dos tipos de afijos: los sufijos y los prefijos. Un prefijo se ubica antes de la raíz, y un sufijo después de ella. En otras palabras, los sufijos se colocan al final de una palabra, en tanto que los prefijos se ponen al inicio.

Existen muchos tipos de sufijos. Uno de los más comunes es el pronombre que se le agrega a un verbo reflexivo. Por ejemplo, *volver / volver*<u>*se*</u>. El significado de *volver* sin el sufijo es simplemente *regresar*, en tanto que **volverse** significa *cambiar*, *convertirse* en algo diferente: Se volvió loco.

Un sufijo puede añadirse a muchos tipos de palabras, no solo a los verbos. Por ejemplo, el sustantivo *cuchillo*, puede convertirse en *cuchillada* o *cuchillito*. Se conserva así el concepto original de la palabra, pero ajustándose a las necesidades de la lengua. Así, un adjetivo como *hábil*, puede cambiarse al sustantivo *habilidad*, o al adverbio *hábilmente*. Si agregamos un prefijo, puede cambiar el significado de la palabra a lo opuesto: inhabilidad. Algunos prefijos comunes son **ante-, pre-, in-, en-** y **des-**. Entre los sufijos más comunes en español están -*ad*, -*ano*, y -*mente*.

Numerosos afijos del idioma español provienen del latín y del griego. En las siguientes páginas aprenderás algunos de los más comunes. Antes de observar la lista, ponte a prueba con las palabras de la lista de abajo.

Ponte a prueba

Piensa en tres palabras que pueden derivarse de las siguientes con un sufijo o un prefijo, y después explica cómo ha cambiado el significado con respecto a la palabra original.

canción _____   ventana _____   almohada _____

bueno _____   malo_____   leal _____

SUFIJOS DE ORIGEN GRIEGO

SUFIJO	SIGNIFICADO	EJEMPLOS
–algia	dolor	gastralgia
–arquía	mando	monarquía
–cracia	poder	democracia
–dromo	carrera	hipódromo
–filia	afición, proclividad a	germanofilia
–gamia	matrimonio	poligamia
-itis	inflamación	apendicitis
–lito	piedra	monolito
–patía	padecimiento	neuropatía
-teca	caja o archivo	biblioteca
–fobia	odio	hidrofobia

> **Ponte a prueba**
>
> ¿Qué nuevas palabras puedes formar usando afijos y los siguientes sustantivos? ¿Qué significan?
>
> aristócrata
> auto
> claustro
> disco
> tendón

PREFIJOS COMUNES DE ORIGEN GRIEGO

PREFIJO	SIGNIFICADO	EJEMPLOS
a-, an-	sin	amorfo
anfi-	alrededor	anfiteatro
em-, en-	dentro	encéfalo
endo-	interno	endogamia
exo-	fuera	exoesqueleto
hemi-	medio	hemisferio
hiper-	sobre, exceso de	hiperventilar
hipo-	debajo, por debajo de	hipócrita
peri-	alrededor	periférico
poli-	varios	políglota
pro-	delante	prolongar

> **Ponte a prueba**
>
> Da otros ejemplos de palabras para cinco de estos sufijos.

SUFIJOS DE ORIGEN LATINO

SUFIJO	SIGNIFICADO	EJEMPLOS
-ano	Pertenencia a una persona, nación, etc.	Australiano: de Australia.
-ario	Indica una relación general o específica	Agrario: relacionado con el agro.
-ble	Que puede ser.	Visible: que puede ser visto.
		Amable: que puede ser amado.
-ez(a)	Forma sustantivos femeninos a partir de adjetivos.	Belleza: cualidad de bello.
-ez	Pertenencia (por extensión se hizo patronímico)	Vejez, Pérez
-cida	Que mata.	Homicida, que mata hombres.
-dad, -tad	Formación de sustantivos abstractos.	Libertad: cualidad de libre.
-ia, -io e -ía, -ío	Puede formar adjetivos y sustantivos.	Alegría: cualidad de alegre.
-dura y -tura	Forma sustantivos derivados de verbos, de participios pasivos o de adjetivos.	Locura: cualidad de loco.
-voro	Que come.	Omnívoro: que come de todo.
-oso	Forma adjetivos desde sustantivos u otros adjetivos.	Chistoso: que es como un chiste.

PREFIJOS COMUNES DE ORIGEN LATINO

PREFIJOS	SIGNIFICADO	EJEMPLOS
ad-	hacia o añadido	adjunto
bi-, bis-	dos	bilingüe
co-, con-, com-, cor-	con	conciudadano
des-	privación, no tener	descomunal
ex –	que ya no es, ha cesado	expresidente
extra-	muy, fuera de	extraordinario
in-, im-	en	imponer
i-, in-, im-	sin, privado de	irracional
inter-	entre	internacional
intra-	dentro	intramuscular
multi-	muchos	multicolor
omni-	todo	omnipotente
pos-, post-	después	poscomunión
pre-	delante, anterior	prenatal
re-	de nuevo, otra vez	reinventar
su-, sub-	debajo, por debajo	subalterno
super-, supra-	encima, por encima	superhéroe
trans-, tras-	más allá de, a través de	transiberiano

Pruébalo

Usa afijos o prefijos para crear nuevas palabras con los siguientes vocablos. Explica qué significa la nueva palabra.

color
frágil
operación
pasar
solución
terrestre
usar

Ejercicios

a) Significados Los siguientes pares de palabras tienen una raíz en común, pero su significado es diferente gracias al uso de afijos. Túrnate con un compañero para explicar la diferencia en su significado. Recuerda usar **otras** palabras para definirlas.

1. decir, predecir

2. habilidad, inhabilidad

3. aracnofilia, aracnofobia

4. real, irreal

5. carne, carnívoro

6. física, metafísica

7. video, videoteca

8. malévolo, maldad

b) ¿Qué quiere decir la palabra? Usa la tabla de sufijos de la página anterior para explicar lo que quieren decir las siguientes palabras. Usa la lógica y tu intuición. Si no reconoces alguna palabra, establece si es un adjetivo, un verbo o un sustantivo.

1. bigamia

2. colitis

3. herbívoro

4. amoral

5. cordura

6. alguicida

7. ostentoso

8. preconcepción

9. legendario

10. mesura

11. empoderar

12. inconexo

PROYECTOS

1) PRESENTACIÓN

Elige un país hispano y prepara una breve presentación para la clase. Incluye la siguiente información:

- El clima del país y los productos agrícolas de mayor importancia
- Dos o tres platillos tradicionales (incluye los ingredientes, la preparación e información de cuándo se come o qué tradiciones están relacionadas con esta comida.

2) PELÍCULAS

Elige una de las siguientes películas (basadas en la comida) y escribe una reseña que incluya:

- Una breve sinopsis de la película

- Un análisis del papel que juega la comida en este filme

- Una conclusión general

Chef (EEUU, 2014)   *Sopa de tortillas* (EEUU, 2001)   *Bon Appetit* (España, 2010)

Fuera de carta (España, 2008)   *Dieta mediterránea* (España, 2009)

Como agua para chocolate (México, 1992) *Tapas* (coproducción España, México, Argentina, 2005)

Nota: Algunas de estas películas son para público restringido

3) LITERATURA

Elige uno de los siguientes cuentos o poemas sobre la comida, búscalo(a) en el internet y léelo(a). Después escribe al menos una página con comentarios que incluyan un resumen breve, un análisis (tema, mensaje, voz narrativa, estilo, una opinión personal y una conclusión).

Rosario Castellanos: *Lección de cocina*   Gabriel García Márquez: *Ladrón de sábado*

Pablo Neruda: *Oda a la cebolla*; *Oda a la papa*   Mario Benedetti: *Almuerzo y dudas*

4) PARA DEBATIR
¿Crees que cambiar tu dieta, "*americanizarla*", tenga el efecto de cambiar tu identidad? ¿Eres menos mexicano/guatemalteco/puertorriqueño/etc., si dejas de comer comida del país de tus ancestros? Explica.

La historia del alfajor

Quizás el postre argentino más reconocido en el mundo sea el alfajor, un dulce que también es conocido en países como España, Chile, Perú y Uruguay. La historia de esta **golosina** comienza mucho antes de hacerse popular en la Argentina.

Un alfajor es un postre que consiste en una o más galletas unidas entre si con un relleno dulce, como una jalea o mermelada. Por lo general las galletas están glaseadas o cubiertas de chocolate.

La palabra alfajor **se origina** en el vocablo árabe "[al- hasú]", que significa "relleno". Fueron los árabes quienes llevaron el alfajor a la península Ibérica durante la ocupación árabe. Hoy en día existe una asociación en España para productores de alfajores, quienes han logrado conseguir la Indicación de Origen Protegido (I.G.P.) para su producto.

Aunque los argentinos no puedan **adjudicarse** el invento de esta golosina, sin duda lo han perfeccionado al nivel que lo hace uno de los productos más conocidos de la **cocina** argentina. En este país los tipos de alfajores se multiplicaron al empezar a usarse diferentes tipos y cantidades de galletas y de rellenos.

Ante **el gusto** de los argentinos por este postre, el alfajor se ha comercializado más que en otros países. Hay alfajores hechos **en masa** para su distribución comercial en todo el país (existe una gran variedad de marcas y estilos), así como alfajores regionales, que son diferentes en cada región del país (lo cual los hace un regalo perfecto para aquellos que salen de viaje). También están los alfajores artesanales, que se venden a un **precio** mayor en el mercado *gourmet*, en base a los productos de alta calidad que se usan para su **elaboración**.

Para aquellos que saben hornear, la receta más típica de un alfajor es la de maicena. Es fácil encontrar en el Internet una receta para hacerlos, en caso de que se viva en un país donde no se comercialicen. ¡Buen provecho!

Fuente: http://www.taringa.net/post/recetas-y-cocina/4342759/Que-es-el-Alfajor-Historia-y-Recetas.html

Alfajores triples

Fotografía de **Wikipedia Commons**, autor Julgon (Julio González)
. Foto utilizada sin necesidad de permiso bajo la licencia de contenido abierto.

COMPRENSIÓN

1. Explica cuál es la idea central del artículo en menos de veinte palabras

2. ¿Cuál es el origen de los alfajores?

3. ¿Cómo se clasifican?

4. ¿Qué tipos de alfajores se pueden encontrar en Argentina?

5. En tu opinión, ¿cuál es la intención del autor?

EXPANDE TU VOCABULARIO

Encuentra un sinónimo o una frase que pueda substituir todas las palabras que aparecen en negritas en el texto de la página anterior.

UN RETO

Las siguientes comidas son parte de la cocina de varias naciones hispanoparlantes. Relaciona el platillo o bebida con el país o países con el que se le identifica culturalmente. Explica qué son.

1. pastel de choclo _____

2. gallo pinto _____

3. ropa vieja _____

4. pisco sour _____

5. cochinita pibil _____

6. tapas _____

7. ajiaco _____

8. mate _____

9. fanesca _____

10. pupusas _____

11. flan _____

12. moros y cristianos _____

Tapas. Pixnio.

La puntuación

La puntuación es una de las claves más importantes para expresarnos mejor (y más claramente) por escrito. En esta página presentaremos los signos básicos de puntuación junto algunos consejos para ayudarte a escribir más claramente.

El punto

En general, el punto (.) sirve para separar oraciones o ideas completas. Hay tres tipos de punto: el punto y seguido separa ideas que tienen una relación evidente y secuencial entre ellas. El punto y aparte se usa para comenzar un nuevo párrafo porque la relación temática no es tan inmediata. El punto final es el último tipo de punto, y concluye un texto.

La coma

En general, la coma (,) se emplea para hacer una pausa muy breve. Si lees en voz alta, te darás cuenta de que a veces es necesario hacer una pausa para tomar aire y continuar hablando. A veces las comas sirven para presentar una idea adicional, como un paréntesis. Otro uso de las comas es separar los componentes de una lista. ¡Atención! En español generalmente no se usa una coma antes de la "y" que presenta el último elemento de una lista. El idioma inglés tiende a usar comas mucho más que el idioma español.

Algunas locuciones adverbiales o conjuntivas requieren de una coma al inicio de una oración. Ejemplos de esto son las expresiones *es decir, por consiguiente, por lo tanto, en consecuencia*, etcétera.

Otras reglas rápidas:

- Nunca pongas una coma entre un sujeto y su verbo.

- No se pone una coma antes de la y, al final de una lista (hay algunas excepciones).

- No se usa la coma al iniciar una frase con información de modo o lugar.

En México se cena tarde.	✔	Los lunes como con mis amigos.	✔
En México, se cena tarde.	✘	Los lunes, como con mis amigos.	✘

Los dos puntos

Los dos puntos (:) representan una pausa un poco más pronunciada que una coma, pero menos que un punto. Se usa para hacer llamar la atención de la idea que sigue, como una especie de conclusión. Los dos puntos también introducen citas textuales y se emplean para iniciar una correspondencia. En títulos de artículos son comunes para separar el tema general del que se hablará, y el específico.

¡Atención! Nunca se usan después de una preposición y el sustantivo que presenta.

Querido Señor Pérez: ✓ En el viaje conocí personas de: México y Cuba.
Le escribo...

El grafiti: Un medio de comunicación. ✓ Como dicen en Costa Rica: "¡Pura vida!". ✓

El punto y coma

El punto y coma (;) une dos oraciones completas que están muy relacionadas. Si el vínculo entre las dos oraciones no es muy fuerte, es preferible usar el punto y seguido. Cabe señalar que su uso es generalmente subjetivo, ya que puede optarse también por una coma o un punto en muchos casos, según la intención del autor.

También se usa para separar enumeraciones de frases más o menos largas, o que incluyan comas.

El paréntesis

Un paréntesis es un signo de puntuación que se usa en pares para separar una aclaración o añadir información no indispensable. En español se usan 3 tipos de paréntesis:

El paréntesis ( )	Se usan para agregar información como fechas, autores, aclaraciones, traducciones, etc.
El corchete [ ]	Se usan para indicar (en una cita) que se ha omitido parte del texto original. También presentan un paréntesis dentro de otro paréntesis.
Las llaves { }	Se usan para agrupar varios elementos que aparecen en líneas diferentes.
Las llaves angulares « »	Se usa en la literatura para establecer el diálogo de los personajes, o para señalar que una palabra se usa con un significado diferente al normal. También se conocen como **comillas angulares**.

Igual que en inglés, los paréntesis pueden usarse para crear emoticones: :-)

Empleos relacionados con la comida

Vas a trabajar con un(a) compañero(a) para actuar una situación laboral relacionada con el mundo de la comida. En esta situación deben interactuar de forma profesional usando un vocabulario amplio.

¡Recuerden hablarse usando las formas de *usted*!

Opciones

A) Un restaurante

Imagínense que un cliente (o dos) están de vacaciones en un país que visitan por primera vez. Deben ordenar su comida haciendo muchas preguntas sobre los platillos que se ofrecen.

Otro estudiante actúa como el mesero que lo(s) atiende, y debe responder preguntas y hacer sugerencias.

Antes de actuar busquen un menú auténtico del país con el que decidan hacer la situación.

B) La oficina de un nutricionista

Imaginen que uno de ustedes es una persona con varios problemas de salud y busca recomendaciones para alimentarse más sanamente, pero tiene muchas razones que le impiden llevar una mejor dieta.

El otro estudiante va a actuar el papel del nutricionista y a dar consejos y sugerencias para vencer los obstáculos.

C) Negocios

Imaginen que uno de ustedes desarrolló un producto (un pastel, galletas, carne, botana, etc.), y ahora quiere venderlo en una tienda ya establecida.

Un estudiante es la persona que quiere vender su producto. El otro estudiante es el dueño de la tienda.

Public Domain clipart

Calcos, anglicismos y cambios de código

¡Traducción, por favor!

Anteriormente aprendiste acerca del cambio de código y de como un hablante cambia de idioma, a veces sin darse cuenta. Debido a un fuerte contacto con el inglés, muchos hablantes usan palabras que en realidad no son parte del léxico del español (no se pueden encontrar en los diccionarios). Observa los siguientes ejemplos de palabras del *Espanglish* (cambios de código y calcos) y «tradúcelos» al español de alguien que no entienda el inglés.

1. *Miguel tiene que obtener una aseguranza para su automóvil.*

2. *Maria tiene que ir al doctor, pues tiene un apuntamiento a las 3:00.*

3. *Yo trabajaba en una wainería.*

4. *Tienes que llamar para atrás a tu amigo Jaime, porque te llamó hace un rato.*

5. *Miranda tiene que ver después a su hermanita hoy por la noche.*

6. *Vamos al mall para mirar por unos zapatos.*

7. *José tiene que arreglar su troca.*

8. *La marketa está como a unos cinco bloques de aquí.*

9. *Necesitamos una carpeta nueva, o instalar un piso de linóleo.*

¿Sabías que en algunos países hispanos la publicidad usa palabras en inglés para hacer sus productos más deseables? ¿Cómo se explica esta práctica? ¿Qué opinas de ella? ¿Se usa el español en los anuncios de EE. UU. de la misma manera?

Busca la campaña de la RAE contra los anglicismos en YouTube. ¿Estás de acuerdo?

Ortografía

Hay	*Existir*: Hay muchos árboles en el parque.
Ay	*Dolor*: ¡Ay! Me quemé.
Ahí/ allí	*Ubicación*: Allí están los papeles.

Aún	*Todavía* (tiempo)
	Aún no empieza la clase.
Aun	*Incluso, hasta*
	Todos fueron, aun los que Siempre faltan.

Ha / a / ah

Ha	*Auxiliar verbal*
	Ha venido a vernos
A	*Preposición*
	Voy a viajar pronto
Ah	*Interjección*
	¡Ah, ya entiendo!

por qué	*Pregunta*	¿Por qué vas a ir?
porque	*Razón*	Voy porque quiero.
porqué	*Sustantivo*	Eres el porqué de mi visita.

E	*Conjunción*	
	Soy tímido e inteligente.	
He	*Auxiliar*	
	No he visto esa película.	
Eh	*Interjección*	
	¡Eh! ¿Qué haces?	

Ves	*Verbo*
	Te ves mejor con lentes.
Vez	*Sustantivo*, ocurrencias
	Salgo de vez en cuando.

Casar	*Verbo (recíproco)*
	Juan y Lola se casan mañana.
Cazar	*Verbo*: seguir y matar
	Fui a cazar venados.

Tubo	*Sustantivo*
	Es un tubo de plástico.
Tuvo	*Verbo (pretérito)*
	Mi gata tuvo crías anoche.

Rehusar	*No querer*: se rehusó a ser otra víctima.
Reusar	*Volver a usar*: No es suficiente con reciclar, también debemos reusar el plástico.

Has	*Auxiliar*: ¿Has visto mi libro?
Haz	*Verbo (mandato)*: Haz la tarea.
Haz	*Sustantivo*: Fue visible un haz de luz.
As	Sustantivo: El as es una carta de la baraja.

Palabras homófonas

En la página anterior hay varios ejemplos de palabras homófonas, aquellas que suenan igual, pero se escriben diferente. A continuación vas a ver una lista que incluye algunas palabras de la página anterior y algunos homófonos adicionales. Explica la diferencia en el significado de cada par de palabras y después escribe una oración con cada una de las palabras.

Modelo: **habría** → Es el verbo "haber": *Habría menos injusticias si las leyes fueran mejores.*

abría → Es el verbo "abrir" en el pasado: *Yo antes abría las ventanas antes de dormir.*

1.   a

ha

2.   has

haz

3.   tubo

tuvo

4.   casar

cazar

5.   rehusar

reusar

6.   ves

vez

La dieta y la cultura

Vas a escribir un ensayo de entre 400 y 500 palabras.

El tema es libre, pero debe estar relacionado con el tema de este capítulo (la comida).

Usa un vocabulario amplio y presta atención a la puntuación y a la ortografía.

Recuerda organizar tu texto de manera que empieces con una introducción al tema en el primer párrafo. No olvides escribir una conclusión después de haber presentado toda la información.

Ideas para tu composición:

Cómo influye mi identidad cultural en mi dieta

Cómo mejorar la dieta de los estudiantes

Análisis de los problemas de la dieta tradicional en Estados Unidos/ México/ Colombia/ ¿?

Los alimentos modificados genéticamente (*escribe a favor o en contra*)

¿Vegetarianos o carnívoros? (*repercusiones*)

La comida orgánica (*ventajas y desventajas*)

El sobrepeso y la pobreza (*análisis*)

Sonia Sotomayor

Una de las personas más influyentes dentro de la justicia de los Estados Unidos es la Jueza Sonia Sotomayor, hija de padres puertorriqueños. Nació en el Bronx, en Nueva York, en al año 1954. Aunque su padre murió cuando era una niña, para su madre fue una prioridad que Sonia tuviera una buena educación. Sotomayor dijo en una entrevista que fue debido a un programa de televisión, *Perry Mason,* que decidió estudiar leyes, lo cual hizo en la Universidad de Yale. Así, Sotomayor ya había decidido su profesión a los diez años de edad.

Ya titulada, Sotomayor trabajó como asistente del fiscal del distrito de NY, resolviendo casos de criminales como robos, homicidios y pornografía infantil. En 1984 se hizo socia de una firma de abogados (*Pavia & Hartcourt*). En 1991 se convirtió en la primera mujer juez del distrito de Nueva York, y también en la más joven. Para ese puesto fue nominada por el entonces presidente George W. Bush. Fue el presidente Barak Obama, quien la nombró para el puesto de Juez Asociada de la Corte Suprema, en el año 2009.

Además de todos sus logros en el campo de la abogacía, Sonia Sotomayor también ha publicado una autobiografía. Fue publicada simultáneamente en inglés y en español en el 2013. Además de todo su trabajo legal, en la actualidad Sotomayor también dirige un proyecto para educar a los niños hispanos que hablan español en educación cívica, a través de videojuegos entretenidos. Este trabajo educativo cuenta con 19 videojuegos diferentes en los que los jugadores dirigen un bufete de abogados.

Stock Photo Description: Free, public domain image: Supreme Court Justice Nominee Sonia Sotomayor, http://www.acclaimimages.com

Comprensión

Decide si las afirmaciones de la lista son ciertas o falsas. Señala en qué parte del texto te basas para responder.

1. La educación ha sido uno de los intereses de la jueza Sotomayor.

2. Su padre influenció mucho la carrera de Sotomayor.

3. Sotomayor solamente ha sido apoyada por políticos demócratas.

4. Llegó a ser abogada por cuestiones del destino.

Conversación

Para hacerse ciudadano naturalizado de los Estados Unidos, una persona debe aprobar un examen que consiste en varias partes. Una de las secciones incluye preguntas sobre civismo. La siguiente es una lista con algunas de estas preguntas. ¿Estarías preparado para pasar esta parte del examen?

1. ¿Cuál es la ley suprema de la nación?

2. ¿Qué hace la Constitución?

3. ¿Qué es una enmienda?

4. ¿Cuál es un derecho o libertad que la Primera Enmienda garantiza?

5. ¿Qué significa la palabra *Civismo*? ¿Lo estudiaste en la escuela? ¿Cómo se aplica a tu vida diaria?

Casi todos los siguientes memes circulan en las redes sociales.

1. ¿Estás de acuerdo con ellos? Explica por qué.

2. ¿Alguno te parece gracioso?

3. Diseña un meme para difundir algo que hayas aprendido en este capítulo.

Fotografía cortesía de Gerardo Kloss.

Una coma puede cambiar el significado de una oración:

Espero que me llame.

Espero que me coma.

Quienes aún confunden «a ver» con «haber» deberían hirviendo cómo solucionar el problema.

Fuente: Yo amo la buena ortografía / Amantes de la ortografía

- **Me das la impresión de sentirte circunspecta, taciturna y hasta nefelibata. ¿Qué necesitas?**

- **Un diccionario.**

Openclipart. Improulx.

¿Sabías que el español es el único idioma que usa signos iniciales de interrogación y de exclamación? ¿Te gustaría que fueran opcionales? ¿Y qué pasaría con la **ñ**?

Los platillos del mundo hispano

Un plato tradicional por encargo

La cocina de México es una de las tres del mundo que se considera Patrimonio de la Humanidad por la UNESCO. Debido a la gran variedad de platillos en cada una de las regiones de la República Mexicana, es imposible decir que hay solamente un plato nacional. México es famoso por sus platos basados en muchos tipos diferentes de moles, por sus carnes, por sus platillos hechos a partir del maíz, y por muchas otras delicias. Sin embargo, dentro de cualquier lista de platillos nacionales aparecerán los famosos chiles en nogada. Este platillo, dice la leyenda, fue creado por las monjas agustinas del Convento de Santa Mónica, en el estado de Puebla, para conmemorar el paso de Iturbide con el ejército Trigarante en 1821. El plato muestra los colores de la bandera de México, y se hace con ingredientes muy originales, como la combinación de acitrón y canela para hacer el picadillo de carne con el que se rellenan los chiles poblanos, así como nueces para hacer la salsa de nogada y granada, para decorar los chiles.

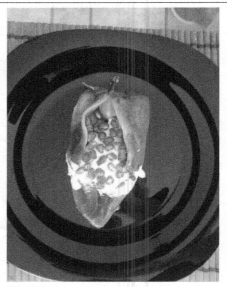

Un chile en nogada (salsa de nuez).
Fotografía cortesía de Fernando Casas

Moros y cristianos

La combinación de arroz y frijoles ha dado como resultado varios platillos tradicionales en países diferentes. El platillo *Moros y cristianos* es parte de la gastronomía criolla cubana, y consiste en mezclar arroz blanco con frijol negro, así como varios condimentos que le dan una personalidad peculiar.

En Puerto Rico la mezcla de arroz y frijol le da vida al plato tradicional de *Arroz con gandules* (un tipo de frijol). El plato lleva también como ingrediente principal carne de cerdo, y es un platillo típico en la mesa navideña.

Si está en Costa Rica o en Nicaragua y le ofrecen Gallo pinto, le servirán un delicioso plato de arroz mezclado con frijoles y otros ingredientes. Hay tantas variaciones condimentadas de forma diferente, que es probable que no se dé cuenta de que se trata del mismo platillo básico.

Los frijoles son un alimento originario del continente americano, mientras que el arroz fue introducido por los europeos, por lo que todos estos platillos se consideran platos criollos.

Productos de origen americano

Aguacate	maíz
Cacahuate	melón
Cacao	papas
Calabaza	tomate
Fresa	vainilla

Productos de Europa y otras partes del mundo

aceitunas	naranjas (Asia)
arroz (Asia)	peras
betabel	queso
brócoli	rábanos
col	uvas

UNIDAD 4
¿Que la historia los absuelva?

Contenido y Objetivos

Objetivos

o   Identificar y analizar diferentes perspectivas.

o   Profundizar tu conocimiento de la historia y personajes importantes de algunos países hispanos.

o   Mejorar tu conocimiento metalingüístico del idioma español.

o   Practicar los verbos irregulares en el pretérito y entender las reglas de conjugación.

o   Continuar identificando cognados falsos y calcos gramaticales.

Antes de leer

Trabaja con un compañero para crear una lista de personas de la historia que les parezcan importantes. Después dividan la lista en dos: los que tuvieron un impacto positivo y los que tuvieron un impacto negativo. Comparen su lista con la de otros grupos y expliquen su decisión acerca del impacto positivo o negativo.

Los héroes y los villanos de la historia

Eva Perón

María Eva Duarte de Perón (1919-1952) fue una actriz argentina que se convirtió en primera dama cuando su esposo, Juan Domingo Perón, asumió la presidencia de Argentina en 1945, un año después de casarse. En su papel de primera dama, Eva Perón fue una participante activa en la política. Entre otras **labores** importantes, **logró** que las mujeres argentinas pudieran votar, y después luchó también por la igualdad jurídica de cónyuges, incluyendo la patria potestad compartida. Además, a través de su fundación, ayudó a los grupos más necesitados de la sociedad argentina y a las clases trabajadoras. Su fundación construyó escuelas, hospitales y asilos, entre otros, y creó oportunidades para estudiar y para conseguir vivienda. A pesar de su corta vida, Eva Duarte escribió dos libros (*La razón de mi vida*, y *Mi mensaje*). En vida y en muerte, Evita fue un personaje controversial que despertó pasiones a su favor y en su contra.

Eva Perón. *Foto de Dominio Público* (1951).

El Che Guevara

Ernesto Guevara (1928-1967) es más conocido en la historia como "Che" Guevara. **Originario** de una familia de clase media, Ernesto casi había terminado sus estudios de medicina en Buenos Aires, Argentina, cuando **se embarcó** en un viaje que le cambiaría la vida. Al darse cuenta de las injusticias que persistían en todos los países latinoamericanos, Guevara decidió dedicar su vida a corregir estas injusticias. Se volvió guerrillero y participó activamente en la Revolución Cubana. Peleó también en El Congo y en Bolivia, donde murió al ser capturado y ejecutado por el ejército boliviano y la CIA. Sin embargo, el Che **permaneció** en la memoria histórica como un símbolo de lucha contra las injusticias sociales. Para otros, sin embargo, fue simplemente un asesino que había que controlar.

Foto tomada por Alberto Korda.
Dominio público.

Sor Juana Inés de la Cruz

Nacida Juana Inés de Asbaje y Ramírez de Santillana (1651-1695), Sor Juana fue una religiosa y escritora del s. XVII. **Se distinguió** por sus poemas, por su prosa y por sus obras teatrales, escritas dentro del marco del Siglo de Oro de la literatura hispana. Sor Juana se aficionó a la lectura desde muy niña, gracias a la influencia de su abuelo. Posteriormente decidió ingresar a una orden religiosa para poder seguir estudiando y cultivando las letras, una actividad poco común entre las mujeres en esa época. Probablemente su obra más conocida sea un ensayo publicado con el título de *Respuesta a Sor Filotea de la Cruz*, una carta en la que defiende su labor intelectual y el derecho de la mujer a educarse.

Sor Juana.
Dominio público

Antes de su muerte, hacia 1693, Sor Juana casi dejó de escribir por completo y se dedicó a labores más típicas de una **monja**. Muchos piensan que esto fue porque **sucumbió a** la presión de sus enemigos, quienes deseaban que dejara de escribir.

Santa Anna

Antonio López de Santa Anna (1794-1876) fue presidente -y también dictador vitalicio- de México. Santa Anna inició su **carrera** política y militar cuando el país buscaba su independencia de España. Inicialmente se involucró en la política de su país como militar, hasta llegar a ser el líder del ejército nacional. En 1829 Santa Anna venció a una expedición española que llegó con la misión de reconquistar a México para la Corona española. Su triunfo le valió el **sobrenombre** de "Héroe de Tampico" (el puerto donde desembarcaron y fueron vencidos los españoles). Para 1833 Santa Anna se había hecho presidente de la nación. Posteriormente volvió a ser presidente en 1839, 1841 y 1844, en parte gracias a su defensa de México ante otra invasión, esta vez de Francia. En esta nueva guerra Santa Anna perdió una pierna y parte de una de sus manos. Sin embargo, le faltaban todavía muchos retos por afrontar: La pérdida de Texas, el fallecimiento de su esposa y el escándalo que lo siguió cuando se volvió a casar poco más de un mes después de la muerte de su esposa. Santa Anna se exilió en Cuba por un tiempo, pero regresó a pelear contra los esfuerzos expansionistas de los Estados Unidos, país que buscaba quedarse con más territorios mexicanos. Para 1853 Santa Anna había regresado a la presidencia. Ante las dificultades económicas que enfrentaba el país, Santa Anna se hizo muy impopular al empezar a cobrar impuestos por

Carlos Paris, *Antonio López de Santa Anna*, siglo XIX, óleo sobre tela. Imagen tomada de: Josefina Zoraida Vázquez, La intervención norteamericana, 1846-1848, México, Secretaría de Relaciones Exteriores, 1997, p. 44.

Dominio Público.

cualquier **pretexto**. Su impopularidad creció aún más cuando cedió a las presiones de los Estados Unidos y vendió parte del territorio mexicano. Fue derrocado en 1855 y pasó casi todo el resto de su vida en el exilio, aunque regresó a México dos años antes de su muerte.

Simón Bolívar

Simón José Antonio de la Santísima Trinidad Bolívar y Palacios Blanco era el nombre completo de Simón Bolívar (1783-1830). El llamado libertador de América nació en el territorio que hoy es Venezuela, pero que en ese entonces era una colonia de la Corona española. Bolívar contribuyó directamente en la independencia de Bolivia, Colombia, Ecuador, Panamá, Perú y, por supuesto, Venezuela.

Su carrera política inició tras la muerte de su esposa, ocurrida al poco tiempo después de casarse, cuando Bolívar tenía apenas 20 años. Su vida cambió radicalmente: se hizo militar y encabezó la lucha de independencia en las naciones mencionadas. Además, fue el primer presidente de Bolivia, y en algún momento, dictador de Perú. Aunque casi todos lo aclaman como héroe, existen recuentos negativos de su vida, como la que escribió el filósofo y economista Karl Marx.

Rigoberta Menchú

Rigoberta Menchú Tum (Guatemala, 1959-) se ha distinguido como **líder** indígena y defensora de los derechos humanos. Ha recibido el Premio Nobel de la Paz (1992) y ha sido embajadora de buena voluntad de la UNESCO. En 2007 se postuló a la presidencia de su país, quedando en quinto lugar.

Menchú llegó a ser conocida a partir de la publicación del libro *Yo, Rigoberta Menchú*, en la que narraba su vida y todas las injusticias que sufrió su familia, incluyendo los asesinatos de su padre y de dos de sus hermanos. Entre 1998 y 1999 el libro de Menchú fue criticado por dos periodistas norteamericanos que la acusaron de exagerar y cambiar varios de los hechos narrados en su libro.

Menchú encabeza la fundación Rigoberta Menchú Tum, la cual intenta fomentar la justicia y la democracia para los Pueblos indígenas originarios. Entre sus programas, la fundación tiene como meta impulsar la educación, la participación ciudadana y la lucha contra la impunidad.

Comprensión y discusión

1. De las personas de las que se habla, ¿quiénes se opusieron al *Status Quo* y cómo?
2. En tu opinión, ¿cuál de estas personas tiene más peso en la historia mundial? ¿Por qué?
3. ¿Cuál de estos personajes históricos te parece más controversial? ¿Por qué?
4. ¿Qué otra persona de la historia conoces que sea controversial? Explica.

PROYECTO

Los siguientes son personajes importantes de la historia que también pueden ser percibidos positiva o negativamente, según la perspectiva. Elige uno (o a otra persona de tu interés) y prepara una presentación para la clase. Consulta al menos tres fuentes de información diferentes. Analiza lo positivo y lo negativo de sus actos, y establece una conclusión personal.

Juana Azurduy	Fidel Castro	Cristóbal Colón	Hugo Chávez
Hernán Cortés	Pablo Escobar	Augusto Pinochet	Pancho Villa

Vocabulario para hablar de política y de personalidades políticas e históricas

Sustantivos

asesor

ciudadano

derecha

ejército

elección

enemigo

estabilidad*

fortalecimiento*

gobierno

golpe de estado

héroe/ heroína

injusticia

izquierda

justicia

ley

liderazgo

papel

patria

villano

Adjetivos

abnegado

cobarde

débil

dedicado

desaparecido

egoísta

honesto*

humilde

justo

leal

legal*

malevolente*

malhechor*

poderoso

popular*

traidor

valiente

Verbos

apoyar

asesinar

boicotear*

derrocar

elegir

luchar

lograr

vencer

votar

Practica tu vocabulario

a) antónimos Provee de un antónimo (palabra que significa lo opuesto) para cada palabra de la lista anterior que tenga un asterisco.

b) palabras relacionadas Completa la siguiente tabla con las otras partes de la lengua.

Verbo	Sustantivo	adjetivo
		popular
	liderazgo	
votar		
apoyar		

c) La palabra necesaria Completa las oraciones con una palabra derivada de la lista. ¡Atención! Las palabras de la lista son una pista, pero no son necesariamente la respuesta. Por ejemplo, si la palabra es votar, la respuesta podría ser votación. Presta atención a la parte de la lengua que necesitas.

abnegado	apoyar	asesor	ciudadano	héroe	honesto	humilde

1. Para ser un buen líder hay que actuar con _____.

2. Rigoberta Menchú ha defendido _____ los derechos de su pueblo.

3. Para conseguir la _____ es necesario haber sido residente de EE. UU. por cinco años.

4. Eva Perón nació en el seno de una familia _____.

5. El ejército de México defendió _____ a su país de los franceses en la batalla de Puebla.

6. Es imposible ganar una elección presidencial sin el _____ de los ciudadanos.

d) Relaciones Túrnate con un compañero para explicar la diferencia/semejanza entre cada par de palabras.

1. elección   votación

2. derecha   izquierda

3. asesinar   derrocar

4. justo   leal

5. malhechor   villano

6. abnegado   dedicado

e) En contexto Escribe una oración lógica en la que uses en contexto cada una de las siguientes palabras.

1. malevolente _____

2. papel _____

3. liderazgo _____

4. patria _____

5. estabilidad _____

6. ley _____

¿Ya lo sabes?

Observa las siguientes oraciones. La mitad son correctas y la otra mitad no lo son. Señala cuáles son las incorrectas y corrígelas.

1. Ayer vine a la universidad muy temprano.

2. ¿Tú oístes lo que dijo la maestra?

3. Cuando fui niño me encantaban los dulces.

4. Mi familia vivió en Puerto Rico por dos años.

5. Hubieron varios errores en el reporte.

6. Vosotros llegasteis tarde a la función.

7. La presentación de la biografía sobre Simón Bolívar fué un éxito.

8. Nosotros vinimos para discutir el libro de Rigoberta Menchú.

El pretérito del indicativo

El pretérito es el nombre del tiempo que se emplea en el idioma español para referirse a una acción terminada. En otras palabras, el pretérito describe una acción que finalizó y ya no puede modificarse. No es el único tiempo que se emplea para hablar del pasado, pero es probablemente el más común. La siguiente tabla resume la conjugación de los tres grupos, pero hay que notar que hay muchos verbos irregulares.

	-ar (cantar)	-er (beber)	-ir (vivir)
yo	cant**é**	beb**í**	viv**í**
tú	cant**aste**	beb**iste**	viv**iste**
él/ ella/ usted	cant**ó**	beb**ió**	viv**ió**
nosotros	cant**amos**	beb**imos**	viv**imos**
vosotros	cant**asteis**	beb**isteis**	viv**isteis**
ustedes/ellos	cant**aron**	beb**ieron**	viv**ieron**

Verbos irregulares comunes en el pretérito

Observa que la mayoría de los verbos irregulares <u>no</u> necesitan acentos, a diferencia de los verbos regulares.

<table>
<tr><td colspan="2"><u>DAR</u></td></tr>
<tr><td>Yo</td><td>di</td></tr>
<tr><td>Tú</td><td>diste</td></tr>
<tr><td>Él/ella/Ud.</td><td>dio</td></tr>
<tr><td>Nosotros</td><td>dimos</td></tr>
<tr><td>Ustedes</td><td>dieron</td></tr>
<tr><td>Ellos</td><td>dieron</td></tr>
</table>

<table>
<tr><td colspan="2"><u>DECIR</u></td></tr>
<tr><td>Yo</td><td>dije</td></tr>
<tr><td>Tú</td><td>dijiste</td></tr>
<tr><td>Él/ella/Ud.</td><td>dijo</td></tr>
<tr><td>Nosotros</td><td>dijimos</td></tr>
<tr><td>Ustedes</td><td>dijeron</td></tr>
<tr><td>Ellos</td><td>dijeron</td></tr>
</table>

Nota que los verbos terminados en -ir no son iguales en la conjugación de *ustedes* y *ellos*: se usa **-jeron** en vez de -ieron.

<table>
<tr><td colspan="2"><u>ESTAR</u></td></tr>
<tr><td>Yo</td><td>estuve</td></tr>
<tr><td>Tú</td><td>estuviste</td></tr>
<tr><td>Él/ella/Ud.</td><td>estuvo</td></tr>
<tr><td>Nosotros</td><td>estuvimos</td></tr>
<tr><td>Ustedes</td><td>estuvieron</td></tr>
<tr><td>Ellos</td><td>estuvieron</td></tr>
</table>

<table>
<tr><td colspan="2"><u>HACER</u></td></tr>
<tr><td>Yo</td><td>hice</td></tr>
<tr><td>Tú</td><td>hiciste</td></tr>
<tr><td>Él/ella/Ud.</td><td>hizo</td></tr>
<tr><td>Nosotros</td><td>hicimos</td></tr>
<tr><td>Ustedes</td><td>hicieron</td></tr>
<tr><td>Ellos</td><td>hicieron</td></tr>
</table>

<table>
<tr><td colspan="2"><u>IR</u></td></tr>
<tr><td>Yo</td><td>fui</td></tr>
<tr><td>Tú</td><td>fuiste</td></tr>
<tr><td>Él/ella/Ud.</td><td>fue</td></tr>
<tr><td>Nosotros</td><td>fuimos</td></tr>
<tr><td>Ustedes</td><td>fueron</td></tr>
<tr><td>Ellos</td><td>fueron</td></tr>
</table>

<table>
<tr><td colspan="2"><u>OIR</u></td></tr>
<tr><td>Yo</td><td>oí</td></tr>
<tr><td>Tú</td><td>oíste</td></tr>
<tr><td>Él/ella/Ud.</td><td>oyó</td></tr>
<tr><td>Nosotros</td><td>oímos</td></tr>
<tr><td>Ustedes</td><td>oyeron</td></tr>
<tr><td>Ellos</td><td>oyeron</td></tr>
</table>

<table>
<tr><td colspan="2"><u>SER</u></td></tr>
<tr><td>Yo</td><td>fui</td></tr>
<tr><td>Tú</td><td>fuiste</td></tr>
<tr><td>Él/ella/Ud.</td><td>fue</td></tr>
<tr><td>Nosotros</td><td>fuimos</td></tr>
<tr><td>Ustedes</td><td>fueron</td></tr>
<tr><td>Ellos</td><td>fueron</td></tr>
</table>

<table>
<tr><td colspan="2"><u>TENER</u></td></tr>
<tr><td>Yo</td><td>tuve</td></tr>
<tr><td>Tú</td><td>tuviste</td></tr>
<tr><td>Él/ella/Ud.</td><td>tuvo</td></tr>
<tr><td>Nosotros</td><td>tuvimos</td></tr>
<tr><td>Ustedes</td><td>tuvieron</td></tr>
<tr><td>Ellos</td><td>tuvieron</td></tr>
</table>

Nota que el pretérito de **tener**, así como el de **estar**, requieren escribirse con la <u>v</u>.

Verbos irregulares cuya raíz cambia a _u_:

andar	anduve		**poner**	puse
caber	cupe		**saber**	supe
poder	pude		**tener**	tuve

Verbos irregulares cuya raíz cambia a _j_ (verbos que terminan en -_cir_).

conducir	conduje
decir	dije, dijeron
traducir	traduje, tradujeron

¡**Atención**! En la conjugación de ustedes/ellos el final de la conjugación es -_eron_, no -_ieron_

Verbos irregulares cuya raíz cambia a _i_:

decir	dije
venir	vine
ver	vi

Verbos con cambios en la raíz

Solamente los verbos del grupo -ir tienen cambio en el radical en el pretérito, y solamente en la tercera persona del plural y del singular.

Verbos con **o** cambian a **u** solamente en la conjugación de la tercera persona del singular y plural (él, ella, usted, ustedes, ellos).

$$\text{dormir} \rightarrow \text{d\textbf{o}rmí, d\textbf{u}rmió}$$
$$\text{morir} \rightarrow \text{m\textbf{o}rimos, m\textbf{u}rieron}$$

Verbos con **e** cambian a **i**
advertir, consentir, competir, medir, mentir, pedir, preferir, reír, repetir, seguir, sentir, servir, sonreír, sugerir

$$\text{competir} \rightarrow \text{c\textbf{o}mpetí, comp\textbf{i}tieron}$$
$$\text{repetir} \rightarrow \text{repetimos, rep\textbf{i}tió}$$

Verbos con **ui** cambian a **y**
construir, concluir, huir, sustituir, incluir, contribuir, leer, oír

$$\text{huir} \rightarrow \text{h\textbf{u}í, h\textbf{u}yeron}$$
$$\text{construir} \rightarrow \text{construimos, constr\textbf{u}yeron}$$

Verbos con cambio en la ortografía

Los siguientes cambios no son irregularidades, sino cambios en la ortografía con el fin de conservar el sonido original de la palabra.

1) Verbos que terminan en -**car** cambian a -**qué** en la primera persona (yo): buscar, chocar, comunicar, explicar, fabricar, indicar, pescar, practicar, tocar, sacar

2) Verbos que terminan en -**gar** cambian a -**gué** en la primera persona: apagar, colgar, llegar

3) Verbos que terminan en -**guar** cambian a -**güé** en la primera persona averiguar, atestiguar

4) Verbos que terminan en -**zar** cambian a -**cé** en la primera persona: alcanzar, almorzar, comenzar, empezar

Ejemplos

	colocar	llegar	averiguar	empezar
yo	colo**qué**	lle**gué**	averi**güé**	empe**cé**
tú	colocaste	llegaste	averiguaste	empezaste
él/ella/usted	colocó	llegó	averiguó	empezó
nosotros	colocamos	llegamos	averiguamos	empezamos
vosotros	colocasteis	llegasteis	averiguasteis	empezasteis
ustedes/ellos	colocaron	llegaron	averiguaron	empezaron

Ponlo a prueba

Escribe la conjugación del pretérito para cada uno de estos verbos en la conjugación de **yo**.

aguar _____

alcanzar _____

explicar _____

colgar _____

LA DIÉRESIS

La diéresis es un signo de puntuación que afecta el sonido de la vocal sobre la cual se escribe. En español solamente se usa con la letra *u*. Sirve para devolverle el sonido a la *u* cuando esta letra aparece en las sílabas **gue** y **gui**. Nota que la diéresis no se usa en las sílabas **guo** ni **gua** porque la *u* no ha perdido su sonido en ellas.

Entre las palabras más frecuentes que llevan diéresis en español usan se encuentran las siguientes:

agüero

agüitarse   bilingüe   lingüística   pingüino

ambigüedad   cigüeña   nicaragüense   vergüenza

argüir   güero

Ponlo a prueba
¿Cuál es el pretérito de los siguientes verbos para la primera persona del singular (yo)? ¿Cuáles requieren de la diéresis?
averiguar   investigar   aguar   comulgar

a) ¿Qué dijeron? Trabaja con un compañero para completar con el pretérito lo que dijeron las personas. Después decidan en el año más lógico para que ocurriera el acontecimiento. Nota que todas las respuestas están **en la primera persona (*yo*).** ¡Atención a la ortografía!

Modelo: Hernán Cortés: (yo/venir) a América en...

Hernán Cortés: _**Vine**_ a América _**en 1511**_.

| **1491** | **1492** | **1520** | **1910** | **1916** | **1946** | **1959** |

1. Fidel Castro: _____ (saber) que era el momento de empezar una revolución en Cuba en...

2. Cristóbal Colón: _____ (buscar) una nueva ruta a las Indias y _____(hallar) un nuevo continente en...

3. Pancho Villa: _____ (atacar) una población de los Estados Unidos en...

4. Eva Perón: _____ (querer) apoyar a los trabajadores y _____ (pelear) por sus derechos en...

5. La reina Isabel: Le _____ (dar) dinero a Colón para financiar su viaje a las Indias en...

6. La Malinche: _____ (averiguar) que había un complot para asesinar a Hernán Cortés en...

b) **La semana pasada** Habla con un compañero sobre lo que hicieron ustedes (o alguien que conocen) la semana pasada. Usen los verbos de la lista y presten atención a la conjugación de los verbos (escriban la conjugación también).

Modelo yo (hacer)...   Estudiante 1: *La semana pasada mi amiga **hizo** una fiesta.*

Estudiante 2: *La semana pasada yo hice la cena para mi familia.*

La semana pasada...

1. conducir _____   **3.** decir _____   **5.** caber _____   **7.** poder _____

2. saber _____   **4.** ver _____   **6.** pelear _____   **8.** traer _____

c) **Figuras históricas** Elige a un personaje histórico y habla con un compañero sobre lo que hizo la persona para hacerse importante. Compartan todos los detalles que sepan sobre esa figura y narren usando el pretérito.

d) ¿Quién? Habla con varios estudiantes de la clase para encontrar al menos un compañero que haya hecho una de las actividades. Toma notas para reportarle a la clase posteriormente.

Modelo: **Decir** una mentira (¿A quién?) → ¿Le **dijiste** una mentira a alguien recientemente?

dar un regalo (¿A quién? ¿Por qué?)

traducir algo (¿Para quién?)

conducir el fin de semana (¿Adónde?)

ir al cine (¿Qué vio? ¿Cuándo?)

dormirse viendo televisión anoche (¿Qué vio?)

poner fotos en Facebook (¿De qué?)

preferir levantarse tarde el fin de semana pasado (¿A qué hora?)

pedirle algo a alguien (¿Qué y a quién?)

reírse de algo (¿De qué?)

hacer tarea (¿Para qué clase?)

e) Verbos difíciles Los siguientes verbos presentan algunas dificultades. Usa la lógica (busca semejanzas con otros verbos) y decide cómo conjugarlos en el pretérito. Si no sabes el significado, averígualo.

Modelo: hurgar   *hurgué, hurgaste, hurgó, hurgamos, hurgaron, hurgastéis, hurgaron*

errar	_____	satisfacer	_____
forzar	_____	seducir	_____
llover	_____	traducir	_____
nevar	_____	verter	_____
oler	_____	zurcir	_____

Antes de leer

Piensa en la historia de los Estados Unidos. ¿Hay héroes y villanos? ¿Quiénes son y por qué?

La Malinche: Un símbolo de la historia

Lienzo de Tlaxcala (*Dominio público*). PUBLIC DOMAIN

Se sabe que el nombre original de la Malinche fue Malintzín. Aunque hay diferentes versiones acerca de esta mujer, se acepta en general la versión de Bernal Díaz del Castillo, un historiador que viajó con Hernán Cortés durante la conquista de América. De acuerdo a Bernal Díaz del Castillo, doña Marina (el nombre que le dieron los españoles a Malintzín) fue hija de un noble azteca. Sin embargo, su padre murió cuando ella era muy joven. Su madre volvió a casarse, y el padrastro de Malintzín convenció a la madre de la joven de regalarla. Fue así que se convirtió así en esclava. Aunque el idioma original de Malintzín era el náhuatl (la lengua de los aztecas), en su nuevo papel de esclava llegó a vivir a Tabasco, donde aprendió varios dialectos mayas.

Cuando Hernán Cortés llegó a Tabasco, un poco antes de iniciar la conquista, recibió como regalo a diecinueve esclavas, entre las que estaba Malintzín. Poco después, Cortés se enteró de que Malintzín hablaba tanto el náhuatl como las lenguas mayas, y le ofreció su libertad a cambio de su ayuda como traductora.

Malintzín se transformó así en *doña Marina*. No sólo ayudó a Hernán Cortés interpretando para él, sino que también usó sus conocimientos de las culturas indígenas para lograr negociar mejor con los pueblos indígenas. Doña Marina en una ocasión también le salvó la vida a Cortés, advirtiéndole de una emboscada para asesinarlo. Algunos historiadores asumen que Malintzín estaba enamorada de Cortés y que hubiera hecho cualquier cosa por él, aunque otros piensas que esta es una reinterpretación romántica de lo que sucedió.

Hernán Cortés y doña Marina tuvieron un hijo, al que se le considera el primer mestizo (mezcla de europeos e indígenas]. Por esto, la Malinche se considera la madre de México, un país de mestizos. Sin embargo, la Malinche es también sinónimo de traición porque prefirió ayudar a los españoles, y no a sus hermanos indígenas.

Tras la conquista, la esposa de Hernán Cortés vino a visitarlo a la Nueva España. Entonces Cortés casó a doña Marina con uno de sus hombres, Juan Jaramillo. A partir de ese punto, la Malinche y su hijo desaparecieron de la historia.

¿Cuánto entendiste?

1. ¿Cuáles son otros dos de los nombres con los que se conoce a La Malinche?
2. ¿Por qué se hizo esclava la Malinche?
3. ¿Cuándo se conocieron Cortés y la Malinche?
4. ¿Que hizo ella para ayudar a Cortés?
5. ¿Con quién se casó la Malinche?
6. ¿Por qué se le considera una traidora?
7. ¿Qué piensas tú acerca de la historia de este personaje histórico?

Para conversar

Elije un personaje de la historia de Estados Unidos o de otro país que te parezca interesante y habla con un compañero sobre quién fue, cuándo y dónde vivió, qué hizo, y tu opinión personal sobre este personaje... ¿fue héroe o villano? ¿Por qué?

Para investigar

Busca la canción "La maldición de la Malinche". ¿Qué imagen se presenta de ella? ¿Estás de acuerdo? Explica tu respuesta.

Lienzo Tlaxcala. Dominio público.

Otros personajes de la historia

Proyectos

1) Presentación

Elige una persona importante de la historia o de la actualidad de quien no se haya hablado mucho en clase. Investiga las contribuciones o la problemática relacionada con esta persona. Presta atención a consultar fuentes confiables.

Presenta a la clase la información que encontraste, prestando atención a dar información objetiva. Incluye una conclusión personal.

2) Películas

Elige una de las siguientes películas acerca de dos personas controversiales de la historia. Después de ver el filme, escriba una reseña que incluya:

- Una breve sinopsis de la película

- Un análisis de cómo se presenta al protagonista (positiva o negativamente, por ejemplo).

- Una evaluación general del papel de esta persona en la historia

- Una conclusión personal sobre la película.

> *Yo, la peor de todas,* (1990), dirigida por María Luisa Bemberg
>
> *Diarios de motocicleta,* (2004), dirigida por Warter Salles
>
> *La fiesta del Chivo,* (2005), basada en un libro de Mario Vargas Llosa, dirigida por Luis Llosa.
>
> *Trópico de sangre* (2010), película biográfica sobre las hermanas Mirabal, dirigida por Juan Delancer.

3) Literatura

a) Lee el poema *A Roosevelt,* * de Rubén Darío. Analízalo.

> ¿Qué imagen se presenta de él? ¿Cuál es el tema? ¿y el tono?
>
> Recuerda referirte a palabras del texto para realizar tu análisis.

b) Lee el poema *Los versos del Capitán: La bandera,* * de Pablo Neruda. Analízalo.

> ¿Qué imagen se presenta de él? ¿Cuál es el tema? ¿y el tono?
>
> Recuerda referirte a palabras del texto para realizar tu análisis.

* Búscalos en ciudadseva.com

La organización de un texto

Previamente aprendiste un poco acerca de la importancia de organizar lógicamente un texto. Ahora vas a practicar más cómo organizar y presentar tus ideas. Recuerda que el primer paso siempre es establecer (antes de escribir) qué es lo que quieres comunicar y cuáles son las ideas o la información que apoyan ese mensaje. Este simple paso puede ahorrarte mucho trabajo después.

A PRACTICAR

a) La organización más lógica Trabaja con un compañero y decidan cómo organizarían los diferentes párrafos acerca de cada uno de los temas de la lista.

Modelo   Una autobiografía

1) Introducción/presentación 2) Niñez;   3) Juventud y estudios

4) Vida profesional;   5) El futuro   6) Conclusión

Los peligros de la televisión

Facebook y los cambios en mi generación

Por qué la democracia no es perfecta

La educación en Estados Unidos

Un análisis (de un libro o película que te guste)

Una vez que hayan decidido el orden de los temas, es buena idea prestar atención a las expresiones que pueden ayudar a organizar el texto. Por ejemplo, se puede empezar una oración con la palabra "Además" para indicar que estamos añadiendo información a una idea anterior.
Hagan una lluvia de ideas para encontrar expresiones útiles para organizar un texto. Hay un ejemplo para cada posible intención de la lista.

Añadir información	Causa / efecto	Contrastar / comparar información	Organizar en orden cronológico / de importancia
Además	Por eso	Sin embargo	En primer lugar

b) La organización dentro de la oración Lee con cuidado los siguientes segmentos (de composiciones de temas diferentes) y decide si se puede mejorar algo en cuanto a la organización, el vocabulario, la puntuación, la ortografía, la concordancia o la claridad. Escribe el texto editado para cada una.

1. Me siento orgullosa de ser latina, hispana, mexicoamericana porque tenemos una historia realmente bonita, bella y hermosa. Qué linda es la cultura Latina con su arte, con su aporte tradicional, con su música y con su cultura.

2. En el futuro, estoy interesado de viajar y conocer un poco más de Guatemala. Valoro la riqueza cultural de Guatemala y también valoro la influencia de la cultura americana en mi familia y en mi. Yo y mis hermanas somos el resultado de la mezcla de dos culturas americana y nativa.

3. Viendo esto documental me hizo darse cuenta de que siempre a tenido un gran separacion en América. Yo no era consciente de que Latinos lucharon para nuestro país y sin embargo, todavía no recibe el respeto que se merecen.

4. Estaba realmente sorprendente en la información que he aprendido en estos dos episodios. No estaba al tanto de una gran cantidad de la lucha Latino de vuelta en el día o que incluso lucharon por los EE.UU. Cuando yo estaba viendo el episodio de la cuestión narrador también me hizo pensar, dijo: "¿Cómo puede un país que sintió una enorme deuda con su veterano tratar algunos como ciudadano de segunda clase?

Un paso más: En los textos #3 y #4 ¿Qué crees que haya ocasionado los problemas de claridad? ¿Cómo se pueden evitar?

EMBAJADOR CULTURAL

Imagínate que hay una vacante para trabajar como embajador cultural en tu universidad. Una de tus obligaciones es apoyar a los estudiantes internacionales. Imagínate que un grupo de estudiantes latinoamericanos acaban de llegar y tú les estás dando la orientación. Prepara varias cápsulas con información cultural que los ayude a adaptarse a los Estados Unidos y a entender mejor la cultura.

Como varios de los estudiantes no habla (todavía) nada de inglés, toda tu presentación debe estar en español. Los estudiantes vivirán con una familia anfitriona durante seis meses, tomarán clases de inglés diariamente, y harán dos viajes de fin de semana.

Elige dos de los temas de abajo y para cada uno prepara una presentación de 5-8 minutos para ayudar a los estudiantes a entender mejor el tema.

- o   Las diferencias culturales más importantes
- o   El 4 de julio
- o   El día de la Recordación (o Día de los Caídos)
- o   La dieta
- o   Las expectativas en el salón de clases
- o   Explicación de a dónde irán en los dos viajes de fin de semana, y por qué es importante para entender la cultura de EE. UU.
- o   Diferencias a la hora de buscar pareja en una relación
- o   Reglas de etiqueta
- o   Sobrevivencia: Cómo abrir una cuenta en el banco, conseguir un teléfono y usar el sistema de transporte

Más cognados falsos

Has aprendido que un cognado es una palabra que se parece en dos idiomas y tiene el mismo significado. Cuando las palabras se parecen pero tienen un significado diferente se habla de **cognados falsos**. Es común confundir el significado de los cognados falsos cuando se vive en un país donde se habla inglés.

Un ejemplo de cognado falso es ***embarrassed*** (avergonzado) y **embarazado** (*pregnant*)**.** Otro ejemplo es ***actual*** (verdadero) y **actual** (*current*).

La siguiente es una lista es de oraciones incorrectas debido al uso erróneo provocado por cognados falsos. <u>Substituye la palabra equivocada para cada oración de la versión en español.</u>

1. Actualmente él no es el gerente.   [*Actually, he is not the manager.*]

2. Estoy viendo varios cartones en la televisión.   [*I am watching cartoons on TV.*]

3. Compré un vestido muy elaborado.   [*I purchased a very elaborate dress.*]

4. El vestido está hecho con una fábrica muy bonita.   [*The dress is made with a beautiful fabric.*]

5. La casa está a dos bloques de aquí.   [*The house is two blocks from here.*]

6. Mi primo mandó su aplicación para la universidad.   [*My cousin sent his application to the university.*]

7. Vamos a comprometernos.   [*Let's compromise.*]

8. Estamos muy envueltos en la organización de la boda.   [*We are very involved in the organization of the wedding.*]

9. Ayer atendí una lectura muy aburrida.   [*I attended a very boring lecture yesterday.*]

10. Tengo un vecino que es muy rudo.   [*I have a neighbor who is very rude.*]

Verbos preposicionales y su equivalente en español

En inglés muchos verbos se combinan con preposiciones que camban su significado, pero en español existen verbos específicos que generalmente no requieren una preposición. Indica cuál es el verbo necesario en español

Inglés	español	ejemplo en español (usando una oración completa)
1. a) to take away		
b) to take back		
2. a) to give up		
b) to give in		
3. a) to get up		
b) to get back		
4. a) to go away		
b) to go out		
5. a) to step in		
b) to step up		
6. a) to look for		
b) to look after		

Más palabras homófonas (parte 2)

Anteriormente aprendiste de varias palabras que la mayoría de las personas pronuncian igual (o de manera parecida), pero se escriben de forma diferente dependiendo de su significado.

Trabaja con uno o dos compañeros. Para cada uno de los siguientes grupos de palabras, determinen cuál es la diferencia en el significado de las palabras y escriban un ejemplo para cada una.

1. mi / mí

2. tu / tú

3. el / él

4. haya/ halla /allá

5. a ver/ haber

6. ay / ahí / hay

7. e / he / eh

8. hacer / a ser

9. sino / si no

10. si / sí

11. de / dé

12. vaya / valla

UNA BIOGRAFÍA

En este capítulo has leído y hablado acerca de varias personas importantes en la historia de algunos países. Ahora vas a elegir a una persona que te parezca importante. No tiene que ser una figura histórica: puede ser un escritor, un periodista, un artista, un político o un activista de la actualidad.

Escribirás un ensayo informativo sobre esa persona. Después de decidir sobre quién será la biografía, haz un plan acerca de en qué orden vas a presentar la información. Incluye detalles biográficos importantes, así como una reflexión sobre por qué es importante la persona, incluyendo ejemplos concretos de sus acciones y las repercusiones. Recuerda finalizar con una conclusión personal.

La persona que elijas puede ser positiva o negativa en tu opinión, pero procura dar información sobre otra perspectiva acerca de la persona. Si en tu opinión esta figura es negativa, ¿es positiva para alguien? ¿Para quién y por qué?

Usa al menos tres fuentes diferentes para conseguir la información, y lístalas al final de tu ensayo.

Pancho Villa: Una figura histórica controversial.
(Dominio público).

CÉSAR AUGUSTO SANDINO Y ANASTASIO SOMOZA

Sandino y Somoza son dos nombres ligados a la historia de Nicaragua, un país del tamaño del estado de Nueva York y de una población aproximada de seis millones de habitantes.

Aunque Nicaragua consiguió su independencia de España junto con la mayoría de los otros países centroamericanos, en 1938 decidió separarse de la Federación de Provincias Unidas de Centroamérica en la que se habían asociado estos países. Esto trajo como consecuencia que varios países extranjeros intervinieran en Nicaragua, afectando negativamente el desarrollo político y económico del país. Fue en estas circunstancias que vivieron Augusto Sandino y Anastasio Somoza.

César Augusto Sandino (1895-1934) tuvo una niñez difícil. Fue hijo ilegítimo del dueño de una plantación de café llamado Gregorio Sandino, y de Margarita Calderón, una de las sirvientas de la plantación. César Augusto tenía solamente nueve años cuando su madre lo envió a vivir con su abuela materna. Tiempo después regresó a vivir a la plantación de su padre, donde tenía que trabajar para pagar los gastos de su hospedaje.

Sandino tenía 17 años cuando presenció una intervención del ejército estadounidense en territorio nicaragüense, atestiguando las violentas consecuencias. Este episodio fue importante en su vida, y eventualmente dedicó su vida a luchar contra el imperialismo y a favor del nacionalismo, protegiendo la independencia de su patria. En 1933 Sandino logró su propósito de expulsar de su país a la marina estadounidense.

Anastasio Somoza García (1896-1954) fue el primero de una dinastía de Somozas que gobernaron Nicaragua durante más de cuarenta años. Nació en el seno de una familia acomodada, hijo de un hacendado. Durante la intervención de EE. UU. en Nicaragua, Somoza se ganó la confianza de los dirigentes estadounidenses, lo que le valió rápidos ascensos dentro de la Guardia Nacional, de la que eventualmente se convirtió en director. De allí continuó ampliando su poder. En 1933 ordenó el asesinato de Sandino, y posteriormente de muchos de sus seguidores. A continuación, Somoza dio un golpe de

Anastasio Somoza y Augusto Sandino antes de la traición. Archivo. Dominio Público. Copyright expired (D.R. copyright is life plus 50 years). Trujillo-Somoza 1952.

estado contra el gobierno de Juan Bautista Sacasa. Se convirtió así en el gobernante de Nicaragua por casi veinte años. En 1956 sufrió un atentado (a manos del poeta y músico Rigoberto López Pérez) que terminó llevándolo a su muerte. Fue sucedido en el poder por su hijo, Luis Somoza Debayle.

Quiso el destino que el tercer gobernante Somoza fuera expulsado del poder muchos años después, en 1979, por un grupo que tomó el nombre de Sandino. Esta fue la llamada Revolución Sandinista.

COMPRENSIÓN

1. ¿Cómo fue diferente la niñez de Sandino a la de Somoza?

2. ¿Cuál era el objetivo de Sandino? ¿Lo consiguió?

3. ¿Cuál era el objetivo de Somoza? ¿Lo consiguió?

4. Según el texto, ¿cómo volvieron a encontrarse Somoza y Sandino en la historia de Nicaragua, tras la muerte de ambos?

CONVERSACIÓN

1. ¿Qué efecto crees que haya tenido sobre Nicaragua la dinastía de los Somoza?

2. ¿Crees que una dictadura pueda llegar a tener aspectos positivos para un país? Explica.

PARA INVESTIGAR

a) Chile Dentro de la historia de Chile hubo dos figuras antagónicas: Salvador Allende y Augusto Pinochet. Investiga cuál fue su historia y trata de establecer semejanzas y diferencias con la historia de Sandino y de Somoza.

b) El tercer Somoza El nieto de Anastasio Somoza García se exilió en Estados Unidos en 1979. Investiga lo que ocurrió en Nicaragua después, y lo que ocurrió con Somoza a partir de su exilio.

LA HISTORIA DEL DERECHO A VOTAR DE LAS MUJERES

El primer país en reconocer el derecho de todas las mujeres a votar fue Nueva Zelanda, en 1893. Australia siguió (1902). En 1917 Uruguay fue el primer país hispano en otorgarlo. Las siguientes son otras fechas en las que los países que de la lista otorgaron el voto a las mujeres:

Ecuador 1929
España 1931
Chile 1934
Cuba 1934
Puerto Rico 1935
Bolivia 1938
Panamá 1941
México 1953
Estados Unidos 1967 (mujeres negras. Las mujeres blancas empezaron a votar en 1920).

En 1948 la Organización de las Naciones Unidas incluyó como derecho humano el derecho de todas las personas a participar en el gobierno de su país, y al sufragio universal. A pesar de esto, pasaron muchos años para que las mujeres de todo el mundo tuvieran este derecho. Hoy en día el voto sigue condicionado para las mujeres de unos pocos países, pero las mujeres del Vaticano son las únicas que no han conseguido el derecho a votar.

Mujeres guatemaltecas después de votar.
Foto de dominio público (CC). Autora: Maureen Taft-Morales.

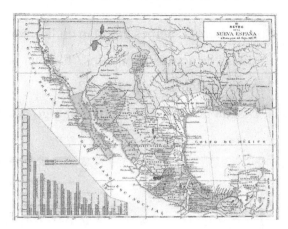

Reino de la Nueva España. Dominio público.

NACIONES INDEPENDIENTES

Muchos se sorprenden al saber que los Estados Unidos es un país más viejo que todos los países hispanoamericanos. Quizás la confusión ocurra porque es fácil pensar en la rica historia de estas regiones antes de que nacieran como estados independientes.

A continuación puedes ver el año en el que se hicieron independientes los países hispanoamericanos. Algunos países consiguieron la independencia después de luchar pocos años pero, para otros, la lucha duró más de 40 años. Muchas de las guerras de Independencia de España comenzaron entre 1809 y 1810.

Argentina	9 de julio de 1816
Bolivia	6 de agosto de 1825
Chile	12 de febrero de 1818
Colombia	7 de agosto de 1819
Costa Rica	1ero de julio de 1823
Ecuador	24 de mayo de 1822
El Salvador	15 de septiembre de 1821
Guatemala	1ero de julio de 1823
Honduras	1ero de julio de 1823
México	27 de septiembre de 1821
Nicaragua	1ero de julio de 1823
Panamá	28 de noviembre de 1821
Paraguay	3 de octubre de 1813
Perú	9 de diciembre de 1824
Uruguay	28 de agosto de 1828
Venezuela	5 de julio de 1811

Los siguientes memes circulan en las redes sociales.

1. ¿Estás de acuerdo con ellos? Explica por qué.

2. ¿Alguno te parece gracioso?

3. Diseña un meme para difundir algo que hayas aprendido en este capítulo.

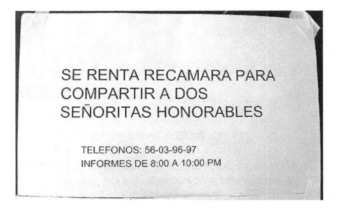

SE RENTA RECAMARA PARA COMPARTIR A DOS SEÑORITAS HONORABLES

TELEFONOS: 56-03-96-97
INFORMES DE 8:00 A 10:00 PM

Foto cortesía de Gerardo Kloss.

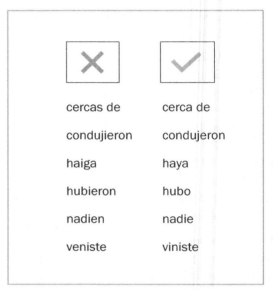

✕	✓
cercas de	cerca de
condujieron	condujeron
haiga	haya
hubieron	hubo
nadien	nadie
veniste	viniste

Conjugación del verbo "Facebook":

Yo publico

Tú comentas

A él/ella le gusta

Nosotros publicamos

Ustedes se ríen

Ellos comparten

… y nadie trabaja.

Fuente: Amantes de la ortografía

UNIDAD 5

Mitos y leyendas

CONTENIDO Y OBJETIVOS

Objetivos

- o Aprenderás varias leyendas del mundo hispano.

- o Te familiarizarás con algunos de los escritores hispanos más importantes.

- o Practicarás la narración del pasado, usando el pretérito y el imperfecto.

- o Seguirás perfeccionando las reglas de acentuación

Antes de leer

¿Qué cuentos o leyendas te contaban tus familiares cuando eras pequeño? ¿Tenías una preferido?

Leyendas de México

La Llorona

Aunque hay muchas versiones de la Llorona, todas coinciden en que es la historia de amor de una mujer indígena que vivió durante la época colonial. Ella era muy joven y hermosa, y estaba enamorada de un hombre español, quien la correspondió lo suficiente para que de su relación nacieran tres hijos, a pesar de que no estaban casados. Se dice que la mujer quería mucho a sus hijos y los atendía devotamente. Ella esperaba que su amado le pidiera matrimonio. Sin embargo, un día el padre de sus hijos no regresó a verla. Pasaron los días, hasta que la mujer se enteró por otros de que el hombre se había casado con una mujer española, y se había marchado. Cuenta la leyenda que cuando ella se enteró de la traición, el dolor la enloqueció. La mujer, cegada por el dolor, se dirigió al Lago de Texcoco y ahí ahogó a sus tres hijos. Después de tan horrible acto, recobró la razón por un momento. Al darse cuenta de lo que había hecho, decidió terminar su propia vida.

British Library. Imagen de dominio público.

Desde entonces, la gente del lugar dice que se escucha el lamento de una mujer joven que llama a sus hijos en una voz impregnada de dolor: "Ay, mis hijos". Dicen los testigos que se trata de una mujer vestida de blanco que deambula sin rumbo hasta esfumarse de nuevo en el lago.

Comprensión

Completa las ideas con el **verbo más lógico** y después decide si la oración es cierta o falsa.

1. La Llorona (era / fue) una mujer muy guapa.

2. Ella (estaba / estuvo) enamorada de un hombre indígena.

3. La Llorona y el hombre (tenían / tuvieron) tres hijos.

4. El hombre y la Llorona nunca (se casaban / se casaron).

6. La Llorona (decidía / decidió) ahogar a sus hijos en el lago.

7. El fantasma de la Llorona (buscó / buscaba) al hombre para vengarse de él.

VOCABULARIO BÁSICO

aconsejar	deambular	hechicero	poderes
advertir	enloquecer	hechizo	sorprender(se)
ahogar(se)	enseñanza	historia	superstición
aparecer(se)	esfumarse	leyenda	transformarse
aparición	espantar	mentir	tribu (s, f)
asustar(se)	extraterrestre	misterioso	vampiro
creencia	fábula	mito	
contar	fantasma (s, m)	monstruo	
cuento	hacerse	moraleja	

s = sustantivo   m = masculino   f= femenino

Actividades y conversación

a) Vocabulario Completa la tabla y después decide qué palabra completa mejor cada una de las ideas de abajo. ¡Atención! la palabra puede ser sustantivo, adjetivo o verbo. Si es verbo debes conjugarlo.

Verbo	Sustantivo	Adjetivo/participio
asustar		
	enseñanza	
		mentido
	poderes	
N/A		misterioso

1. Nadie sabe con certeza si de verdad existe el Chupacabras; se trata de un _____ moderno.

2. El otro día yo estaba sola en la casa y escuché ruidos en la cocina... ¡(Yo) _____!

3. En las historietas modernas hay superhéroes que supuestamente son muy _____.

4. Debemos _____ a nuestros hijos las leyendas de nuestros antepasados.

5. Las fábulas se distinguen por tener una _____ al final, es decir, una moraleja.

6. A veces la historia parece un cuento de hadas porque hay muchas _____ y datos tergiversados.

7. ¡Qué _____ me di el otro día cuando no encontraba mi billetera!

b) **Conversación** Conversa con un(a) compañero(a) sobre las siguientes preguntas.

1. ¿Cuál era tu cuento favorito cuando eras niño? ¿Por qué?

2. Compartan una leyenda que conozcan.

3. Mencionen algunas supersticiones. ¿Creen que mucha gente cree en ellas? ¿Por qué?

4. ¿Ustedes se consideran supersticiosos? ¿Por qué?

5. ¿Les gustan las historias de fantasmas? ¿Por qué?

6. ¿Cuál piensan que es la diferencia entre una fábula, una leyenda, una leyenda urbana y un mito? Den una definición para cada una.

7. En su opinión y de acuerdo con sus definiciones, ¿es el Chupacabras es un cuento, un mito, una leyenda, una leyenda urbana o una superstición?

c) **Leyendas** Túrnate con un compañero para contarse una leyenda o un mito que hayan escuchado. Abajo hay una lista de ejemplos de los que pueden hablar (o investigar).

Leyenda del Popocatépetl

Leyenda de Quetzalcóatl

Leyenda del Callejón del Beso

La isla de las muñecas (en Xochimilco)

La muchacha de la curva

La sucia

d) **La diferencia** Trabaja con un compañero y expliquen la diferencia entre cada par de palabras.

     1. cuento – historia

     2. aparición – fantasma

     3. fábula – moraleja

     4. creencia - superstición

e) **Nace un mito urbano** Trabaja con un compañero para inventar un mito urbano y después compártanlo con la clase. Incluyan muchos detalles en su historia.

El pretérito y el imperfecto

A observar

En la leyenda de la Llorona puedes observar que se narra una historia utilizando tres tiempos verbales diferentes. Regresa al texto y encuentra ejemplos adicionales de los tres tiempos diferentes.

Pretérito → la llorona **vivió**... _____

Imperfecto → la llorona **esperaba**... _____

Pluscuamperfecto → El hombre **se había casado**... _____

a) **Recordemos** En la *Unidad 4* aprendiste que el pretérito se usa en español para hablar de acciones que percibimos como concluidas. Ponte a prueba para ver si recuerdas las conjugaciones completando la siguiente tabla:

El pretérito

	buscar	creer	vivir
Yo			
Tú			
Él/ella/usted			
Nosotros			
Ustedes/ellos			

El Imperfecto

	buscar	creer	vivir
Yo			
Tú			
Él/ella/usted			
Nosotros			
Ustedes/ellos			

b) **Analiza** ¿Cuál es la diferencia entre el pretérito y el imperfecto? ¿Por qué se necesitan los dos tiempos?

c) **Encuentra las reglas** Observa la leyenda de la Llorona una vez más y escribe tus teorías sobre cuándo se usa el pretérito y cuando debes usar el imperfecto

Pretérito	Imperfecto

EL PRETÉRITO (*repaso*)
Verbos regulares

-AR (CANTAR)		-ER (BEBER)		-IR (VIVIR)	
yo	cant**é**	yo	beb**í**	yo	viv**í**
tú	cant**aste**	tú	beb**iste**	tú	viv**iste**
él/ella/Ud.	cant**ó**	él/ella/Ud.	beb**ió**	él/ella/Ud.	viv**ió**
nosotros	cant**amos**	nosotros	beb**imos**	nosotros	viv**imos**
ustedes	cant**aron**	ustedes	beb**ieron**	ustedes	viv**ieron**
ellos	cant**aron**	ellos	beb**ieron**	ellos	viv**ieron**

Verbos con cambio en el radical

Los verbos **-ar** y **-er** con cambio en el radical en el presente **NO** cambian en el pretérito:

	Presente	Pretérito
costar	cuesta	costó
pensar	pienso	pensé
entender	entiendo	entendí

Los verbos **-ir** con cambio en el radical cambian solamente en la tercera persona:

preferir	yo preferí	ella prefirió
dormir	yo dormí	ellos durmieron

Verbos irregulares

"U"	
andar	*anduve*
estar	*estuve*
haber	*hube*
poder	*pude*
poner	*puse*
saber	*supe*
tener	*tuve*

"I"	
hacer	*hice*
querer	*quise*
venir	*vine*
ver	*vi*

"J"	
conducir	*conduje*
decir	*dije*
traducir	*traduje*
traer	*traje*

"Y"	
caer	*caí.... cayó*
construir	*construí... construyó*
creer	*creí... creyó*
incluir	*incluí... incluyó*
leer	*leí... leyó*
oír	*oí... oyó*

Verbos con cambios ortográficos

bus**c**ar	*busqué... buscaste... buscó*
lle**g**ar	*llegué.... llegaste... llegó*
empe**z**ar	*empecé... empezaste... empezó*

El Imperfecto

LA FORMA

Los verbos –ar		Los verbos –er y –ir		Verbos irregulares en el imperfecto
Yo	cant**aba**	Yo	com**ía**	**IR** → iba, ibas, iba, íbamos, iban
Tú	cant**abas**	Tú	com**ías**	
Él/ella/usted	cant**aba**	Él/ella/ud.	com**ía**	**SER** → era, eras, era, éramos, eran
Nosotros	cant**ábamos**	Nosotros	com**íamos**	
Ustedes	cant**aban**	Ustedes	com**ían**	**VER** → veía, veías, veía, veíamos, veían
Ellos	cant**aban**	Ellos	com**ían**	

EL USO

1. El imperfecto se usa para:
   - o hablar de acciones habituales en el pasado.
   - o acciones en el pasado sin énfasis en un momento específico
   - o hacer descripciones en el pasado.
   - o describir acciones en progreso en el pasado.

2. Cuando la acción ocurrió en un momento específico o bien delimitado, se usa el pretérito.

   → *Cuando era niño, **tenía** muchos amigos. (No hay un inicio/fin específico)*

   → *Durante mi niñez **tuve** muchos amigos. (Se habla de la niñez como un tiempo que terminó).*

3. Cuando narramos oralmente una acción en progreso, es común usar el verbo **estar** + **gerundio** en vez del imperfecto. Por ejemplo:

   *Ayer **estaba lloviendo** cuando salí de mi casa. = Ayer llovía cuando salí de mi casa.*

   *Sara **estaba comiendo** cuando llegué. = Sara **comía** cuando llegué.*

Sin embargo, observa que no puedes usar el gerundio en todos los casos en los que se usa el imperfecto. Por ejemplo, si estás describiendo la vestimenta de una persona.

   *De niño, Javier siempre **llevaba** pantalones cortos.*

A practicar

a) ¿Pretérito o imperfecto? Primero decide si debes usar el pretérito o el imperfecto para completar cada pregunta. Después conversa con un(a) compañero(a) usando las preguntas.

Tu niñez

1. ¿Cómo _____ de niño? [ser]

2. ¿Te _____ la escuela? ¿Por qué? [gustar]

3. ¿A qué _____ y con quién? [jugar]

4. ¿Cómo _____ con tus hermanos? [llevarse]

5. ¿_____ en monstruos y vampiros? [creer]

6. ¿De qué _____ miedo? [tener]

7. ¿Cómo _____ a tu mejor amigo? [conocer]

8. ¿Alguna vez _____ mucho? ¿Por qué? [asustarse]

9. ¿ _____ muchas películas de fantasmas? [ver]

Más leyendas de México

a) El callejón del beso El callejón del beso es una calle muy famosa en la Ciudad de Guanajuato, en México. Aprende sobre esta leyenda completándola con el tiempo más lógico.

Doña Carmen (**fue / era**) la hija de una familia rica. Ella (**fue / era**) la única hija de la familia. Un día Carmen (**conoció / conocía**) a un joven en la iglesia, durante la misa. Los dos jóvenes (**se gustaron / se gustaban**) inmediatamente. Ellos (**pudieron / podían**) verse durante misa solamente, pero (**se enamoraron / se enamoraban**). Entonces el joven, Carlos, le (**pidió / pedía**) permiso al padre de Carmen para cortejarla. El padre de Carmen (**no quiso / no quería**) dar permiso. Carmen y Carlos (**estuvieron / estaban**) desesperados. Frente a la casa de Carmen (**hubo / había**) una casa con un balcón muy cercano al balcón de la casa de Carmen. Carlos (**convenció / convencía**) a su padre de comprar la casa, y por las noches él y Carmen (**se vieron / se veían**) en los balcones. Una noche, el padre de Carmen los (**vio / veía**) besarse y (**se enojó / se enojaba**) tanto que tomó un puñal y (**mató / mataba**) a su hija. Hoy en día es tradición que todas las parejas que llegan al callejón se den un beso para preservar su amor.

Pareja besándose en el callejón del beso.

b) Tu propia leyenda/cuento Trabajen en grupos para narrar una historia a la clase. Puede ser una historia que ustedes conozcan, o pueden transformar un cuento para niños.

c) Reporte para la policía Trabaja con un compañero. Imaginen que uno de ustedes fue testigo de un robo y ahora un oficial de policía (el otro estudiante) necesita una declaración de los eventos. Inventen todos los detalles. El oficial de policía tiene que llenar un reporte con la siguiente información.

- o Nombre
- o Edad
- o Dirección

- o Teléfono
- o Incidente (¿Qué fue lo que ocurrió?)
- o Descripción de los sospechosos

Cognados falsos

Como aprendiste en el capítulo anterior, no todas las palabras que se parecen en inglés y en español significan lo mismo. Aquí hay una lista de palabras que son semejantes, pero tienen significados diferentes. Trabaja con un compañero para explicar en español cuál es la diferencia en los significados. Después den un ejemplo usando la traducción correcta para cada palabra de la lista en inglés.

Modelo *embarrasing* / embarazada. → *Embarrassing* significa que una persona siente vergüenza por algo que le ocurrió. En español es el adjetivo "avergonzado(a)". En cambio, "embarazada" significa que una persona va a tener un hijo. Ejemplo: *Mi tía está embarazada y va a dar a luz en septiembre./ Yo me sentí avergonzado cuando no pude recordar el nombre de mi vecino.*

Inglés	Cognado falso	Traducción correcta al español
1. *application, form*	aplicación	_____
2. *argument*	argumento	_____
3. *to support*	soportar	_____
4. *gang*	ganga	_____
5. *grades*	grado	_____
6. *to demand*	demandar	_____

b) El *espanglish* y los cognados falsos La siguiente es una lista de palabras que se usan comúnmente en el español de los Estados Unidos, pero que no aparecen en los diccionarios de español, y que una persona de otro país o que no hable inglés probablemente no entendería. Para cada palabra, encuentra otra opción que le clarifique el significado a una persona de un país hispano.

1. flonquear

2. guachar

3. la carpeta

4. la yarda (de una casa)

5. el lonche

6. un bloque

7. un raite

8. parquear

9. puchar

10. una troca

¿Ya lo sabías?

Explica la diferencia en el significado de las siguientes oraciones.

a) Trabajo por vivir.

b) Trabajo para vivir.

Ponte a prueba

a) ¿Por o para? Decide si necesitas completar con **_por_** o **_para_**, o si no necesitas <u>nada</u>.

Cuando era pequeño mi madre nos contaba cuentos (1)_____ dormirnos. Yo siempre le pedía

(2)_____ un cuento de brujas porque me encantaban. Mis hermanos tenían miedo y (3)_____ eso

mi madre nos contaba dos cuentos: uno (4)_____ mí y uno (5)_____ mis hermanos. El segundo

cuento siempre era sobre hadas o príncipes. (6)_____ un tiempo me aburrí de las historias. Recuerdo

que busqué (7)_____ varios libros en la biblioteca de mi escuela, y (8)_____ la noche trataba de no

prestar atención a las historias de mi madre. Después empecé a escribir mis propios cuentos

(9)_____ contárselos a mis hermanos. Así comenzó mi carrera como escritor. A los doce años vendí

mi primera historia (10)_____ diez dólares. Ahora trabajo (11)_____ una compañía internacional

y escribo guiones (12)_____ películas infantiles.

b) Analiza Observa tus respuestas a la actividad anterior. Estas dos preposiciones les causan dolor de cabeza a aquellos que estudian el español como segunda lengua. Es probable que tú hayas internalizado la lengua y las respuestas simplemente "te suenen bien", pero ahora vas a practicar tu capacidad de análisis. Básate en las respuestas de la actividad anterior para explicar tres reglas de cuándo usar **<u>por</u>** y tres de cuándo usar **<u>para.</u>**

POR	PARA

c) Cuentos infantiles Completa con **_por_**, **_para_** o deja en blanco si no se necesita nada. **¡Atención!** Recuerda que, a diferencia del inglés, algunos de estos verbos **no requieren** de ninguna preposición.

1. La Cenicienta buscaba _____ un príncipe _____ casarse.

2. La madrastra de Blanca Nieves decidió envenenarla _____ ser la mujer más bella.

3. _____ mala suerte, Pulgarcito despertó al ogro.

4. Hansel y Gretel caminaron _____ el bosque y se perdieron.

d) Traducciones Ahora traduce al español las siguientes oraciones.

1. *I asked for a receipt.*

2. *She was driving at 75 miles per hour when she was stopped by the police.*

3. *For being so young, he has a lot going for him.*

POR Y PARA

Si piensas que tienes problemas decidiendo entre estas preposiciones, aquí hay algunas reglas para ayudarte, o para que puedas ayudar a alguien que está aprendiendo el español.

1. Usa <u>**por**</u> para indicar:

> a. Causa, razón o motivo
>
>> **Por** la lluvia, no vamos a la piscina hoy.
>>
>> Mis padres hicieron muchos sacrificios **por** sus hijos.
>
> b. duración, período
>
>> Va a quedarse en el hospital **por** dos semanas.
>
> c. Intercambio, compra
>
>> Compramos los libros **por** 200 dólares.   Gracias **por** el regalo de cumpleaños.
>
> d. Movimiento a través de un espacio (*through, around, along, by*)
>
>> Ayer caminé **por** el parque.
>
> e. Expresiones que siempre necesitan <u>**por**</u>:
>
>> **por** ejemplo   **por** supuesto   **por** eso
>>
>> **por** fin   **por** favor   **por** otro lado

> **NOTA:** En el español hablado muchas personas dicen "pa" de manera coloquial, en vez de decir <u>**para**</u>. ¡No lo uses para escribir!

2. **Para** se usa para indicar:

> a. Un objetivo, meta o propósito
>
>> Vamos al cine **para** ver una película.   El gimnasio es **para** hacer ejercicio.
>
> b. Destinatario
>
>> Ella compró un libro **para** su madre.
>
> **¡Atención!** Si hay un destinatario, los pronombres *yo* y *tú* cambian a *mí* y *ti*. Observa que no hay acento en <u>*ti*</u>.
>
>> El regalo es para **ti**.   A **mí** me gusta pescar. (énfasis)
>
> c. Destino
>
>> Salimos **para** México mañana.
>
> d. Fecha límite
>
>> La tarea es **para** mañana.
>
> e. Para contrastar con lo que se espera de algo
>
>> **Para** película de horror, no hay muchos sustos.
>
> f. Expresiones con <u>**para**</u>:
>
>> **para** siempre   **para** variar   **para** colmo   **para** nada

Antes de leer

Trabaja con un compañero para responder las preguntas.

1. ¿Les gusta leer? ¿Qué tipo de libros prefieren? ¿Tienen autores favoritos? ¿Quiénes?

2. ¿Por qué creen que el estudio de la literatura sea obligatorio en las universidades?

Del Modernismo al Boom

Aunque las culturas de los países hispanoamericanos tienen una historia en común, también tienen muchas diferencias. Antes de que llegaran los europeos, había ya culturas diferentes que influenciaron todo lo que pasó después. Además, diferentes grupos de inmigrantes llegaron a cada región, trayendo nuevas influencias, o trajeron a diferentes grupos de esclavos africanos, procedentes de diferentes lugares y con culturas diversas. Todos estos hechos, sumados a la diversidad geográfica y climática de Latinoamérica, contribuyeron a crear países con culturas muy diferentes, aun a pesar de tener un idioma en común.

A lo largo de la historia ha habido varios momentos en que los escritores hispanoamericanos se han dado cuenta de que a pesar de las diferencias hay mucho une a nuestras naciones, y han querido establecer una gran comunidad hispana. El primer gran movimiento de este tipo ocurrió bajo el liderazgo del escritor nicaragüense Rubén Darío (1867-1916). El movimiento se conoció como el Modernismo, y fue la primera corriente literaria que nació oficialmente en América. Dentro del Modernismo se inscribieron notables escritores de muchos países del continente, entre los que sobresalen los cubanos José Martí (1853-1895) y Julián del Casal (1863-1893); los mexicanos Manuel Gutiérrez Nájera (1859-1895) y Amado Nervo (1870-1919); el colombiano José Asunción Silva (1865-1896); el argentino Leopoldo Lugones (1874-1938) y la uruguaya Delmira Agustini (1886-1914).

Durante la época en la que escribieron estos grandes poetas, surgieron grandes amistades entre ellos, revistas en los que colaboraban escritores de muchos países hispanos, y hasta el sueño de una Latinoamérica unida.

Algún tiempo después surgió otro fenómeno que uniría a los escritores hispanoamericanos. Esta vez se trató del *Boom*, el cual no fue un movimiento literario, ya que había una gran variedad de estilos. El *Boom* fue un auge en la literatura latinoamericana que le permitió ser leída y reconocida en todo el mundo, pasando a ocupar un espacio central en la literatura universal. Tal auge de la literatura comenzó, irónicamente, en España, en donde la editorial Seix Barral se interesó en publicar la obra de varios autores hispanoamericanos que se habían exiliado a Europa. Las publicaciones tuvieron tanto éxito, que se sumaron más y más autores a este fenómeno.

Aunque el Boom no fue un movimiento, hay algunas características que muchos de sus autores tienen en común, como la experimentación, el trato no lineal del tiempo, y el tratamiento de temas políticos y sociales. Dentro del *Boom*, se distingue una manera de narrar que se conoció como el Realismo Mágico, un tratamiento que retrata muy de cerca el surrealismo de la vida en Latinoamérica, borrando las fronteras entre lo real y lo imaginario. El gran exponente del realismo mágico fue el colombiano Gabriel García Márquez (1927-2014), ganador del Premio Nobel de Literatura. Sin embargo, la lista de autores que crearon con elementos del realismo mágico es muy larga.

La obra literaria hispanoamericana se ve con orgullo en todos estos países. Algunos de sus escritores son héroes nacionales. A otros los vemos en los billetes que circulan. La poesía de muchos es recitada por los niños en las escuelas, y muchas de sus obras inspiran hoy en día a músicos y cineastas.

Comprensión

1. ¿Cómo era la literatura latinoamericana durante la época colonial?
2. ¿Cómo se diferenciaba esta literatura de la que llegaba de Europa?
3. ¿Cuál fue la primera corriente literaria que nació en Hispanoamérica?
4. ¿Cuándo y por qué se hicieron famosos los escritores del *Boom*?
5. ¿Qué es el "realismo mágico"? ¿Por qué es importante? ¿Quiénes son algunos autores de este estilo?

Para explorar

Lee un cuento o un poema de uno de los autores mencionado y analízalo: ¿Cuál es el tema? ¿Cuál el tono? ¿Quién es la voz poética? ¿Te gustó el poema? Recuerda referirte al texto para justificar tus respuestas.

Fuente: Pixnio. Dominio público (CC).

Breve lista de autores famosos
de España e Hispanoamérica

Elige un autor de la lista en la siguiente página y prepárate para hacer una presentación para la clase. En tu reporte incluye lo siguiente:

- o   Breve biografía del autor
- o   Sinopsis de un cuento o una poesía
- o   Análisis del cuento/poesía y elementos literarios que lo distinguen
- o   Tu opinión

Don Quijote, ilustración de Gustave Doré [Dominio Público].

Argentina
Adolfo Bioy Casares
Alfonsina Storni
Ernesto Sábato
Jorge Luis Borges
Julio Cortázar

Colombia
Gabriel García Márquez
José Asunción Silva
Jorge Isaacs

Chile
Gabriela Mistral
Isabel Allende
José Donoso
Pablo Neruda

Cuba
Alejo Carpentier
José Martí

España
Ana María Matute
Antonio Machado
Benito Pérez Galdós
Camilo José Cela
Emilia Pardo Bazán
Federico García Lorca
Miguel de Cervantes Saavedra
Rosa Montero

Guatemala
Miguel Ángel Asturias
Augusto Monterroso

México
Ángeles Mastretta
Carlos Fuentes
Elena Poniatowska
Juan José Arreola
Juan Rulfo
Laura Esquivel
Octavio Paz
Rodolfo Usigli
Rosario Castellanos

Nicaragua
Claribel Alegría
Gioconda Belli
Rubén Darío

Perú
César Vallejo
Mario Vargas Llosa

Puerto Rico
Julia de Burgos
Esmeralda Santiago
Rosario Ferré

Uruguay
Delmira Agustini
Eduardo Galeano
Horacio Quiroga
Mario Benedetti

Venezuela
Andrés Eloy Blanco
Rómulo Gallegos

¿Ase falta una nueba ortografía?

TEDxRiodelaPlata, *TED talks en español*

Antes de ver

Habla con un compañero y respondan las siguientes preguntas.

1. ¿Consideran que ustedes tienen buena ortografía?

2. ¿Es importante para ustedes tener buena ortografía? ¿Por qué sí o no?

3. ¿Para qué sirve la ortografía?

4. ¿Creen que en la educación se pone demasiado énfasis en la ortografía? ¿Por qué?

5. ¿Les gustaría que se simplificara la ortografía? ¿Cómo y por qué?

Al ver

Vas a escuchar la opinión de Karina Galperín acerca de la ortografía. Mientras ves el video, toma notas para organizar la siguiente información.

1. ¿Cuál es el mensaje principal de la oradora?

2. ¿Quién fue Antonio de Nebrija y que principio de la lengua estableció?

3. ¿En qué consiste el principio etimológico?

4. Según la oradora, ¿para qué sirve la ortografía hoy en día?

5. ¿Cuáles son dos modificaciones que ella propone?

6. ¿Cuáles son tres argumentos **a favor** de hacer lo que ella propone?

    a) _____

    b) _____

    c) _____

7. ¿Cuáles son tres argumentos **en contra** (las objeciones) que ella anticipa?

    a) _____

    b) _____

    c) _____

8. ¿Cuál es tu opinión sobre la propuesta de la ponente?

Sino, sino que, pero

¿Ya lo sabías?

¿Cuál de las siguientes opciones te parece la más adecuada?

- a) No tengo ganas de leer, pero de hacer ejercicio.
- b) No tengo ganas de leer, sino de hacer ejercicio.
- c) No tengo ganas de leer, si no que de hacer ejercicio.

a) Análisis Trabaja con un compañero. ¿Cuáles creen que sean las reglas sobre cuando usar _**sino**_, _**sino que**_ y _**pero**_?

1.

2.

3.

Ponlo a prueba

b) ¿Cuál se necesita? Decide cómo completar las siguientes oraciones. Las opciones son **sino**, **sino que** y **pero**.

1. Los monstruos no existen, _____ los niños tienen miedo de todas maneras.

2. Los monstruos no existen, _____ son producto de nuestra imaginación.

3. Yo no creo que Harry Potter sea un gran libro, _____ me gusta.

4. La leyenda de Quetzalcóatl no la cuentan solo los mayas, _____ también los aztecas.

5. No leía mucho de niño, _____ ahora me encanta leer.

6. No leía mucho de niño, _____ pasaba mucho tiempo jugando con mis amigos.

7. La presentación del libro no es hoy, _____ mañana.

8. La presentación del libro no fue un éxito, _____ asistieron algunas personas importantes.

9. No escribo para ganar dinero, _____ gano dinero porque escribo.

10. Los mitos y leyendas no son mentiras, _____ interpretaciones de la realidad.

Homónimos: si no

Aunque suena igual, nota que estas dos palabras por separado tienen otro significado: _en caso de que no_.

Si no puedo ir, te envío un mensaje.

---

c) **Pero, sino, sino que** Completa con la opción lógica.

1. No te pido que escribas un libro, _____ pienses en un buen argumento.

2. Trabajar puede ser bueno para la salud, _____ prefiero dormir.

3. Cuba era importante para España no solo políticamente, _____ económicamente.

4. No me sorprende que los niños no lean, _____ me preocupa.

5. Me encantan las leyendas de los guaraníes, _____ conozco muy pocas.

6. No creo que Isabel Allende escriba más libros, _____ espero que me sorprenda.

7. No es que no me gusten las películas de Disney, _____ él me cae mal porque robó historias de otros.

8. Nunca digo que no, _____ a veces me arrepiento.

9. No les cuento cuentos a mis niños, _____ leyendas de mis antepasados.

10. No dijo que no escribirá más, _____ va a tomar un año para investigar antes de seguir escribiendo.

d) **Tus compañeros de clase** ¿Qué tan bien conoces a tus compañeros de clases? Completa las ideas acerca de ellos. Si es necesario, habla con ellos para preguntarles y después repórtenle a la clase.

Modelo: a ___¿?_____ no le gusta(n), pero....

   A (nombre) no le gustan sus clases este trimestre, pero le gustaron mucho el trimestre pasado.

1. (*Nombre*) no asiste a clase de.... pero...

2. A (*nombre*) le encanta(n) las películas ... pero...

3. A (*nombre*) no le molesta(n) las personas... sino...

4. A (*nombre*) no le molesta(n), pero...

5. (*Nombre*) no piensa que.... sino que...

6. A (*nombre*) no le interesa(n)... pero

7. (*Nombre*) no ...... ni tampoco...

8. (*Nombre*) no ..., sino que...

UN CHISTE

- ¿Sabes cuál es la diferencia entre la ignorancia y la indiferencia?

- Ni lo sé ni me importa.

Reglas de acentuación (parte 2)

En la segunda unidad aprendiste las cuatro reglas principales de la acentuación de acuerdo con su clasificación (a partir de la sílaba tónica). Aquí está nuevamente la lista de las reglas:

1. Palabras agudas: Se acentúan si terminan en **n**, **s** o vocal. No se acentúan en el resto de los casos.

2. Palabras llanas o graves: Se acentúan si **no** terminan en **n**, **s** o vocal.

3. Palabras esdrújulas: Se acentúan en todos los casos.

4. Palabras sobreesdrújulas: Si el acento recae en la cuarta sílaba (empezando por el final) siempre se acentúa.

También aprendiste que un diptongo Un diptongo es la combinación de una vocal fuerte (**a**, **e**, **o**) y una débil (**i** y **u**) en cualquier orden, o de dos vocales débiles. Los diptongos no se separan al dividir en sílabas.

Vocal fuerte más débil:	*leucemia*	*auge*	*cauto*
Vocal débil más fuerte:	*fuente*	*fiera*	*guapo*

Reglas adicionales sobre los diptongos y triptongos
Hiato

Un hiato es una secuencia de dos vocales que pertenecen a sílabas diferentes, y por lo tanto no constituyen un diptongo. La secuencia de vocales puede ser de dos vocales fuertes (mu-se-o), de dos vocales iguales (le-er, zo-ó-lo-go), o de una vocal débil y una fuerte, en cuyo caso el acento escrito recae sobre la vocal débil:

    an-to-lo-gí-a   *ba-úl*   *paí-ses*

En las sílabas *gue*, *gui*, *que* y *qui* no hay diptongos porque la *u* no se pronuncia.

Triptongo

Un triptongo es una combinación de tres vocales en este orden: débil + fuerte + débil.
Los triptongos no se separan, sino que son parte de la misma sílaba.

DICTADO

Tu profesor)a) te leerá ocho palabras de su elección con diptongos o triptongos. Escríbelas y sepáralas en sílabas. Después decide si requieren de un acento escrito.

1. _____ 2. _____ 3. _____ 4. _____

5. _____ 6. _____ 7. _____ 8. _____

Pequeñas y grandes diferencias (entre el inglés y el español) al escribir.

El uso de los artículos es diferente en inglés y en español. A continuación encontrarás una lista con algunas de las principales diferencias. En general, el artículo definido (el, la, los, las) se usa más, pero los artículos indefinidos (un, una, unos, unas) se usan menos.

1. En inglés puedes empezar una oración con un sustantivo, en español el sustantivo necesita un artículo.

        Books are expensive.   **Los libros** son caros.

2.   En español no se necesitan los artículos indefinidos al dar la profesión de una persona. Sin embargo, observa que si usas también un adjetivo para describir la profesión, entonces sí se necesita del artículo.

*Joaquín is **a teacher**.*   Joaquín es **maestro**.

     *He is **a good teacher**.*   Es <u>**un**</u> **buen maestro**.

3. En español se requiere usar artículos definidos con los días de la semana, pero no uses la preposición "en", como se hace en inglés.

        *I go to school **on Mondays**.*   Voy a la escuela **los lunes**.

Observa en el ejemplo anterior que, como aprendiste en una unidad anterior, los días de la semana se escriben con minúsculas. Observa también que necesitas usar el artículo definido antes de escuela, porque es un sustantivo específico.

4. Para decir la hora siempre se requiere el artículo definido femenino, en cualquier contexto.

        *It's **one** o'clock.*   Es **la una**.

        *See you **at 3:00 pm**.*   Te veo **a las 3:00** pm.

5. El artículo definido se requiere con los títulos de cualquier tipo. La única excepción es cuando uno se está dirigiendo a la persona.

        Ms. Ramírez talked with me.   **La** señora Ramírez habló conmigo.

        Dr. Flores is a good man.   **El** doctor Flores es un buen hombre.

        Miss Gómez, come in.   **Señorita** Gómez, pase.

6. El artículo definido es necesario cuando se habla de las partes del cuerpo. No uses adjetivos posesivos, pues son redundantes. En general, esta regla es también cierta para la ropa.

incorrecto	correcto
Me duele mi estómago.	Me duele el estómago.
Se lavó sus manos.	Se lavó las manos.
Se puso su camisa.	Se puso la camisa.
Me miró a mis ojos.	Me miró a los ojos.

7. Algunos sustantivos femeninos que empiezan con las letras _a_ o _ha_ requieren del artículo masculino. Esto es por razones fonéticas y solamente para los sustantivos singulares. Observa que cualquier adjetivo que modifique al sustantivo tiene que mantener la concordancia femenina.

singular	plural	ejemplo de concordancia
el agua	las aguas	Debemos mantener **limpia** el agua de los ríos.
el águila	las águilas	El águila **calva** es un símbolo de los EE. UU.
el azúcar	los azúcares	Prefiero el azúcar **refinado/refinada**.*
el arma	las armas	Un ejemplo de arma **blanca** es el cuchillo.
el haba	las habas	Las habas son nutritivas.

* el azúcar se usa en algunas regiones como sustantivo femenino, y en otras como sustantivo masculino. Por lo tanto, ambas formas son correctas.

A practicar

Traduce al español cada una de las siguientes oraciones. Presta atención al uso de los artículos.

1. *My birthday is on July 24ᵗʰ.* _____

2. *I brushed my teeth before leaving home.* _____

3. *On Monday, Mrs. Zavala arrived at 9:00 am.* _____

4. *Hunger is an issue in this country.* _____

5. *My father is a bus driver and my mother a homemaker.* _____

6. *Trips abroad can be expensive.* _____

7. *Sonia brushed her hair and put on her coat.* _____

8. *Mr. Smith, where is Dr. Krauss?* _____

¿Intérprete o traductor?

Hablar con fluidez dos idiomas puede traer muchas posibilidades de trabajo en traducción e interpretación, pero para hacerlo profesionalmente es necesario prepararse, a veces por muchos años. Dependiendo del campo de trabajo o del país en el que vivas, podría requerirse hasta una maestría.

Para empezar, la diferencia entre traducir e interpretar es cómo interactúan estos profesionales con el idioma: un traductor trabaja con la palabra escrita, mientras que un intérprete trabaja con el idioma hablado.

Al laborar con un idioma por escrito, un traductor tiene más tiempo para encontrar una traducción idónea. Es probable que no tenga contacto con el autor original, y también es probable que el texto resultante se publique de una u otra manera. Trabajos comunes para un traductor incluyen la traducción de artículos noticiosos, obras literarias, manuales, folletos educativos, subtítulos de películas o programas de televisión, o de páginas del Internet.

En cambio, un intérprete tiene como medio el idioma hablado. Sus traducciones -sus interpretaciones- son inmediatas. Los intérpretes son necesarios en instituciones como hospitales, oficinas de inmigración y de servicios gubernamentales. También se les emplea en grandes organizaciones internacionales. Es preferible que un intérprete traduzca a su idioma materno, del cual tiene que tener un conocimiento muy sólido, el cual se obtiene con una gran dedicación y con un contacto constante con ese idioma a lo largo de su carrera.

Los estudios que deben completarse dependen completamente del área de trabajo en la que uno quiera especializarse. Es posible encontrar trabajos como interpretes en las Cortes de Justicia con tan solo aprobar un examen. Sin embargo, mientras más preparación tenga una persona, más fácilmente encontrará oportunidades. En los Estados Unidos hay varias universidades que ofrecen una licenciatura en traducción (y hay varios idiomas en los que uno puede especializarse). Si te interesa hacer de esta tu especialidad, consulta la página de *American Translators Association* en el Internet. Esta organización también ofrece una certificación (para obtenerla, hay que aprobar su examen). También es posible combinar el área de traducción o interpretación con otro campo de estudio, como periodismo, educación, lingüística, etc.

A final de cuentas, un intérprete o un traductor necesita tener una fuerte cultura general y mucha curiosidad intelectual -estar siempre dispuestos a seguir aprendiendo-, ya que no pueden ser expertos en todos los campos, pero es probable que tengan que traducir o interpretar en muchas áreas.

Ponlo a prueba

Trabaja con un compañero. Cada una va a buscar en el Internet un video corto de un tema que de su interés. El video puede estar en inglés o en español. Túrnense para que cada uno interprete el video poco a poco (detengan la imagen para interpretar, y después continúen).

Un cuento o narración en el pasado

En esta ocasión vas a narrar una historia acerca del pasado. Puedes elegir entre los siguientes temas:

1) Inventa un cuento original

2) Narra lo que ocurrió en un libro o una película que conozcas bien o que hayas visto recientemente.

3) Cuenta una leyenda que te hayan contado tus familiares.

En todos los casos tu historia debe ser de al menos una página. Recuerda comenzar la historia de una forma que llame la atención, pero que también de un contexto general. Por ejemplo, ¿dónde ocurrió y cuándo? Describe a los personajes y sus circunstancias.

Una vez que hayas terminado de escribir, vuelve a leer la historia prestando atención a la ortografía. También asegúrate de darle al lector todos los elementos que necesita, no asumas que ya lo saben. A continuación presta atención al final de la historia: ¿es evidente que concluye? ¿Hay una moraleja o tienes una conclusión personal?

Por último, lee la historia lentamente en voz alta. Esta técnica te permitirá saber si tienes la puntuación necesaria. Observa cuándo necesitas hacer una pausa y si tienes puntos o comas en ese lugar. So tienes dificultad para continuar una oración, probablemente te hagan faltas signos de puntuación, o incluso dividir esa oración.

La mitología nos ofrece muchas historias interesantes.
Autor: Firkin. Imagen de dominio público (CC).
Fuente: Openclipart

Pablo Neruda

El gran poeta chileno conocido por todos como Pablo Neruda nació en 1904 en la ciudad de Parral, Chile, y recibió el nombre de Ricardo Eliecer Neftalí Reyes Basoalto. Su padre era conductor de ferrocarril, en tanto que su madre era maestra. Sin embargo, su progenitora murió dos meses después de que naciera Ricardo Eliecer. Padre e hijo se mudaron a Temuco, donde el padre se volvió a casar.

Neruda creció cerca de la naturaleza, y su amor por ella influenció su obra, en particular su pasión por el mar. Ya estando en el liceo, Neruda conoció a Gabriela Mistral, quien posteriormente ganaría el Premio Nobel de Literatura. Mistral ejerció una importante influencia sobre Neruda. El joven poeta se marchó a Santiago de Chile en 1921, con el fin de estudiar la carrera de Pedagogía. Es allí donde conoció a otros jóvenes escritores y comenzó a leer y a escribir más. Así, en 1923 logró publicar su primer libro, Crepusculario, el que fue bien recibido por la crítica. Tan solo un año después publicó el texto que se convirtió, probablemente, en su obra más conocido: Veinte Poemas de amor y una canción desesperada.

Pablo Neruda leyendo uno de sus poemas, 1966. Biblioteca del Congreso, EE. UU., Derechos de autor no evaluados.

En 1927 Neruda comenzó su primer trabajo representando a Chile en el exterior: Fue nombrado Cónsul de Chile en una ciudad de Birmania. Después trabajó en Ceilán, Java y Singapur, regresando a su patria en 1932, aunque en 1933 se mudó a Buenos Aires para trabajar allí de Cónsul, y en 1934 a Barcelona. Durante todo este tiempo, Neruda siguió escribiendo y relacionándose con otros escritores muy importantes, como el argentino Jorge Luis Borges y el español Federico García Lorca. Neruda vivió en España entre 1934 y 1937, donde hizo grandes amistades entre los escritores de la llamada Generación del 27. Allí también conoció a su segunda esposa y tuvo una hija. Desafortunadamente, en 1936 estalló la Guerra Civil Española. Antes de irse de España, tras el asesinato de su amigo García Lorca, Neruda publicó de manera anónima el poema *Canto a las madres de los milicianos muertos*. A partir de entonces la poesía de Neruda dio un giro y se comprometió totalmente con causas como la defensa de los derechos humanos y de la libertad. Neruda jugó un papel fundamental apoyando a la República Española y salvó las vidas de muchas personas, ayudándolos a escapar de la persecución en España, y ayudándolos a inmigrar a Chile: En 1939 consiguió rescatar a casi dos mil refugiados, embarcándolos en el Winnipeg.

Entre 1940 y 1943, Neruda vivió en México, donde siguió publicando. En 1943 volvió a Chile, pero, a consecuencia de sus ideas políticas, tuvo que vivir escondido y eventualmente escapar de Chile y permanecer exiliado. Durante esta difícil época escribió uno de sus libros más importantes: Canto general. El poeta regresa a su país en 1952. Durante los siguientes años Neruda continuó escribiendo prolíficamente, y recibiendo numerosos premios y distinciones. En 1971 se le otorgó el Premio Nobel de Literatura. Un año después, Neruda era candidato a la presidencia de Chile, pero dejó su candidatura para apoyar a su amigo, Salvador Allende, quien resultó electo. Desafortunadamente, en 1973 llegó el golpe de estado que terminaría costándole la vida tanto al presidente Allende como a Neruda -algunos dicen que murió por un corazón roto, otros dicen que fue envenenado por el régimen golpista-.

La casa de Pablo Neruda en Valparaíso, desde donde podía admirar el océano.

La obra de Neruda incluye 45 libros, y varias recopilaciones y antologías. Su obra ha sido traducida a 235 idiomas, y hay dos películas basadas en su vida. La obra de este gran poeta ha influenciado e inspirado a varias generaciones.

Fuente: *Fundación Neruda*

Comprensión

1. ¿Qué eventos de los que se habla crees que hayan impactado más la vida de Pablo Neruda?

2. ¿Qué temas son importantes en su obra?

Conversación

1. ¿Has leído alguno de los poemas de Neruda? ¿Te gustó? ¿Por qué?

2. En general, ¿te gusta la poesía?

3. ¿Puede o debe un escritor distanciarse de la política por completo?

Para investigar

1. Ve una de las dos películas sobre Pablo Neruda: *Il Postino* (1994), o *Neruda* (2016) y prepara una presentación para la clase acerca de otros eventos que afectaron su vida.

2. Lee uno o dos poemas de Neruda, y presenta tu análisis y opinión personal a la clase.

3. Explora la biografía de Federico García Lorca y lee una o dos de sus poesías. Después escribe un comentario personal acerca de sus poemas. ¿De qué hablan? ¿Te gustaron? ¿Te conmueven? ¿Por qué?

Las siguientes son citas de libros escritos por autores hispanos. ¿Cuál es tu interpretación de estas citas? ¿Estás de acuerdo con ellas?

> Es tan corto el amor, y es tan largo el olvido.
>
> Pablo Neruda

> Hombres necios que acusáis a la mujer sin razón
> sin ver que sois la ocasión
> de aquello que culpáis.
>
> Sor Juana Inés de la Cruz

> Si no te conozco, no he vivido; si muero sin conocerte, no muero, porque no he vivido.
>
> Luis Cernuda

> Acá hay tres clases de gente: las que se matan trabajando, las que deberían trabajar y las que tendrían que matarse.
>
> Mario Benedetti

> «Yo no hablo de venganzas ni perdones; el olvido es la única venganza y el único perdón».
>
> Jorge Luis Borges

> [...] los hechos son siempre vacíos, son recipientes que tomarán la forma del sentimiento que los llene.
>
> Juan Carlos Onetti

> Cuando creíamos que teníamos todas las respuestas, de pronto, cambiaron todas las preguntas.
>
> Mario Benedetti

Los siguientes memes están relacionados con temas de ortografía, gramática o de traducciones.

1. Explica si, en tu opinión, son graciosos u ofensivos y por qué.

2. Diseña un meme para difundir algo que hayas aprendido en este capítulo.

Fotografía cortesía de Gerardo Kloss.

No es lo mismo decir
"la pérdida de mi hermana"
que
"la perdida de mi hermana".

La importancia de los acentos:
No es lo mismo decir
"la violencia doméstica"
que
"la violencia domestica".

- Quiero verde, amor.
- ¿verde?
- Quise decir "verte". Es el autocorrector.
- Desconéctalo.
- Lla, aci no ay errores.

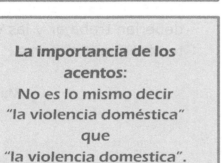

Tense?

Moody?

Irregular?

You must be a verb!

Antes no sabía inglés y era lavaplatos.

Ahora hablo inglés y soy dishwasher.

Public Domain Clipart pdclipart.com

UNIDAD 6

La educación

Contenido y objetivos

Cultura

Aprenderás sobre otros sistemas educativos y reflexionarás sobre el valor de una educación.

Lengua

Usarás comparaciones y superlativos para expresar tus puntos de vista

Incorporarás los pronombres relativos como una forma de mejorar tu estilo lingüístico

Antes de leer

¿Cuántos estudiantes asisten a tu universidad? ¿Cuáles son las carreras más populares?

La Universidad Autónoma de México

La Universidad Autónoma de México (UNAM) es la universidad pública más grande de ese país, y es una institución reconocida a nivel mundial. De hecho, es una universidad que le hace sentir orgullo a muchos mexicanos. La siguiente información sobre la universidad proviene de su página de inicio en https://www.unam.mx

**El pueblo a la universidad
y la universidad al pueblo.**

Acerca de la UNAM

La Universidad Nacional Autónoma de México se fundó en septiembre del año 1551. El nombre que recibió en aquel entonces fue el de la *Real y Pontificia Universidad de México*. La UNAM es la universidad más grande e importante de todo México y de Latinoamérica. Dentro de su misión tiene el propósito de estar al servicio de México y de la humanidad, así como el de formar profesionistas útiles a la sociedad. La UNAM se distingue también por realizar investigaciones y por su gran gama de eventos culturales.

¿Qué es la UNAM?

La Universidad Nacional Autónoma de México ha sido de gran importancia histórica para el país. Además, en el contexto del mundo entero, la UNAM es reconocida como una universidad de excelencia.

La UNAM en números*

366,930 alumnos en el ciclo escolar 2020-2021

- o **30 310** Posgrado
- o **226,575** Licenciatura
- o **108,802** Bachillerato
- o **761** Técnico y propedéutico de la Facultad de Música

*Fuente: UNAM

La educación
Vocabulario básico

admisión (s)	enseñar	plantel (s)
alumno (s)	especialización (s)	primaria (s)
aplicado (adj)	examen (extraordinario) (s)	recibirse
aprender	exentar	rector (s)
aprobar	facultad (s)	reprobar
bachillerato (s)	grado (s)	requisito (s)
carrera técnica (s)	horario (s)	reto (s)
colegio (s)	involucrarse	solicitar
conferencia (s)	laica (adj)	solicitud (s)
culto (adj)	licenciatura (s)	suplente (adj)
desafío (s)	maestría (s)	tecnológico (s)(adj)
diplomado (s) (adj)	materia (s)	trámites (s)
docente (s)	matricularse	universitario (adj)
doctorado (s) (adj)	obligatoria (adj)	vocación (s)
egresado (adj)	pasantía (s)	
ensayo (s)	pedagogía (s)	

Actividades y conversación

a) **Vocabulario** Completa la tabla con las palabras faltantes. La primera línea está resulta, a modo de ejemplo.

Verbo	Sustantivo	Adjetivo/participio
aprender	aprendizaje	aprendido
enseñar		
		exento
	trámite	

b) **¿Qué palabra se necesita?** ¡Atención! Puede ser el verbo, sustantivo o adjetivo de cualquiera de las palabras del vocabulario de la lista de vocabulario básico. Si es un verbo, es posible que debas conjugarlo.

1. El _____ de un idioma es un requisito para ser admitido a una universidad.

2. Los _____ para solicitar admisión son muy sencillos.

3. Logré _____ todas mis materias, así que no tengo exámenes finales.

4. _____ es una de las profesiones más difíciles.

5. La _____ de un idioma debe empezar en la escuela primaria.

6. Dicen que lo que bien se _____ no se olvida.

Hablemos de la educación

a) Tus experiencias Respondan las preguntas y compartan sus experiencias.

1. ¿Cuántos años tenías cuando fuiste a la escuela por primera vez? ¿Qué recuerdas de ese día?

2. ¿Recuerdas a alguno de tus maestros de la primaria, secundaria o bachillerato? ¿Por qué los recuerdas?

3. En general, ¿cómo ha sido tu experiencia en las escuelas? ¿Qué ha sido negativo? ¿Qué ha sido positivo?

4. ¿Te gustaría trabajar como docente? ¿Por qué sí o por qué no?

b) Puntos de vista Cambien de grupo y conversen sobre sus respuestas a las siguientes preguntas.

1. De niño, ¿te gustaba asistir a la escuela? ¿Por qué? ¿Te gusta ahora?

2. ¿Crees que la educación deba ser obligatoria? ¿Hasta qué nivel?

3. ¿En qué países del mundo crees que sea mejor la educación? ¿Por qué?

4. ¿Hasta cuándo quieres estudiar y por qué?

5. ¿Piensas que una educación tenga algún efecto en tu vida, más allá de un mejor trabajo?

6. En tu opinión, ¿debería ser gratuita la educación? ¿Por qué?

c) Diferencias Trabaja con un compañero y túrnense para explicar la diferencia entre cada par de palabras.

1. colegio - universidad
2. aplicar - solicitar
3. recibirse - matricularse
4. grado - calificación
5. alumno – egresado
6. maestría – doctorado

Biblioteca de la UNAM. Crédito: Pixabay, foto de Miguel García

Más sobre la educación: Comparaciones

a) Opiniones Trabajen en parejas para decir si están de acuerdo con las siguientes afirmaciones y responder la pregunta adicional. Tomen notas para reportar a la clase.

1. Las matemáticas son más difíciles que las ciencias sociales. (¿Cuál es la materia más fácil de todas?)

2. Los inmigrantes tienen más retos que los ciudadanos de la segunda generación. (¿Por qué?)

3. El trabajo de docente está peor pagado que muchas otras ocupaciones. (¿Cómo lo sabes?).

4. Enseñar a los niños es uno de los trabajos más importantes del mundo. (¿Por qué?).

5. La universidad es carísima. (¿Cuánto debería costar?).

6. Es más importante tener experiencia profesional que un título universitario. (¿Por qué?).

7. La educación puede cambiar la vida de una persona. (¿Cómo?).

8. La educación es solamente un papel que piden para conseguir algunos trabajos. (¿Por qué están estudiando?).

Las tres universidades más grandes del mundo

Universidad Nacional Indira Gandhi

Universidad Autónoma Nacional de México (UNAM)

Universidad de Buenos Aires

Notas de gramática sobre las comparaciones y los superlativos

Comparaciones de desigualdad → (Sujeto 1) + verbo + **más/menos** + **adjetivo** + **que** (Sujeto 2)

La clase de psicología es **más divertida que** *la clase de cálculo.*

Comparaciones de igualdad → (S1) + verbo + **tan** + **adjetivo** +**como** (S2)

Las materias que tomo este semestre son **tan interesantes como** *las tuyas.*

→ (S1) + verbo + **tanto(a)(s)** + **sustantivo** + **como** (S2)

*Tengo **tantos exámenes como** tú.*

Si la comparación es sobre una acción (verbo) usa **tanto como**:

*En clase de español escribimos **tanto como** leemos.*

Si la comparación incluye un **número** usa **de** en vez de **que**:

*Hay **más de** treinta estudiantes en la clase de Psicología.*

Superlativos (lo máximo) → (S1) + verbo + **artículo** + **adjetivo** + **de** + ("universo")

*La aritmética fue **la más difícil de** mis clases en la universidad.*

Formas irregulares de adjetivos

bueno	mejor
malo	peor
grande, viejo	mayor
pequeño, joven	menor

A practicar

a) **Comparaciones** Completa con las palabras necesarias.

1) María tiene 24 años, Felipe tiene 21 años y Pascual tiene 19 años.

→ Felipe tiene _____ años _____ Pascual.

→ Pascual es _____ _____ María. María es _____ _____ joven _____ todos.

2) Beatriz tiene $100.00. José tiene 100 dólares también. Nosotros tenemos $50.00.

→ Beatriz tiene _____ dinero _____ José. Ella tiene más dinero _____ nosotros.

→ Nosotros tenemos _____ _____ $100 dólares.

3) Ricardo escribió 3 ensayos esta semana. Susana también escribió 3. Pero Tomás escribió 5.

→ Ricardo escribió _____ composiciones _____ Susana, pero Tomás escribió _____ _____ nadie.

Él escribió _____ _____ cuatro composiciones.

b) **Tus opiniones** Vas a comparar los siguientes grupos de personas o temas. Para cada grupo escribe tres comparaciones (una comparación de igualdad, una de desigualdad y un superlativo).
Después comparte tus ideas con un compañero y averigüen si están de acuerdo.

los hombres las mujeres	los perros los gatos los peces	la secundaria el bachillerato la universidad

Las exageraciones

A veces no queremos hacer una comparación, sino simplemente señalar que un sujeto tiene un alto nivel de una cierta característica. En español existe el sufijo *-ísimo(a)* para estos casos. Es posible usarlo solamente con adjetivos.

Tengo un buen maestro → Tengo un maestro **buenísimo**.

En Psicología hay mucha tarea → Hay **muchísima** tarea en esta clase.

Estas formas se usan por lo general al hablar, no al escribir. Para exagerar de forma coloquial muchas personas le agregan sílabas, pero recuerda que este no es un registro formal.

mucho→ muchísimo→ muchisísimo.

A practicar

a) **Opiniones** Trabajen en parejas para expresar sus opiniones sobre los temas usando el sufijo *-ísimo*.

1. Un programa de televisión

2. Una clase de la universidad

3. Un candidato político

4. Una película

5. Un cantante

b) **Encuentra el error** Indica cuál es el problema en cada oración y corrígelo.

1. Ayer vi una película muy buenísima. _____

2. En mi clase de cálculo hay más que 30 estudiantes. _____

3. Los maestros no ganan tantos como los políticos. _____

4. Las matemáticas son más importante que los idiomas. _____

5. Mi clase de literatura es más mejor que mi clase de cálculo. _____

6. Mi madre prepara unos platillos muy deliciosos. _____

7. Mi universidad es la mejor universidad que todas las del estado. _____

8. La educación en México enfrenta tantas difíciles como la de EE. UU. _____

Las preposiciones usadas con verbos

El idioma inglés se distingue por el uso frecuente de preposiciones que acompañan a los verbos y que muchas veces cambian su significado. Un producto de la interferencia del inglés sobre los hispanohablantes es querer añadir una preposición donde no es necesaria en español, como puede verse en los siguientes casos. Observa también que en español no es posible terminar una oración con una preposición.

Ejemplo en inglés	Traducción al español
I am **looking for** someone to **study with**.	**Busco** a alguien **con quien estudiar**.
Don't **talk back** to me.	No me **contestes**.
Please, **sit down**.	Por favor, **siéntese**.
Turn off the computer.	**Apaga** la computadora.

A practicar

a) Traducciones Traduce las siguientes expresiones. ¡Atención! Algunos verbos sí requieren de una preposición en español, pero otros no.

1. Ask them about their experience.

2. Yesterday I hanged out with my friends.

3. She turned down the offer.

4. She did not bring up their break off.

5. To bring up kids we must bring down fears.

6. I am for bringing down this government.

7. He came out to me and cried out.

8. They cut through a road he was not aware of.

9. They are looking for their niece.

Antes de hablar sobre el tema, discute con un compañero lo que ustedes ya saben sobre...

a) La historia de la región

b) Las variaciones léxicas de algunas palabras

El español de Argentina y Uruguay

Como en el caso de todas las variedades del español, la historia de la región juega un papel muy importante en las variedades del idioma en Argentina y Uruguay. Es importante señalar que hay muchas variedades dialectales dentro de estos países, pero aquí examinaremos solamente una: el español rioplatense, el cual se escucha en las principales ciudades de Argentina y Uruguay. Esta variante del idioma tiene características muy particulares, entre las que se cuenta el llamado voseo, es decir, el uso de *vos* en vez de <u>tú</u>.

Formas verbales del voseo

El voseo tiene formas verbales diferentes a las de **tú**. Observa estas diferencias abajo:

	Ejemplo	**tú**	**vos**
-ar	cantar	cantas	cantás
-er	beber	bebes	bebés
-ir	vivir	vives	vivís

Probablemente la mayor diferencia está en los verbos con cambio en el radical.

Ejemplo	**tú**	**vos**
tener	tienes	tenés
pedir	pides	pedís
almorzar	almuerzas	almorzás

También los mandatos son diferentes en cuanto a su acentuación.

Ejemplo	**tú**	**vos**
cantar	canta	cantá
beber	bebe	bebé
levantarse	levántate	levantate
decir (a mí)	dime	decime

El ritmo del español hablado en Argentina está también influenciado por un alto nivel de inmigración europea, en particular por los inmigrantes italianos. El ritmo tiene semejanza con el ritmo con el que se habla el idioma italiano, y esta influencia se ve también en muchas variantes léxicas. Como se ve en los siguientes ejemplos:

amasar	matar
birra	cerveza
caro	querido
chau	adiós
cheto	persona adinerada
laburo	trabajo
nono(a)	abuelo(a)
parlar	hablar
soldi	dinero
vía	fuera de aquí (imperativo para pedir que se marche una persona o animal)

También es distintivo del español rioplatense el uso del pretérito en vez de formas tiempos compuestos. Por ejemplo, "viste" se prefiere a "has visto".

Por último, la pronunciación de la **_ll_** y la **_y_** es también distintiva, en particular al inicio de una palabra, cuando el sonido es semejante a "sh" (fenómeno llamado seísmo).

Jane Elliot: Lo que aprendemos desde pequeños

Es muy probable que hayas escuchado hablar del experimento que la maestra Jane Elliot hizo con su clase en 1968. Esta maestra de primaria, quien enseñaba el tercer grado, decidió hacer un experimento con su clase con motivo del día de Martin Luther King.

El experimento fue muy controversial y se le conoce con el nombre de Ojos azules-ojos cafés. Su objetivo era concientizar a sus estudiantes acerca de los efectos que tiene la discriminación en todos (los que la padecen y los que la ejercen), y comenzó cuando la maestra le comentó a su clase que es difícil entender la discriminación cuando no se ha experimentado. Les preguntó a los niños si querían saber qué se sentía, a lo que respondieron que sí (*Bloom, Stephen G., Lesson of a Lifetime, Smithsonian Magazine, September 2005*).

El experimento social de Jane Elliot transcurrió a lo largo de dos días y consistió en dividir su clase según el color de los ojos de los niños. Así, el primer día les dijo a los niños de su clase que las personas de ojos azules eran superiores por naturaleza, más inteligentes que cualquier otro, y que por ello merecían derechos especiales. Para argumentar esta idea, les dio razones como que la melanina estaba relacionada científicamente con una mayor inteligencia y habilidad de aprendizaje. Ese día la maestra les dio derechos especiales como recibir más comida a la hora del almuerzo, sentarse al frente de la clase y salir antes del recreo. Además, la maestra sugirió que los niños de ojos azules deberían jugar solamente con otros niños de ojos azules. Ese día a los niños de ojos cafés no se les permitió beber de la misma fuente de agua. Los resultados de los trabajos de sus estudiantes en esa fecha arrojaron notables diferencias: Los chicos de ojos cafés tuvieron calificaciones inferiores, y aunque los alumnos de ojos azules tuvieron mejores resultados, su comportamiento cambió y se volvieron mandones y arrogantes con los estudiantes "inferiores". Amistades de mucho tiempo parecieron disolverse ante esta nueva dinámica.

El día siguiente Elliot le dijo a su clase que se había equivocado, y que eran los estudiantes de ojos cafés los superiores. Los resultados en el comportamiento y el desempeño de los estudiantes fue semejante, pero ahora el grupo de ojos cafés obtuvo mejores resultados. Sin embargo, Elliot reportó que el segundo día fue mucho menos intenso en cuanto a actitudes. Probablemente los estudiantes de ojos cafés habían aprendido empatía a través de su experiencia.

El experimento de Jane Elliot fue muy criticado por diversas razones. Elliot con el tiempo se hizo activista contra la discriminación, y su experimento ha sido replicado en múltiples ocasiones. El documental "A class divided" (985) muestra lo que ocurrió, así como entrevistas con los exalumnos de Elliot quince años después de este experimento.

Fuentes: Video: Documental *A class divided*, (William Peters, 1985)
Bllom, Stephen, *Lesson of a Lifetime*.

Comprensión y análisis

1. En tus palabras, ¿en qué consistió el experimento de Jane Elliot?
2. ¿Qué aprendieron los niños?
3. ¿Cuáles crees que hayan sido las consecuencias (positivas y negativas) en la vida de los niños?

Los pronombres relativos

¿Ya lo sabías?

Observa las siguientes oraciones y después decide cuál es la correcta.

1.   a) Vega y Amanda son las amigas que voy a viajar con a México.

       b) Vega y Amanda son las amigas con quienes voy a viajar a México.

2.   a) Tú estás tomando las mismas clases las cuales tomé el curso pasado.

       b) Tú estás tomando las mismas clases que yo tomé el curso pasado.

3.   a) Tengo algunos amigos que han aprendido español.

       b) Tengo algunos amigos quienes han aprendido español.

¿Cuáles son las reglas?

Observa los siguientes ejemplos adicionales (todos son correctos) y después indica cuáles crees que sean las reglas de cuándo se debe usar **que** y cuándo se usa **quien**.

Las personas **que** completan un título universitario ganan más.

Las carreras **que** ofrece la universidad tienen mucha demanda.

Los profesores, **quienes** tienen un doctorado, están bien capacitados.

Los docentes **que** asistieron al curso trabajan en tecnológicos.

Las becas **que** se otorgaron pagarán la matrícula entera por un año.

Los estudiantes con **quienes** hablé están interesados en estudiar en el extranjero.

El pronombre relativo **que** se usa cuando...

_____

_____

El pronombre relativo **quien** se usa cuando...

_____

_____

Ponlo a prueba

A) Sobre la educación Lee las siguientes oraciones y complétalas con el pronombre relativo **que**, **quien** o **quienes**, según sea necesario.

1. El libro _____ estoy leyendo es sobre la educación en los Estados Unidos.

2. El autor del ensayo, _____ enseña en la universidad, es un periodista muy conocido.

3. Los estudiantes _____ aprueben el curso podrían solicitar una beca _____ está disponible para alumnos _____ tengan un promedio de más de 8,5.

4. El profesor a _____ le pedí una carta de referencia no me ha respondido.

5. En la película *Stand and Deliver* los alumnos, a _____ se discrimina, son acusados de hacer trampa toman el examen una segunda vez.

6. Ese profesor enseña las materias _____ me parecen más difíciles.

7. La UNAM es la universidad en _____ quiero estudiar, pero mi hermana dice que solo un pequeño porcentaje de _____ solicitan ingreso es admitido cada año.

8. Un instituto tecnológico es una escuela de educación superior en la _____ se enseñan carreras técnicas.

B) Ideas originales Escribe oraciones originales explicando quiénes o qué son los siguientes conceptos.

Modelo   Una licenciatura

Una licenciatura ***es la especialización que*** estudiamos en la universidad por 4 años.

1. Una universidad

2. Una preparatoria

3. Una maestría

4. Un tecnológico

5. una tesis

6. un docente

Los pronombres relativos

Los pronombres relativos se usan para referirse a un sujeto que se acaba de mencionar en una cláusula anterior, y por lo tanto sirven para unir dos cláusulas. La primera cláusula se identifica como la **cláusula principal**, y la segunda se denomina **cláusula subordinada**. Como son pronombres, remiten a un antecedente (un sustantivo mencionado previamente).

Los pronombres relativos se usan para hacer transiciones de una idea a otra, y también para evitar repeticiones.

Ejemplos   Tengo una prima. Mi prima estudia periodismo.

→ Tengo una prima que estudia periodismo.

Mi padre es profesor de Historia. Mi padre trabaja en la Universidad de Oregon.

→ Mi padre, quien es profesor de Historia, trabaja en la Universidad de Oregon.

¡Atención! En inglés muchas veces el pronombre relativo que es opcional, pero en español debes escribirlo.

Pienso que hay pocas becas disponibles.

I think (that) there are few available scholarships.

Otros pronombres relativos

Cuando escribes es común usar las siguientes formas largas de estos pronombres:

el / la / los/ las que   **el / la cual**   **los/ las cuales**

¡Atención! Solo se pueden usar estas formas largas después de una preposición o de una coma.

Lo que

Tiene la misma función que los otros pronombres, pero se refiere a una idea abstracta, como una acción. No se refiere a un objeto o persona concreta.

Lo que me gusta de mis clases es que aprendo mucho.

El profesor llegó tarde, **lo que** preocupó a los estudiantes.

Cuyo

Igual que los pronombres relativos que y quien, cuyo se refiere a un antecedente, pero se entre dos sustantivos e indica que el segundo pertenece al primero.

Los estudiantes **cuyas notas** sean superiores a 90 puntos, podrán exentar el examen.

Los cursos **cuyos libros** no han sido aprobados deberán posponerse.

¡Atención! Observa que cuyo tiene que concordar con el género y número del segundo sustantivo.

A Practicar: Los Pronombres Relativos

a) Repetitivo Lee las siguientes oraciones sobre la educación y reescríbelas eliminando la repetición. Usa pronombres relativos.

1) En los países desarrollados hay un presupuesto muy importante para la educación. La educación se considera un derecho de toda la gente.

2) En la mayoría de los países la gente piensa en la educación. La educación debe ser laica en su opinión.

3) Hablé con varios estudiantes sobre su opinión. Los estudiantes viven en California.

4) Las universidades a las que solicité admisión están en Colorado. Pienso mudarme a Colorado.

1. _____

   _____.

2. _____

   _____.

3. _____

   _____.

4. _____

   _____.

a) **Me gustaría** Trabaja con un compañero y usen los elementos de la lista para hablar de lo que les gustaría hacer. Sigan el modelo.

Modelo   persona/ hablar con
→ *La persona* **con quien** *me gustaría hablar es el presidente de México*

1. persona / hablar con

2. lugar / hacer un viaje a

3. problema / resolver

4. película / ver

5. compañía / trabajar para

6. libro / leer

7. persona / conocer a

8. amigo / recibir un mensaje de

9. ciudad / vivir en

10. ciudad / no vivir en

11. invento / no vivir sin

12. mascota / adoptar

b) **Explicaciones** Toma turnos con un compañero para explicarse palabras de la lista SIN DECIRLA. Usa pronombres relativos, **cuyo** o **lo que**.

Modelo   (libro) Es un objeto **del que** aprendemos mucho y **el cual** podemos leer.
(leer) Es **lo que** hacemos con un libro.

aprobar	docente	facultad	rector
alumno	doctorado	horario	requisito
bachillerato	egresado	licenciatura	reto
carrera técnica	ensayo	maestría	solicitar
colegio	enseñar	materia	solicitud
conferencia	especialización	pasantía	suplente
desafío	examen	primaria	trámites
diplomado	exentar	recibirse	vocación

c) **Busca a alguien** Completa las oraciones con la forma necesaria de **cuyo** o un pronombre relativo (y una preposición, si es necesaria). Después hazles preguntas a tus compañeros para encontrar estudiantes que responda afirmativamente. Al final repórtale la información a la clase.

1. Alguien _____ pareja no es de Estados Unidos [¿de dónde es?] _____

2. Alguien _____ viajó al extranjero recientemente. [¿a dónde?] _____

3. Alguien _____ le gusta correr. [¿con qué frecuencia?]. _____

4. Alguien _____ pasatiempo favorito es leer. [¿qué tipo de libros?] _____

5. Alguien _____ le encanta ver películas extranjeras. [¿Por qué?] _____

6. Alguien _____ va a continuar estudiando español. [¿dónde?] _____

7. Alguien _____ clases son muy difíciles este trimestre. [¿Qué clases?] _____

8. Alguien _____ familia es pequeña [¿cuántas personas?] _____

ORTOGRAFÍA : LA <u>B</u> Y LA <u>V</u>

Casi todos los hispanohablantes pronuncian la <u>**B**</u> y la <u>**V**</u> igual, por lo que se dificulta distinguir la ortografía. Además, hay homófonos (palabras que se pronuncian igual) pero se escriben con <u>**b**</u> o <u>**v**</u> y que tienen diferentes significados.

Reglas básicas para el uso de la <u>b</u>

1) Antes de cualquier <u>consonante</u> se necesita la <u>**b**</u>.

   Ejemplos: cambio, cable, mueble, brisa, brillo, obvio

Participa

Escribe uno o dos ejemplos adicionales para cada regla.

2) Las terminaciones del <u>imperfecto</u> de los verbos acabados en **-ar** y del verbo **ir** necesitan la <u>**b**</u>.

   Ejemplos: iba, jugábamos, hablaban,

3) Los verbos que terminan en **-bir**, **-buir**, así como todas sus formas conjugadas requieren la <u>**b**</u>.

   Ejemplos: prohibir, recibir, caber, saber.

   Excepciones comunes: hervir, servir, vivir y sus compuestos.

4) Los infinitivos y las formas conjugadas de los verbos beber, caber, deber, haber y saber.

   Ejemplos: beberá, cabían, había, sabíamos.

5) Las palabras que empiezan con los prefijos **bi**, **bis**, **biz**, (que significan dos o dos veces).

   Ejemplos: bimotor, bicolor, bilingüe, bizcocho.

6) Las palabras que comienzan con los prefijos **bene**, **bien**, **bon**, (cuyo significado es bien).

   Ejemplos: benefactor, bienvenido, bondadoso

7) Las palabras que comienzan con **al-**, **ar-**. **ur-**.

   Ejemplos: albaricoque, arbusto, árbitro, urbano

8) Después de las sílabas ca-, ce-, co-, cu-, se requiere la <u>**b**</u>.

   Ejemplos: caballo, cebada, cebolla, cubierta, cubilete.

   Excepciones comunes: cavar, caverna, cavilar, caviar, cavidad, ceviche.

9) Las palabras que empiezan por sa-, si-, so-, su-.

   Ejemplos: sábana, sabio, soborno, subasta, súbdito.

   Excepciones comunes: savia, soviético

Reglas básicas para el uso de la v

Se escribe v:

1) Siempre después de la **n**.

>Ejemplos: envidia, invitado, inválido.

2) En las palabras que inician con la sílaba **ad-**.

>Ejemplos: adverbio, advertencia, adjetivo.

3) Se necesita con conjugaciones irregulares del pretérito que contienen el verbo tener.

>Ejemplos: tuvo, estuvo, contuvo

Homófonos

Algunas palabras se pueden escribir con **b** o con **v**, pero el significado es diferente:

Ejemplos

Cabo (lengua de tierra que penetra en el mar; empleo militar).

Cavo (conjugación del verbo cavar).

Baca (portaequipajes que se coloca sobre el techo del automóvil).

Vaca (hembra del toro).

Tubo (objeto cilíndrico)

Tuvo (pretérito del verbo tener)

Sabia (que tiene sabiduría)

Savia (líquido que circula por las plantas

Rebelar (del verbo rebelarse, oponer resistencia)

Revelar (del verbo revelar, como procesar película fotográfica, o dar información novedosa)

Grabar (del verbo grabar, acción de guardar sonidos en forma mecánica o digital, o tallar materiales)

Gravar (del verbo gravar, añadir impuestos al precio de algo)

Bienes (posesiones, riquezas)

Vienes (del verbo venir)

Actividades para practicar el uso de la _b_ y la _v_

A) Dictado Vas a escuchar diez palabras. Escríbelas prestando atención al uso de la **b** y la **v**.

1. _____   6. _____
2. _____   7. _____
3. _____   8. _____
4. _____   9. _____
5. _____   10. _____

B) ¿B o V? Las siguientes palabras están incompletas. Decide si necesitas la **B** o la **V**.

1. C A __ A L L O   8. A __ I Ó N
2. A __ E N I D A   9. S A __ I A
3. __ A C Í O   10. H I E R __ A
4. N A D Á __ A M O S   11. H E R __ I R
5. A L __ E D R Í O   12. H E R __ Í __ O R O
6. __ O L A N T E   13. C A M __ I O
7. B E N E __ O L E N T E   14. A L __ A H A C A

C) ¿Cuál es la palabra correcta? Decide cuál es la palabra lógica para cada oración.

1. Extrajeron la (sabia / savia) de la planta para curar las quemaduras.

2. Los fotógrafos (rebelaron / revelaron) las fotografías.

3. El gobierno (grabó / gravó) los alimentos con el 4% de impuestos.

4. Los (bienes / vienes) de mi padre son pocos.

5. Los miembros de la Marina avistaron el (cabo / cavo).

6. Yo (cabo / cavo) en el jardín para plantar un árbol.

Ortografía: Homófonos

hierba   *Sustantivo*: Una hierba es una planta.

hierva   *Hervir: Llevar el agua al punto de*
          ebullición.

          Espera a que hierva el agua.

IMPERFECTO

Si es un verbo –ar en el imperfecto,
se escribe con b:

hablaba   **cantaba**

Jugaba   **votaba**

Sabia / savia

Sabia   Adjetivo. *Que sabe.*

Savia   *Sustantivo. Substancia en una planta.*

Bello/vello

Bello   *Adjetivo*

       ¡Qué bello atardecer!

Vello   *Sustantivo*

       Tiene poco vello en los brazos.

Bote/vote

Bote   *Sustantivo*

Una embarcación es un bote.

Vote   *Verbo: Mandato*

No vote por ese partido.

---

baca/vaca

baca   *Parte de un auto*

vaca   *Animal*

Balido/ válido

balido sustantivo

       El sonido de las ovejas

válido adjetivo

       Que vale, que es bueno.

Bacilo/vacilo

bacilo *bacteria*

El yogurt se hace con bacilos.

vacilo Verbo

       Vacilo un poco al caminar.

Barón   *título nobiliario*

       El baron asistió a la cena de gala.

Varón   *hombre:*

       Mi hermana tuvo su bebé: un varón

Baya   *Sustantivo: mora, fruta.*

       Recolectamos unas bayas..

Vaya   *Verbo:*

Por favor, vaya a la sala.

Rebelar   *Sublevarse*

       Se rebelaron contra la dictadura.

Revelar   Descubrir.

       Revelaron la verdad sobre el incidente.

Grabar/Gravar

Grabar *Hacer una grabación.*

       ¿Se grabó el mensaje?

Gravar *Imponer un impuesto.*

La coherencia de un texto

En unidades anteriores hemos sugerido varias estrategias para escribir mejor, como organizar tus ideas antes de empezar a escribir, así como crear oraciones claras y concisas, en vez de querer decirlo todo en una oración.

Para lograr un texto cohesivo es importante que las ideas estén organizadas lógicamente. Si no hay una conexión evidente, se debe establecer. Veamos el siguiente ejemplo:

En la película, los estudiantes hicieron una marcha. Los maestros se oponían a negociar con ellos.

En el ejemplo anterior no está clara cuál es la relación entre las dos ideas. Esto puede solucionarse con una palabra que las conecte. Observa cómo cambia el significado según la palabra que se use.

Los estudiantes hicieron una marcha **porque** los maestros se oponían a negociar con ellos.
Los estudiantes hicieron una marcha **aunque** los maestros se oponían a negociar con ellos.
Los estudiantes hicieron una marcha **a pesar de que** los maestros se oponían a negociar.
Los estudiantes hicieron una marcha **después de que** los maestros se opusieron a negociar con ellos.

El uso de este tipo de conjunciones ayuda a darle cohesión y coherencia a un texto. Las siguientes son expresiones adverbiales útiles para explicar la relación entre ideas. Observa que algunas de estas expresiones establecen una relación temporal, y que su uso afecta la conjugación del verbo (o de los verbos) que aparecen después.

a fin de (que)	cuando	puesto que
a menos (de) que	en caso de (que)	siempre y cuando
aunque	en cuanto	tan pronto como
de manera que	hasta que	ya que
con tal de (que)	para (que)	

Dos reglas para escribir mejor: no comiences una oración con las palabras **pero** ni **también**. Utiliza palabras como **sin embargo** (en vez de *pero*), y **además** (en vez de *también*). En general, es preferible evitar empezar una oración con una conjunción. Por supuesto, la excepción hace la regla.

A practicar

a) Relaciones lógicas Elige la palabra más lógica para establecer una relación coherente entre las dos ideas.

1. Vamos a hacer una donación (a menos de que/ antes de que/ cuando) tengamos suficiente dinero.

2. El activista se fue (cuando / hasta que / en cuanto) consiguió suficientes firmas.

3. Necesito investigar más (a menos de que / con tal de / a fin de saber por quién debo votar.

4. Necesitamos escribir cartas al editor del periódico (para / hasta que / en cuanto) protestar.

5. Voy a ver a un abogado (tan pronto como/ a fin de que / en caso de que) nos ayude en el juicio.

6. No viajaré a Chile (con tal de que / hasta que / a menos de) tenga suficiente dinero.

b) Relaciones lógicas Relaciona las columnas para hacer oraciones lógicas. Puedes crear tus propios finales.

	tan pronto como	(ser) las dos de la tarde
	cuando	(apoyar) sus derechos
Los estudiantes protestan	hasta que	(ser) un día feriado
El activista trabaja	a fin de	(estar) en buena forma.
El presidente y su esposa escuchan	antes de	(decir) su opinión
Los periodistas hablarán	en caso de	(sentirse) bien
El hombre donará dinero	para	(aprobar) una nueva ley
Yo firmo muchas peticiones	para que	(ayudar) a los niños huérfanos
	a menos (de) que	(tener) tiempo
		¿?

1. _____

2. _____

3. _____

4. _____

5. _____

6. _____

Maestros bilingües

La educación bilingüe o trilingüe es considerada una necesitad en gran parte del mundo. La historia de la educación bilingüe en este país comienza cuando no se había fundado el país, en las colonias originales. En el caso de la educación bilingüe en inglés y en español, hubo un auge durante la Guerra Fría, debido al gran éxodo de cubanos que buscaron asilo político en los Estados Unidos.

Aunque en los Estados Unidos es un tema muy controversial, también es cierto que hay una gran demanda de maestros que hablen inglés y español para que puedan apoyar a los estudiantes hispanos y a sus padres, ya sea que se trate de una escuela bilingüe o no. En algunos estados del país, uno de cada cinco estudiantes no habla inglés como su primera lengua, lo que ha provocado una gran demanda de maestros con conocimientos de otros idiomas.

Hay que enfatizar en que un maestro puede ser bilingüe y no enseñar necesariamente en los dos idiomas, pero es probable que requiera el conocimiento de ambas lenguas para comunicarse efectivamente con los estudiantes o con las familias de los estudiantes. Típicamente una persona que labora en este campo está interesada en ayudar a promover el bienestar de la comunidad hispana.

Aquellos que desean trabajar específicamente con el idioma deben alcanzar un conocimiento superior de la lengua y de sus reglas gramaticales. También deben tener un buen dominio de la lengua escrita.

Por supuesto, además de un buen manejo de dos idiomas, como cualquier otro maestro, necesitarás de muchas otras cualidades más allá de sus conocimientos de pedagogía. Entre las más importantes está tener un interés genuino por ayudar a sus alumnos y motivarlos. También es muy importante ser responsable y tener flexibilidad y empatía. Si uno presta atención a lo que nos hace recordar a nuestros propios maestros, seguramente aparecerán características adicionales como sentirse apasionado y contagiar ese interés a sus estudiantes. ¿Tienes madera para ser maestro?

La educación

En esta unidad has explorado el tema de la educación. Ahora vas a escribir una reflexión sobre este tema. Elige uno de los subtemas y escribe una composición en la que explores el tema. Recuerda incluir una introducción general. Si eliges un tema para debatir, da muchos argumentos para apoyar tu punto de vista. Si citas fuentes, recuerda incluir referencias y biografía. No olvides dar una conclusión general.

1) El sistema educativo de los Estados Unidos tiene deficiencias.

2) El sistema educativo de los Estados Unidos es uno de los mejores del mundo.

3) Cómo la educación ha influenciado mi vida.

4) La educación superior debería ser gratuita.

5) La educación superior debería ser obligatoria.

6) Mis mejores y mis peores experiencias escolares.

Juan Luis Vives March

Luis Vives fue un humanista español que vivió en el siglo XV. Nació en el año de 1492, en el seno de una familia judía que fue obligada a convertirse al cristianismo (de otra forma la familia hubiera tenido que exiliarse). Cuando cumplió quince años, Luis comenzó sus estudios en la Universidad de Valencia, para después seguir estudiando en Francia, donde consiguió un título de doctorado. Desafortunadamente, los problemas que su familia tenía con la Inquisición a causa de su origen judío continuaron, y en 1526 la Inquisición condenó a su padre a ser quemado. Vives cayó en una profunda depresión, pero decidió no regresar a España. Se mudó entonces a Inglaterra, donde eventualmente desarrolló una gran amistad con la reina Catalina, lo que le permitió mejorar su situación. Hizo un paréntesis para residir en la ciudad de Brujas, en Bélgica, desde donde organizó lo que se considera la primera organización de asistencia social para la gente pobre.

Los últimos años de su vida se los dedicó a la educación con una gran influencia de su cultura humanística. Entre sus propuestas estaba el estudio las obras de Aristóteles en su lengua original, pues culpaba a malas traducciones de la falta de entendimiento de los tratados originales. También substituyó varios textos por otros más modernos que empleaban el modo de hablar de esa época, para acercarse a los estudiantes. De hecho, Vives pensaba

Luis Vives. Retrato anónimo. *Dominio público.*

que había muchas variables que afectaban el aprendizaje, como la salud de un estudiante, la personalidad de un maestro, los libros que debían leer y hasta el ambiente del salón de clases. Hoy en día sabemos que Vives tenía toda la razón, y que estas y muchas otras variables afectan los resultados. Para él, alimentar la mente era tan esencial como el acto de alimentar el cuerpo.

Comprensión y análisis

1. ¿De dónde era Vives y en dónde estudió?

2. ¿Cuáles son algunas de sus ideas sobre la educación?

3. De acuerdo con tu experiencia, ¿cómo se han aplicado (o no) sus ideas a tu propia educación?

4. ¿Te gustaría trabajar en el campo de la educación? ¿Por qué?

Investigación

Elige a una de las siguientes personas e investiga su biografía y sus contribuciones al campo de la educación. Prepara una breve presentación para la clase y explica si piensas que sus teorías forman parte de tu propia experiencia educativa.

Célestin Freinet

John Dewey

Juan Bautista de la Salle

María Montessori

Paulo Freire

Piaget

Ramón Costa Jou

Lee las siguientes curiosidades sobre la educación alrededor del mundo. ¿Te gustaría que fuera igual en los Estados Unidos? ¿Por qué? ¿Cómo se compara a tu experiencia?

En Chile las vacaciones de verano van de mediados de diciembre hasta principios de marzo, por lo que los niños reciben tres meses de vacaciones.

Los niños en Holanda comienzan la escuela en su cuarto cumpleaños, por lo que siempre hay alguien nuevo en la clase.

Los niños alemanes reciben un regalo al comienzo de su primer año escolar: un cono que recibe el nombre de *Schultüte*, y está lleno de artículos escolares como bolígrafos, lápices, libros apropiados para su edad y hasta bocadillos. Austria y la República Checa tienen una tradición similar.

Los alumnos de China son los que más tarea reciben en el mundo: deben pasar aproximadamente 14 horas a la semana haciendo sus deberes escolares.

El 5 de octubre se celebra el **Día Internacional de Profesor**, celebración creada por la UNESCO para apoyar a los maestros de todo el mundo.

Fuente: Blog TuturASAP

Citas sobre la educación

Lee las siguientes citas sobre la educación. ¿Estás de acuerdo? Explica por qué.

A menudo damos a los niños respuestas que recordar en lugar de problemas a resolver.

Roger Lewin

Si no estás dispuesto a aprender nadie te puede ayudar. Si estás dispuesto a aprender nadie te puede parar.

Proverbio chino

La ignorancia es el peor enemigo de un pueblo que quiere ser libre.

Jonathan Hennessey

La educación es el camino, no el objetivo.

Anónimo

La educación es lo que sobrevive cuando lo aprendido ha sido olvidado .

B. F. Skinner.

Si crees que la educación es cara, prueba la ignorancia.

Derek Curtis Bok

Unidad 7

La tecnología y la sociedad

Contenido y objetivos

o   Te familiarizarás con el vocabulario necesario para hablar del Internet y la tecnología.

o   Discutirás varios retos de la sociedad y de la tecnología.

o   Continuarás mejorando tu conocimiento metalingüístico.

o   Discutirás algunos de los retos de las nuevas generaciones.

Antes de leer

¿Qué redes sociales utilizas? ¿Por qué?

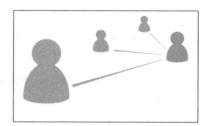

Las redes sociales y la felicidad

Es bien sabido que el ser humano es un ser social: siempre hemos dependido del grupo al que pertenecemos para sobrevivir. Debido a nuestro carácter como seres sociales, la comunicación juega un **papel** imprescindible en la humanidad. No es sorprendente que muchos estudios psicológicos confirmen una y otra vez que tener una buena comunicación con nuestros seres queridos es un **elemento** central de la felicidad. Dentro de este contexto es lógico esperar que las redes sociales contribuyan a que las personas se sientan más felices, puesto que incrementan nuestra **capacidad** y opciones para comunicarnos.

Las redes sociales han existido de una forma u otra desde el inicio de la humanidad, pero aún no entendemos por completo cómo las versiones de la actualidad afectan nuestras emociones **a largo plazo**. Después de todo, Facebook apenas comenzó su existencia en el año 2004 y aunque una generación ha crecido usándolo, también es cierto que Facebook cambia **rápidamente**, y que muchas otras redes sociales han surgido y son incluso más populares entre las generaciones más jóvenes. Todas estas circunstancias hacen difícil realizar un estudio definitivo sobre sus efectos sobre los usuarios. De hecho, las múltiples **investigaciones** que se han hecho han arrojado resultados contradictorios. Uno de estos estudios fue realizado por el Instituto de Investigación para la Felicidad. Para su investigación (en el 2015) reclutaron a más de mil voluntarios usuarios de Facebook en Dinamarca. En este experimento la mitad de los voluntarios dejó de usar la red por una semana. Al comparar sus niveles de satisfacción, el grupo que se apartó de la red social reportó sentir bienestar con más frecuencia que quienes continuaron usando la red social (88% contra un 81%). La diferencia se hizo más **evidente** en la pregunta apreciar su vida: 84% contra solo un 75% de quienes continuaron usando Facebook. Quienes dejaron la red dijeron sentirse menos estresados, menos solos… y reportaron haber incrementado el tiempo que pasaban con familiares y amigos.

Mucho se ha escrito acerca de por qué las redes sociales afectan nuestro nivel de satisfacción. Se les critica que **promueven** una realidad falsa en la que los usuarios siempre parecen tener una vida fabulosa, y no podemos evitar el sentirnos insatisfechos al comparar nuestra vida con la de todos estos amigos perfectos que se han lanzado en una campaña de mercadotecnia para convencernos (¿convencerse?) de su felicidad.

Entre los estudios que se han realizado, uno de la universidad australiana de Auckland señaló a las mujeres de entre 30 y 40 años como las más vulnerables a sentirse insatisfechas al compararse con sus amistades.

Por otra parte, también es **vulnerable** un número considerable de personas está sufriendo de adicciones a la tecnología y a las redes sociales. Estas personas son incapaces de **desprenderse** de sus dispositivos móviles, maestros en el arte de mantenernos entretenidos. El costo que pagará la sociedad por estas adicciones todavía no se conoce.

Sin embargo… ¿es todo tan negativo? ¿No habrá aumentado aunque sea un poco la felicidad de algunos usuarios? A aquellos que usan las redes sociales con medida no les sorprenderá la lista de efectos positivos: Nos permite estar más en contacto con familiares y amigos, compartir fotografías, expresar nuestros **pensamientos** y hacer nuevos amigos. ¿No son estas razones para incrementar nuestra felicidad? A final de cuentas, las redes sociales no pueden ser culpadas por interferir con nuestra felicidad. Son solamente un instrumento, y somos nosotros quienes decidimos cómo, cuándo y para qué usarlas.

> Encuentra un sinónimo o frase para substituir las palabras en negritas.

Resumen

Escribe las tres ideas más importantes que se mencionan en este artículo sobre las redes sociales.

Comprensión

1. ¿Por qué son importantes las redes sociales para los seres humanos?

2. En el estudio del Instituto de Investigación para la Felicidad, ¿cómo se explica que las personas que dejaron de usar Facebook se sintieran más satisfechas?

3. ¿Qué concluyen los autores de este texto? ¿Estás de acuerdo?

Opiniones

Habla con un compañero sobre las siguientes afirmaciones. Expliquen si están de acuerdo o no y por qué.

1. No es sorprendente que las mujeres sean más vulnerables a sentirse insatisfechas con su vida debido a Facebook.

2. Conozco a personas que tienen una adicción a las redes sociales y a su teléfono celular.

3. Yo no dejaría de usar las redes sociales.

4. Las redes sociales son la mejor manera de estar informado.

5. El acoso es un problema grave en las redes sociales.

6. Me siento mal si no recibo muchos "Me gusta" a mis actualizaciones.

La tecnología y la sociedad de hoy

La sociedad

acoso

asunto

campaña

causa

clase alta/baja/media

comercio justo

compañía

compromiso

conflicto

discriminación

distribución

empleo

feminismo

globalización

guerra

huelga

impuestos

ingresos

justicia

libertad

machismo

manifestación

marcha

modernidad

movimiento

ecologista/pacifista/social

mayoría

minoría

muchedumbre

opinión pública

petición

progreso

reforma

revolución

utopía

voluntario (s) (adj)

La tecnología

archivo

aplicación

bitácora

ciberacoso

computadora portátil

clave

contraseña

correo electrónico

mensaje de texto

lector electrónico

redes sociales

reproductor de DVD

teléfono celular

Verbos

adjuntar

bajar archivos

borrar

chatear

comprometerse

conseguir

descargar

donar

encuestar

ejercer

empeorar

evolucionar

firmar

grabar

hacer clic (en)

innovar

involucrarse (en)

mejorar

modernizar

progresar

subir archivos

valorar

> Túrnate con un(a) compañero(a) para explicar palabras de la lista sin decirlas. Su compañero escuchará la explicación y dirá la palabra que se explica.

A practicar el vocabulario

Cambia las palabras a otras categorías.

Verbo	Sustantivo	Adjetivo
	justicia	
mejorar		
modernizar		
		acosado

Los retos de la sociedad

a) Opiniones Lean las siguientes afirmaciones y después digan si están de acuerdo o no. Den ejemplos para argumentar sus respuestas.

1. En la sociedad de hoy ya no es necesario el feminismo porque las mujeres cuentan con los mismos derechos.
2. En un país ideal, el 100% de las personas pertenecen a la clase media.
3. Las guerras son necesarias. El pacifismo es una utopía.
4. A los jóvenes de ahora no les interesa mucho la política.
5. La globalización es negativa. Cada país debe pensar primero en lo que ocurre dentro de sus fronteras.
6. La globalización es positiva para el medio ambiente.
7. El movimiento ecologista es muy importante.
8. Ejercer el derecho al voto es una obligación más que un derecho.

b) Tus experiencias Habla con un grupo de compañeros(as) acerca de lo que has hecho o lo que harías.

1. ¿Alguna vez has participado en una manifestación o en una marcha o lo harías? ¿De qué?
2. ¿Has firmado peticiones? ¿Has iniciado alguna petición o te gustaría empezar una? Explica.
3. ¿Simpatizas con algún movimiento social? ¿Cuál? ¿Por qué?
4. ¿Qué causas les interesan más a los jóvenes de hoy? ¿Por qué?
5. En tu opinión, ¿cuál es el reto más urgente para la sociedad en los Estados Unidos? ¿Y en el mundo?
6. ¿Has sido voluntario alguna vez o te gustaría serlo? ¿Dónde y por qué?
7. ¿Es justa nuestra sociedad? Explica.
8. ¿Cómo es la nueva generación de hispanos en los Estados Unidos? ¿Es diferente a la generación anterior? Explica.

c) Etiqueta en el internet Habla con un compañero(a) para decir lo que harían ustedes en las siguientes situaciones.

1. Un amigo publica una noticia evidentemente falsa en su muro. ¿Le dices algo? ¿Qué y por qué?
2. Un amigo publica una opinión contra un grupo minoritario que va contra tus ideas. ¿Qué haces?
3. Un amigo no ha respondido tus mensajes por varios días, pero ves que sigue publicando. ¿Qué haces?
4. ¿Has excluido a un amigo de tus contactos porque tiene una opinión diferente?
5. ¿Hay algún tema sobre el que no publicarías en las redes sociales?
6. ¿Sabes algún caso de ciberacoso? ¿Qué fue lo que ocurrió?

d) El *sueño americano* Según una encuesta reciente, casi la mitad de los jóvenes en los Estados Unidos piensa que el sueño americano ya no existe. ¿Están de acuerdo? Expliquen en qué consiste el "sueño americano" y por qué algunos piensan que desapareció.

La tecnología

a) Encuesta Van a trabajar en grupos para encuestar a varios compañeros acerca de su uso de la tecnología. Averigüen quiénes usan la tecnología de la lista y hagan una pregunta adicional. Tomen notas para después reportarle la información a la clase.

1. descargar música del Internet

2. ver videos o películas mediante el Internet

3. tener más de veinte aplicaciones en su teléfono

4. revisar sus notificaciones más de quince veces al día

5. haber buscado pareja mediante el Internet

6. crear una página personal en el Internet

7. vender algo a través del Internet

8. usar *Skype* o *WhatsApp* para comunicarse con amigos a familiares

9. leer libros electrónicos

10. seguir a alguien en *Twitter*

> ¿Sabías que la Real Academia de la Lengua Española considera correcto referirse al Internet como el Internet o como la Internet?

¿Qué porcentaje de tu grupo hace cada una de las actividades?

b) Hablemos más del tema Trabajen en grupos para responder las preguntas.

1. ¿Cuánto tiempo pasan al día usando la tecnología? ¿Cuánto tiempo la usas para trabajar o estudiar? ¿Cuánto tiempo para entretenimiento? ¿Qué tipo de entretenimiento?

2. ¿Cómo se sabe si una persona es adicta a la tecnología? ¿Conoces a alguien con una adicción a su teléfono? ¿Cuáles son algunas consecuencias de una adicción al teléfono celular o a la tecnología en general?

3. ¿Qué significa para ti cuando alguien le da un "me gusta" a algo que publicas en las redes sociales?

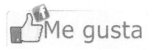

¿Ya lo sabes?

Observa los siguientes ejemplos y decide cuál es la mejor respuesta a cada pregunta.

1. ¿Visitaste a tu abuelo?

    a) Sí, le vi en el hospital ayer.

    b) Sí, lo vi en el hospital ayer.

2. ¿En dónde compraste el almuerzo para Enrique y Jaime?

    a) Se lo compré en el café del centro.

    b) Se los compré en el café del centro.

En la primera pregunta, ¿qué palabra substituye "a tu abuelo"?

En la segunda pregunta, ¿qué palabra substituye "el almuerzo"?

Los complementos directos

El uso

Un objeto (también llamado *complemento*) directo es la persona u objeto que recibe la acción del verbo. Si le preguntamos al verbo "¿qué?", el objeto directo será la respuesta.

> Leo un libro. → ¿Qué leo? → un libro → **lo** leo.
> Veo a mis padres → ¿Qué veo? → a mis padres → **los** veo.

Si en la actividad de *¿Ya lo sabías?* respondiste que preferías la respuesta a) (Sí, le vi en el hospital), no estás solo: A este fenómeno se le conoce como "leísmo" y ocurre mucho en España. Sin embargo, la respuesta que sigue las reglas gramaticales es la b) (Sí, lo vi en el hospital). En la misma actividad es probable que hayas respondido que *b)* te sonaba mejor si eres latinoamericano, pero la respuesta gramaticalmente correcta es *a)*. Como el pronombre "se" no tiene plural, los hablantes sentimos que el plural se ha perdido, y tratamos de compensar haciendo plural el pronombre "lo", aunque haya solo solo un almuerzo.

Dentro de un contexto específico, cuando ya se ha mencionado el objeto directo y está claro de lo que se está hablando, es aconsejable substituir un objeto directo con pronombres. Los pronombres de objeto directo son los siguientes:

me te lo/la nos los/las

Estos pronombres nos permiten evitar repeticiones. Observa que, a diferencia del inglés, se colocan antes del verbo conjugado. Cuando hay un infinitivo pueden pasar a formar parte de este verbo, adheridos al final y como parte de la palabra:

Voy a escribir una actualización en Facebook → **La voy** a escribir / Voy a **escribirla**

Además de los infinitivos, también se puede añadir pronombres a un gerundio (verbo terminado -*ando* o -*iendo*) y a un mandato. En estos casos hay que prestar atención a los acentos, pues es muy probable que sea necesario añadir uno, de acuerdo con las reglas de acentuación:

Llevó regalos para todos y fue ***entregándolos*** uno por uno.
Llevemos comida → ***Llevémosla.***

A practicar

a) En el restaurante El señor y la señora Pérez fueron a un restaurante. Lee su conversación e identifica a qué se refiere cada pronombre en negritas.

Sr. Pérez:	¿Quieres ver el menú?
Sra. Pérez:	No, no **lo** necesito hoy. Ya sé exactamente lo que quiero comer hoy.
Sr. Pérez:	Me imagino que quieres pedir la carne asada, como la vez pasada.
Sra. Pérez:	No, no **la** voy a comer hoy. Pienso pedir pozole.
Sr. Pérez:	¡Yo quiero pedir**lo** también! ¿Quieres que pidamos unas cervezas?
Sra. Pérez:	Sí, podemos pedir**las**... pero también quiero una jarra de agua de horchata.
Sr. Pérez:	¡Buena idea!... pero... ¿Dónde está la mesera? No **la** veo.
Sra. Pérez:	Allá está. ¡Lláma**la** ahora para que **nos** vea!
Sr. Pérez:	¡¡¡Señorita!!!

b) Preguntas Responde las preguntas substituyendo el objeto directo. Presta atención a los acentos.

1. ¿Estás estudiando matemáticas?   Sí, _____

2. ¿Necesitamos comprar una nueva computadora? No, _____

3. ¿Estás haciendo la comida?   Sí, _____

4. ¿Vas a visitar a tus abuelos durante las vacaciones?   No, _____

5. ¿Vas a visitarme en el verano?   Sí, _____

6. ¿Quieres llamarnos mañana por la noche? Sí, _____

c) Las repeticiones El siguiente texto tiene varias repeticiones innecesarias. Encuéntralas y reescribe las oraciones repetitivas usando pronombres de objeto directo.

El mesero les trajo agua a Gloria y Marcelo y ellos bebieron el agua. Después el mesero trajo los menús y ellos miraron los menús. A Gloria le encanta la carne asada, así que decidió ordenar carne asada. A Marcelo se le antojaron unos tacos de pescado y pidió tacos de pescado. Las ensaladas se veían deliciosas y ambos pidieron ensaladas. Cuando terminaron de comer Marcelo buscó al mesero y llamó al mesero otra vez para pedir un postre. El mesero recomendó un flan, pero ellos no quisieron el flan y ordenaron un pastel de tres leches. Unos minutos después el mesero regresó con el pastel de tres leches y Gloria y Marcelo compartieron el pastel de tres leches. Al final, el mesero les llevó la cuenta y ellos pagaron la cuenta con su tarjeta de crédito y se marcharon muy felices.

Verbos como gustar

¿Ya lo sabes?

Observa las siguientes opciones y decide cuál te suena más natural, o si hay alguna diferencia en el significado.

1.   a) Me gusta ver películas en mi computadora portátil.

       b) Disfruto ver películas en mi computadora portátil.

2.   a) Me encanta la política.

       b) Amo la política.

3.   a) ¿Te agradan tus profesores?

       b) ¿Te gustan tus profesores?

4.   a) Me interesan mucho las elecciones este año.

       b) Me intereso mucho en las elecciones este año.

Verbos como *gustar* y los pronombres de objeto indirecto

Los verbos en los ejemplos anteriores se distinguen de otros verbos en español porque, en general, no representan una acción hecha por el sujeto, sino que son una **reacción** a un objeto, sujeto, tema o acción.

De entre este tipo de verbos el más frecuente en español es el verbo gustar. Los siguientes verbos son similares a gustar, pues se enfocan en lo que algo o alguien nos hace sentir, no en una acción que realiza un sujeto.

- Cuando uses estos verbos, recuerda que el verbo debe concordar con el sujeto al final de la oración.
- Recuerda también que no se usan los pronombres personales con estos verbos (**yo**, **tú**, **él**, **ella**, etc.), sino que se deben usar pronombres de objeto indirecto: **me**, **te**, **le**, **nos**, **les**. Un objeto directo se define como la persona que recibe indirectamente la acción del verbo: *¿Para quién hacemos algo, o a quién?*

aburrir	disgustar	importar
agradar	doler	indignar
alegrar	encantar	interesar
caer bien/mal	enojar	molestar
chocar	faltar/ hacer falta	ofender
(coloquial)	fascinar	preocupar
dar miedo		

Algunas reglas adicionales

Si el tema del que hablas es un sustantivo, se usa el artículo definido o un pronombre posesivo.

Me gustan **los** gatos.

Si el tema es un verbo (por ejemplo, algo que te gusta hacer) no se necesita el artículo. Usa el infinitivo. No importa cuántos verbos listes, el verbo gustar se conjuga en singular (gusta, <u>no</u> gustan).

Me gusta **jugar** fútbol. / Me gusta **ir** de excursión y **jugar** deportes.

Es posible usar las expresiones "a mí", "a ti", "a él", "a nosotros", "A vosotros", "a ustedes" y "a ellos" antes del pronombre de objeto indirecto. Se usan para enfatizar que a esa persona sí le gusta/molesta/interesa (etc.) algo, en comparación a otra persona.

A practicar

> **Me gustan los gatos**

> **A mí me gustan más los perros**

a) Un diálogo Completa las siguientes ideas con las palabras faltantes.

Luisa	Gaby, ¿ _____ gustan _____ películas de horror?
Gaby	No, pero _____ _____ ver películas románticas.
Luisa	¡Ay! ____ ____ no _____ gustan las películas románticas para nada.
Gaby	¿ _____ tu hermano Pedro _____ gustan _____ películas de acción?
Luisa	Sí, _____ fascinan, pero a _____ me interesan más los documentales.
Gaby	¿Documentales? Me _____ ver documentales... ¡me ponen a dormir!

b) Reacciones Completa las oraciones lógicamente usando los verbos de la lista.

aburrir	agradar	caer bien	disgustar	doler	encantar	enojar
faltar	importar	indignar	molestar	preocupar		

1. Al presidente _____

2. A mis compañeros de clase _____

3. A mi familia _____

4. A mí _____

5. A los jóvenes de este país _____

6. ¿A ti _____?

c) En común Habla con un compañero sobre sus reacciones a la siguiente lista de temas. Usen los verbos de a página anterior, u otros verbos similares. Repórtenle a la clase lo que tengan en común.

1. la tecnología	3. las clases por computadora	5. leer	7. los deportes
2. las redes sociales	4. el costo de la educación	6. conducir	8. el futuro

d) Conversación Usen las siguientes preguntas para hablar de sus gustos.

1. ¿Les gusta ver películas en su computadora? ¿Por qué?

2. ¿Les interesa participar en clubes de la universidad? ¿Cuáles? ¿Por qué?

3. ¿Les molesta algo de la universidad a la que asisten? ¿Qué?

4. ¿Hay alguna actividad que les dé miedo? ¿Cuál?

5. ¿Hay algo que les encante? ¿Qué y por qué?

6. ¿Qué les parece injusto? ¿Por qué?

7. ¿Qué les preocupa? Expliquen.

8. ¿Cuál es la materia en la universidad que más les interesa?

e) Historias Elige una o dos de las imágenes e inventa una breve historia usando varios de los verbos que requieren pronombres de objeto directo.

le aburre	le disgustar	le importa
le agrada	le duele	le indigna
le alegra	le encanta	le interesa
le cae bien/mal	le enoja	le molesta
le choca (coloquial)	le falta/ hace falta	le ofende
le da miedo	le fascina	le preocupa

Los objetos directo e indirecto usados simultáneamente

Cuando practicaste los verbos similares a **gustar**, usaste los pronombres de objeto indirecto, los cuáles responden a la pregunta *¿a quién?* o *¿para quién?*, en contraste con el objeto directo, el que responde a la pregunta *¿qué?* El objeto indirecto puede ser redundante porque se debe indicar <u>antes del verbo</u> que alguien recibirá la acción indirectamente. Si no está claro quién recibirá la acción, se debe clarificar quién es esa persona. Generalmente la aclaración es necesaria solamente con la tercera persona del singular o del plural:

Le di las gracias a mi abuela. → *Le di las gracias* (si la persona con quien hablamos

sabe ya quién es la persona a la que se le agradece).

Pronombres de Objeto directo (¿<u>Qué</u>?)	ME	TE	<u>LO, LA</u>	NOS	<u>LOS, LAS</u>
Pronombres de objeto indirecto (¿<u>A quién</u>? ¿<u>Para quién</u>?)	ME	TE	<u>LE</u>	NOS	<u>LES</u>

Es común substituir ambos pronombres al mismo tiempo. El pronombre de objeto indirecto siempre se coloca antes del objeto directo. Cuando los dos pronombres inician con la letra "l", el objeto indirecto se cambia al pronombre <u>se</u>.

Le regalé un teléfono nuevo a mi madre. → Se lo regalé.

Como explicamos anteriormente, algunos hablantes tratan de compensar por el hecho de que el pronombre <u>se</u> no tiene un plural y hacen plural el pronombre de objeto indirecto (cuando es *lo*, o *la*). Aunque esta práctica es común, se considera un error gramatical.

Les compré una tableta a mis sobrinos. → Se la compré. [correcto]

→ Se las compré. [gramaticalmente incorrecto]

El leísmo

Se conoce como *leísmo* al hábito de usar pronombres de objeto indirecto siempre que se trate de una persona. Este uso es común en España, pero no sigue las reglas establecidas del idioma.

Vi a mi sobrino salir temprano por la mañana. → Lo vi salir. [gramaticalmente correcto]

→ Le vi salir. [gramaticalmente incorrecto]

A practicar

a) Objeto indirecto Completa las ideas con el pronombre de **objeto indirecto** necesario.

1. Yo _____ llamé por teléfono a mi madre.

2. Ustedes _____ llamaron por teléfono a mí.

3. Ayer _____ compré un libro a mis hijos.

4. A Rosa no _____ gustan las cebollas.

5. A mis hijos _____ molesta hacer su tarea.

6. Nosotros _____ dimos una sorpresa a nuestra amiga.

7. _____ pregunté a la profesora cuándo va a ser el examen. Ella _____ respondió que será mañana.

8. El mesero _____ dio la cuenta a sus clientes.

9. Mis amigos _____ invitaron a un restaurante a mi esposa y a mí.

10. No _____ pregunté nada a mis parientes ayer.

b) Substituciones Decide si las palabras subrayadas son objeto directo [OD], objeto indirecto [OI], o ninguno [N].

Después vuelve a escribir las oraciones substituyendo con un pronombre cuando sea posible.

Modelo

Visito a mis padres en su casa. _OD_ Los visito en su casa.

1. Les hablo a mis amigos por teléfono. _____ _____

2. Invito a mi familia a viajar. _____ _____

3. Les digo "hola" a mis amigos. _____ _____

4. Visito a mi hermana en su casa. _____ _____

5. Le doy un obsequio a mi abuela. _____ _____

6. Quiero invitar a nuestra familia a la fiesta. _____ _____

c) Preguntas Responde las preguntas substituyendo los dos pronombres simultáneamente cuando sea posible.

1. ¿Quién te enseñó a hablar español? _____

2. ¿A quiénes les hablas en español? _____

3. ¿A qué clase le dedicas más tiempo? _____

4. ¿A qué profesor le escribes más mensajes? _____

5. ¿Quién te ha dado buenos consejos? _____

6. ¿A quiénes les has hecho tú algún favor? _____

d) **Errores** Cada una de las siguientes oraciones tiene un error. Encuéntralo y corrígelo.

1. Francisco no fue a la fiesta. No le vi. _____

2. Irma y Ana le prestaron un libro a Juan y a Luis. _____

3. Juan y Luis no se los han devuelto. _____

4. Es probable que no se quieran devolverlo. _____

5. Mi abuela no recibió la carta que le escribí…¿mi hermana se le habrá olvidado enviársela? _____

e) **Traducciones** Considerando lo que sabes sobre los pronombres de objeto directo e indirecto, traduce al español las siguientes oraciones. Usa conjugaciones formales del plural (*ustedes*). Después de traducir la oración, incluye el pronombre en el mandato, como en el ejemplo.

Modelo Give me the answers.

→ *Denme las respuestas.* → *Dénmelas.*

1. Bring us the report. _____

2. Fix the computer for them. _____

3. Answer me. _____

4. Request a meeting for us. _____

5. Purchase me the new app. _____

6. Invite us to the conference. _____

7. Pass the bread. _____

8. Pass them the bread. _____

Las preposiciones

En la unidad anterior practicaste algunos verbos que en inglés requieren de una preposición, y observaste varios ejemplos de cómo el uso de las preposiciones en español no es el mismo. En esta ocasión vamos a hablar de verbos que requieren una preposición en ambos idiomas, pero que no es necesariamente la misma. Por ejemplo, en español uno *se enamora **de** una persona*, mientras que en inglés, a *person falls in love **with** another person*.

Notas sobre el uso de las preposiciones

Las preposiciones por lo general no son equivalentes entre inglés y español.

DE: La preposición *de* establece pertenencia, origen o condición. También puede indicar separación.

> El hombre vestido **de** negro es mi vecino.

> Es **de** Nicaragua y me visita todos los viernes a las ocho **de** la noche.

> La hija **de** mi vecino regresó a Nicaragua porque se divorció **de** su esposo.

EN: Se usa como preposición de lugar, ya sea como "encima de", "adentro de", o "at" (pero no se usa para dar la hora ni con días de la semana).

> Mi casa está **en** el sur de la ciudad.

> Mi tarea está **en** la mesa o **en** el cajón.

A: Se usa para indicar la hora a la que ocurre un evento. También indica movimiento (se usa con verbos que involucran movimiento→ ir a, caminar a, viajar a). Se requiere cuando el objeto directo es una persona.

> Tengo una cita **a** las diez.

> Veré **a** un autor famoso.

> Caminaré **a** la librería donde lo veré.

Se puede usar seguida del artículo femenino para indicar un estilo.

> Estoy haciendo papas **a la** francesa

> Estoy cocinando un pollo **al horno**. (a + el= al)

> Sugerencia
> Traduce los ejemplos al inglés para ver cómo cada preposición requiere de muchas preposiciones diferentes en el otro idioma, y a veces no se requiere.

HACIA: Indica movimiento acercándose o alejándose.

> El ladrón corrió **hacia** la calle.

> Mi amiga vino **hacia** mí sonriendo.

DESDE/HASTA: Indica movimiento de un lugar/tiempo de origen. Hasta indica el final del movimiento.

Yo seguí al ladrón **desde** mi auto **hasta** el banco.

Estuve haciendo file **desde** la una **hasta** las tres de la tarde.

CON: Señala acciones que se hacen junto con otra persona (*with*), o añade elementos

Me casé **con** una persona maravillosa.

El libro viene **con** un CD que tiene ejercicios de comprensión.

POR: Se refiere a causa, razón o medio (*means of, or in exchange of*).

He trabajado aquí **por** dos años.

Se debe viajar **por** tren y autobús para llegar a Machu Picchu.

Recibo un buen sueldo **por** mi trabajo. Me contrataron **por** saber hablar tres idiomas.

PARA: Indica objetivo, meta, destinatario o beneficiario.

Trabajo mucho **para** vivir bien.

Necesito completar un análisis **para** el jueves porque es **para** el presidente de la empresa.

SIN: Indica ausencia de algo (*without*).

Esta mañana salí **sin** desayunar porque tenía prisa.

> Para indicar que el destinatario es la persona que habla, usa *para mí* (con acento). Si es para la persona con la que habla, usa *para ti* (sin acento). Este es el caso con todas las preposiciones.

Hay muchos verbos que siempre necesitan de una preposición en particular. Algunos ejemplos comunes son los siguientes:

aprender a/de	comparar a/con	jugar a
abstenerse de	consistir en	llegar a/de
abusar de	despedirse de	maravillarse de
acabar de	depender de	obligar a
acostumbrarse a	dudar de	ocuparse en/ de
alcanzar a	empezar a	pensar de/en
alegrarse de	enamorarse de	ponerse a
aprender a	enfadarse con	preguntar por
apurarse por	enseñar a	preocuparse de
aspirar a	entrar en/ a	quejarse de
bastar para	equivocarse de	salir a/de/con
burlarse de	hartarse de	soñar con
casarse con	influir en	terminar de
cansarse de	insistir en	tratar de
cesar de	interesarse por/ en	
comenzar a	ir a	

Verbos que necesitan preposiciones

a) Ideas incompletas Completen las ideas de forma original. **¡Atención!** Algunos verbos necesitan preposiciones y específicas y otros no necesitan nada.

1. Pienso casarme...

2. No estoy acostumbrado...

3. En la universidad busco...

4. Yo asisto ...

5. Tuve que salir...

6. Los estudiantes pidieron...

7. Cuando era niño aprendí...

8. No me gusta despedirme...

9. Cuando sea viejo quiero llegar...

10. Me cansé de esperar...

b) ¿Se necesita una preposición? Lee la historia y complétala con las preposiciones: de, desde, en, entre, hasta, sin, en, a, o con, según se necesita. ¡Ojo! En algunos casos no es necesaria ninguna preposición.

Hoy nos van a visitar unos amigos (1)_____ México (2)_____ quienes viajamos (3) _____ Yucatán el año pasado. Nos conocimos cuando llegamos (4)_____ la Ciudad de México. Ellos estaban comprando joyería (5) _____ oro en una tienda (6) _____ la terminal internacional. Nos hicimos amigos inmediatamente. Ellos y nosotros estábamos a punto de salir (7)_____ Mérida, y nos sentamos (8)_____ ellos en el avión. Nuestra visita (9)_____ Yucatán hubiera sido muy difícil (10)_____ su ayuda. Ellos estuvieron (11)_____ nosotros (12)_____ ese día (13)_____ el final de nuestro viaje. Hicimos muchas cosas juntos. (14) _____ los lugares que visitamos estuvieron Chichen Itzá y Tulum. Cuando nuestros amigos vengan (15) _____ visitarnos, se van a quedar (16)_____ nuestra casa. Ellos van a visitarnos (17)_____ el cinco de junio. Yo ya (18)_____ decoré la habitación (19) _____ las visitas, para que estén muy a gusto durante su visita.

Preposiciones

En inglés muchos verbos cambian de significado cuando se usan con una preposición. En español no es muy común este fenómeno, más bien su requiere usar un verbo diferente. Por ejemplo, **to look for** se traduce como **buscar** en español (sin ninguna preposición), pero **to look after** es **cuidar**, que tampoco requiere de una preposición, excepto la "a" personal si el objeto directo es una persona.

A practicar

a)   Traducciones Prueba tus conocimientos traduciendo las siguientes oraciones.

1. I am looking for a paper about education. _____

2. Laura is looking after my siblings. _____

3. I enjoy visiting with friends. _____

4. My ex-boyfriend married my cousin. _____

5. I came by to talk with you. _____

6. We paid for the groceries with a credit card. _____

7. I am fed up with their excuses. _____

8. My cat is waiting for me. _____

b) Prueba tu conocimiento Escribe las preposiciones que hacen falta.

1. Todos los días estudio _____ las dos _____ la tarde _____ las cinco _____ la mañana.

2. Estudio _____ conseguir un buen trabajo.

3. En clase, el profesor de álgebra nos enseña _____ resolver ecuaciones.

4. Trabajo _____ en edificio histórico.

5. Los zapatistas han luchado _____ los derechos indígenas.

6. "Don Quijote" es el libro más famoso _____ España.

7. Me casé _____ un hombre muy bueno.

8. Habrá una celebración _____ conmemorar el bicentenario de la Independencia. Será _____ el zócalo _____ la noche del 16 de septiembre.

9. Lorena se despidió _____ su esposo y caminó _____ la puerta.

¿Ya lo sabías?

Observa los siguientes pares de oraciones. ¿Cómo puede explicarse que la conjugación del verbo sea diferente, o que en algunos casos sea no se conjugue?

1. a) Es importante <u>reciclar</u> para proteger el medio ambiente.

    b) Es importante que <u>reciclemos</u> para proteger el medio ambiente.

2. a) Ojalá <u>actualicen</u> su perfil en las redes sociales.

    b) ¿Cada cuánto <u>actualizan</u> su perfil en las redes sociales?.

3. a) Es cierto que el gobierno <u>ofrece</u> mejores servicios de salud.

    b) Es urgente que el gobierno <u>ofrezca</u> mejores servicios de salud.

El modo subjuntivo

El sistema de verbos en español consiste de tres **modos**: el indicativo, el imperativo y el subjuntivo. Los modos indicativo y subjuntivo tienen a su vez varios **tiempos verbales**. La conjugación de los verbos depende no solo del tiempo, sino también del modo que se necesite emplear. Los modos son, básicamente el contexto alrededor de una acción: ¿es un hecho? ¿es un deseo? ¿es un mandato?

Observa la siguiente tabla y cómo la conjugación del verbo venir para la segunda persona del singular en presente cambia según el modo.

	Indicativo	Imperativo	Subjuntivo
Función	Expresar hechos	Dar mandatos	Expresar deseos, dudas o posibilidad.
Ejemplo	**Vienes** a la universidad	**Ven** a la universidad	Es posible que **vengas** a la universidad.

El modo subjuntivo se usa para hablar de posibilidades, deseos, opiniones y en algunas otras circunstancias. Este modo ocurre generalmente en la segunda cláusula de una oración, pues en la primera parte se presenta el contexto de deseo, posibilidad, negación, etc. Observa que casi siempre el pronombre relativo **_que_** une las dos cláusulas.

Ejemplos

> <u>Es posible</u> **que** las nuevas leyes **ayuden** a preservar el medio ambiente.

> <u>No creo</u> **que** al nuevo presidente le importa **que** los inmigrantes **sean** tratados con justicia.

Las siguientes expresiones impersonales requieren del uso del subjuntivo. Son solo algunas de las más comunes, pero cualquier frase con esta estructura requerirá del subjuntivo en la siguiente cláusula, excepto los casos en los que se exprese certeza.

es admirable que	es interesante que	es raro que
es bueno que	es lamentable que	es recomendable que
es curioso que	es malo que	es ridículo que
es horrible que	es mejor que	es terrible que
es imposible que	es necesario que	es una lástima que
es increíble que	es posible que	es urgente que

Para conjugar en el subjuntivo, básicamente necesitas tratar a los verbos -ar como si fueran -er, y viceversa. Observa los ejemplos de las siguientes tablas.

CANTAR

	Presente del indicativo	Presente del subjuntivo
yo	canto	(que yo) cante
tú	cantas	(que tú) cantes
él/ella/usted	canta	(que él/ella/usted) cante
nosotros	cantamos	(que nosotros) cantemos
vosotros	cantáis	(que vosotros) cantéis
ustedes/ellos	cantan	(que ustedes/ellos) canten

BEBER

	Presente del indicativo	Presente del subjuntivo
yo	bebo	(que yo) beba
tú	bebes	(que tú) bebas
él/ella/usted	bebe	(que él/ella/usted) beba
nosotros	bebemos	(que nosotros) bebamos
vosotros	bebéis	(que vosotros) bebáis
ustedes/ellos	beben	(que ustedes/ellos) beban

Si un verbo es irregular en la conjugación de la primera persona del presente del indicativo, el subjuntivo será irregular también La raíz de todas las conjugaciones del subjuntivo es la del indicativo de yo.

Verbo	Presente del indicativo de la 1era persona singular	Presente del subjuntivo
decir	**digo**	(que…) **dig**a, **dig**as, **dig**a, **dig**amos, **dig**áis, **dig**an
hacer	**hago**	(que…) **hag**a, **hag**as, **hag**a, **hag**amos, **hag**áis, **hag**an
ir	**voy**	(que…) **v**aya, **v**ayas, **v**aya, **v**ayamos, **v**ayáis, **v**ayan
oír	**oigo**	(que…) **oig**a, **oig**as, **oig**a, **oig**amos, **oig**áis, **oig**an
poner	**pongo**	(que…) **pong**a, **pong**as, **pong**a, **pong**amos, **pong**áis, **pong**an
salir	**salgo**	(que…) **salg**a, **salg**as, **salg**a, **salg**amos, **salg**áis, **salg**an
venir	**vengo**	(que…) **veng**a, **veng**as, **veng**a, **veng**amos, **veng**áis, **veng**an

Los verbos con cambio en el radical también llevan ese cambio en el subjuntivo.

A practicar

a) Expresiones impersonales Las siguientes expresiones dan una opinión de forma impersonal. Todas requieren del subjuntivo. Complétalas.

encontrar   haber   juzgar   negarsepagar   respetarse   ser   tratar

1. Es importante que _____ a todas las personas con igualdad.

2. Es urgente que el gobierno _____ soluciones a la pobreza.

3. No es justo que algunos _____ a una persona por el color de su piel.

4. Es posible que la manifestación_____ legal.

5. Es bueno que todos nosotros_____ nuestros impuestos.

6. Es triste que no _____ los derechos de las minorías.

7. Es horrible que todavía _____ discriminación.

8. Es inhumano que algunas personas _____ a ayudar a otros.

b) Tus opiniones Completa las ideas según tus opiniones. No repitas verbos.

1. Es injusto que…

2. Es malo que…

3. Es bueno que…

4. Es necesario que…

Acerca de Cuba

Cuba fue la última nación latinoamericana en independizarse de España. Tan solo la mención de este país tiende a despertar grandes polémicas, pero es mucho lo que puede decirse acerca de la cultura y las tradiciones de la isla sin necesidad de hablar de política.

Algunos cubanos famosos de las artes

¿A cuántos conoces y qué sabes de ellos?

Alejo Carpentier (escritor, 1904, 1980)
Nicolás Guillén (escritor, 1902, 1989)
Alicia Alonso (bailarina, 1921-)
Celia Cruz (cantante, 1925-2003)
Buena Vista Social Club (grupo musical, 1996).
Pablo Milanés (cantautor, 1943).
Wilfredo Lam (pintor, 1902-1982).

La gastronomía cubana

Entre los platillos más conocidos de la isla se encuentran los siguientes:

moros y cristianos (arroz con frijoles)
ropa vieja (carne de res en caldo rojo, plátano macho, etc.).
arroz con pollo
yuca con mojo
sándwich cubano (emparedado de cerdo con muchos otros ingredientes).

Curiosidades

Los negocios propios
Desde hace muchos años los cubanos pueden tener sus propios negocios. Esta tendencia se inició con restaurantes que no compitieran con los restaurantes del estado. Posteriormente muchos cubanos empezaron a alquilar habitaciones a turistas. Hoy en día son numerosos los diferentes giros de negocios propiedad de individuos, fenómeno conocido como el cuentapropismo.

El sistema de salud
El Sistema cubano para dar servicios de salud a sus habitantes ha recibido muchos elogios por ser gratuito. Cuba tiene un número más alto de doctores que casi cualquier otro país: 67.2 doctores por 100 habitantes. El promedio en el mundo es de menos de dos doctores por mil habitantes. Además, Cuba ofrece una clínica para los ojos en la que cualquier persona que lo necesite puede ser operada gratuitamente, incluyendo a personas de otros países latinoamericanos. Cuba también ofrece becas para estudiar medicina en la isla.

La libreta de racionamiento
Cada familia recibe gratuitamente cupones que pueden intercambiar en tiendas asignadas. Con estos cupones los cubanos pueden adquirir productos básicos como huevos, pollo, pan, granos, azúcar y aceite. Sin embargo, a veces se sufre de desabastecimiento y puede ser necesario comprar estos productos en tiendas que los venden a precios determinados por el mercado.

El español de Cuba

La fonética
Hay una tendencia a alargar las vocales tendencia a no pronunciar la "d" o la "n" al final. Tendencia a asimilar la "r" (hacerla desaparecer) en otras consonantes. Por ejemplo, pronunciar [kob.'ba.ta] en vez de 'corbata'

La gramática
Tendencia al no invertir el orden de sujeto-verbo en preguntas: ¿qué tú quieres?
Tendencia a usar el pronombre personal aun cuando no es necesario: ¿tú te quedas o tú te vas?
Uso frecuente del diminutivo en -ic-, por ejemplo, gatico.

Las palabras
Algunos ejemplos de variedades léxicas de Cuba y de expresiones idiomáticas son los siguientes (muchas de influencia africana):

arroz con mango: confusión
bofe: pesado, antipático
caña: peso (dinero)
guagua: autobús
fajada: pelea
féferes: baratija
hacer botella: hacer autostop

Fuentes: Centro Visual Cervantes, RAE, ecured.cu

Antes de leer

¿Estás de acuerdo con las siguientes afirmaciones? Trabaja con un compañero y expliquen por qué están de acuerdo o por qué no.

o   Los jóvenes en los países hispanos usan la tecnología de manera similar a la de los Estados Unidos.
o   Los videojuegos son tan populares en los países hispanos como en los EE. UU.
o   Facebook es más popular en Latinoamérica que en los EE. UU.
o   La tecnología ha modificado varios aspectos de mi vida.

CAMBIOS EN LA SOCIEDAD

La especie humana apareció en el planeta hace más de cinco millones de años. Hace unos 50 000 años el *Homo Sapiens* comenzó a crear asentamientos con más frecuencia, dejando de ser nómadas. Este cambio se produjo gracias al invento de herramientas que les permitieron construir viviendas y cultivar algunos alimentos. El estudio de la historia de la especie se divide en épocas determinadas por el uso de ciertas herramientas o tecnología. Por ejemplo, la Edad de piedra y la Edad del Bronce. Aproximadamente en el año 1000 AC -hace unos tres mil años- comenzó la Edad del Hierro. Así, a pesar de una historia de más de 50 000 años en el planeta, es en los últimos tres mil años que la tecnología se acelera de tal manera que nuestros abuelos habrían considerado el mundo de hoy como el argumento de un libro de ciencia ficción. Por dar un ejemplo, dentro de una misma generación, la llamada Generación X, se pasó de comunicarse por teléfonos de cable a teléfonos celulares; de cartas escritas en papel y telegramas a mensajes electrónicos y textos; de televisiones en blanco y negro a televisiones en tercera dimensión; de buscar información en enciclopedias impresas a tener el Internet; de escribir en máquinas de escribir a crear documentos en procesadores de palabras; de revelar rollos de fotografías a usar cámaras digitales... todo esto en menos de 30 años. Basta ver la tabla de abajo para que un joven confirme que muchas de las tecnologías innovadores de sus padres son ahora arcaicas. La velocidad a la que ocurren estos cambios no se había dado nunca antes.

Año	Invento
1974	Se comercializan en masa los hornos de microondas (inventados más de veinte años antes).
1983	Se lanza el CD como una nueva manera de grabar y difundir música.
1989	Tim Berners inventa la Red Mundial (World Wide Web)
1994	Científicos israelíes inventan VoIP para enviar llamadas telefónicas mediante el Internet.
1995	Surge la primera estación de radio en Internet. Transmisiones por demanda.
1995	Aparece *ebay* y se impulsa el comercio a través del internet.
2001	Apple comercializa el *iPod* a la música en *MP3*
2001	Aparece Wikipedia (fundada por Larry Sanger y Jimmy Wales.).
2001	Aparecen los libros electrónicos.
2007	Amazon comercializa Kindle y los libros electrónicos.
2007	Aparecen las primeras pantallas sensibles al tacto.

Lo que no se sabe a ciencia cierta es cómo la tecnología ha cambiado la manera de ser de nuestra especie, con la excepción de diferencias que típicamente se explican como brechas generacionales. Por ejemplo, se ha hecho evidente que las nuevas generaciones no pueden mantener la atención por más de unos minutos. Esa es una diferencia muy pequeña si consideramos que en la actualidad se está experimentando con la genética para que los padres decidan muchas de las características de sus hijos. Si estos estudios tenían como objetivo el suprimir los genes que traen enfermedades, también es cierto que tal tecnología podría utilizarse para hacer otro tipo de selección: ¿Quieren tener un niño, o prefieren que sea niña? ¿Desean que tenga los ojos azules y la piel blanca? Más allá de esa tecnología que podría afectar el futuro de la especie, existen ya estudios que confirman que la tecnología cambia ya el cerebro humano, día a día. Un ejemplo de esto se encuentra en un estudio realizado en Harvard. En este estudio se hicieron tres grupos de personas a las que se les pidió pasar varias horas cada día (durante una semana) en una habitación con un piano. Ninguno de los sujetos participantes sabía tocar el piano. A uno de los grupos se le dieron lecciones de piano diariamente. A un segundo grupo se le pidió que imaginara hacer los ejercicios de piano, y al tercer grupo no se le pidió nada ni le dieron lecciones, pero pasó la misma cantidad de tiempo en la habitación. Después de una semana, no se encontró ningún cambio en el cerebro de los participantes del tercer grupo, pero se encontraron cambios en la estructura cerebral de los otros dos grupos: los que participaron y los que se imaginaron participar en los ejercicios para tocar el piano.

Imaginémonos ahora los cambios que se efectúan en un cerebro tras años de hacer una actividad como jugar videojuegos, o pensemos en los cambios ocasionados por medicinas y químicos que ahora se consumen en masa. La tecnología que los humanos han creado está cambiando la esencia de la especie humana, y es imposible predecir a dónde nos llevarán estos cambios.

Comprensión

1. ¿Cuáles son las tres o cuatro ideas más importantes de este artículo?
2. ¿Qué demuestra el ejemplo sobre el experimento en Harvard?
3. ¿Cuál crees que sea una buena conclusión para este artículo?

Conversación

1. ¿Qué tecnología es la más importante en tu vida diaria? ¿Por qué?
2. ¿Tus padres usaban esa tecnología? Si no la usaban, ¿qué hacían para resolver la misma necesidad?
3. ¿Crees que serías diferente si no tuvieras acceso a un teléfono celular y al Internet? Explica.
4. ¿Cuáles pueden ser las consecuencias de una sociedad en la que los padres pueden elegir todas las características genéticas de sus hijos?

ORTOGRAFÍA: LA <u>C</u>, LA <u>S</u> Y LA <u>Z</u>

En el español de Latinoamérica, en general, no hay diferencia en la pronunciación de la **c** (seguida por las vocales **e** o **i**), la **s** y la **z**. Por esta razón, la ortografía de palabras con este sonido puede ser difícil para algunos.

Las siguientes son algunas reglas que pueden ayudarte a distinguir cuándo se debe usar la c, la s o la z.

REGLAS PARA EL USO DE LA <u>C</u>

1. Se escriben con <u>C</u> los verbos que terminan en -cir, -ciar, -cer y -ducir.

Ejemplos: acariciar, aducir, agradecer, apreciar, decir, conducir, estremecer, hacer, negociar, producir, relucir, traducir, vaciar, zurcir

Excepciones: anestesiar, asir, ansiar, coser, lisiar, toser y ser.

2. Se escriben con <u>C</u> las palabras que terminan en -ancia(o) y -encía.

Ejemplos: cansancio, conciencia, constancia, decadencia, excelencia, extravagancia, insurgencia, fragancia,

Excepciones: ansia, hortensia.

3. Se escriben con <u>C</u> las palabras terminadas en -ción.

Ejemplos: admiración, bendición, composición, contaminación, sensación

4. Se escriben con <u>C</u> los diminutivos -cito, -ecito y -ecillo, siempre y cuando vengan de palabras sin S final.

Ejemplos: dulce: dulcecito; flor: florecita; pez – pececito.

5. Se escriben con <u>C</u> los sufijos -cida, -cido, -cidio.

Ejemplos: aparecido, homicida, genocidio.

6. Se escriben con <u>C</u> las palabras que finalizan en -cimiento.

Ejemplos: agradecimiento, enriquecimiento, establecimiento, nacimiento.

7. Se escriben con <u>C</u> las palabras que terminan en -acia, -icia(e)(o)

Ejemplos: bullicio, codicia, falacia, milicia, malicia.

Excepciones: Asia, eutanasia, gimnasio.

8. Se escribe con <u>C</u> la terminación -ces cuando pluraliza una palabra terminada en Z.

Ejemplos: lápiz: lápices; maíz-maíces, pez-peces.

9. Deben escribirse con C las formas de los verbos que terminan en -ceder, -cender, -cibir, y -citar, siempre y cuando no vengan de raíces con la letra S.

Ejemplos: anteceder, conceder, encender, percibir, recibir.

10. Deben escribirse con C los verbos terminados en -zar si la vocal que la sigue es la E.

Ejemplos: Analizar: analice; avergonzar: avergüence; cazar: cace.

REGLAS PARA EL USO DE LA S

1. Se escriben con S los gentilicios que terminan en -ense.

Ejemplos: canadiense, costarricense, nicaragüense.

2. Se escriben con S las palabras terminadas en -sivo o -siva.

Ejemplos: abrasivo, corrosivo, explosivo, intensivo, masivo.

3. Se escriben con S las palabras terminadas en -sión siempre y cuando procedan de palabras terminadas en -so, -sor, o -sivo.

Ejemplos: Agresor: agresivo; comprensión: comprensivo; persuasión: persuasivo; represión - represivo.

4. Se escriben con S todos los superlativos finalizados en -ísimo o -ísima.

Ejemplos: bellísima, intensísimo, tristísimo.

5. Se escriben con S las palabras terminadas en -oso(a) y en -ismo.

Ejemplos: Altruismo, atletismo, bondadoso, dadivosa, espiritismo, sabroso, perezosa, maravilloso, grandioso.

6. Se debe escribir con S las palabras terminadas en -esca(o).

Ejemplos: grotesca, dantesca, burlesco, gigantesco, pintoresco.

7. Si el pronombre SE es parte de una conjugación, se conserva la grafía S.

Ejemplos: márchese, llevarse.

8. Se escriben con S las conjugaciones de los verbos en el modo subjuntivo del pretérito imperfecto.

Ejemplos: Amase; conociesen, supiese.

9. Se escriben con S las conjugaciones del verbo auxiliar HABER (subjuntivo).

Ejemplos: hubiese querido.

10. Se escriben con S las terminaciones -esta, -esto e -ista.

Ejemplos: artista, feminista, fiesta, floresta, machista.

11. Se escriben con S las palabras terminadas en -ersa(o), y -erse.

Ejemplos: adverso, converso, inverso, perversa, verse.

REGLAS PARA EL USO DE LA Z

1. Deben escribirse con Z las palabras terminadas en -anza(o) y -azgo.

Ejemplos: adivinanza, danza, hallazgo, liderazgo, mudanza, panza.

Excepciones: gansa/o, mansa/o.

2. Los sufijos -ez, -eza, -az, y -oz se escriben con Z.

Ejemplos: atroz, belleza, fugaz, paz, torpeza, voraz.

3. Se escriben con Z los sufijos -azo(a) que denotan exageración o golpe, sí como los sufijos -zuela(o) que denotan desprecio.

Ejemplos: carrazo, codazo, ladronzuelo, portezuela, puertazo, mujeraza

4. Se escriben también con Z los patronímicos -ez, -oz y -az, de los nombres patronímicos.

Ejemplos: Méndez, Ramírez, Ordaz

5. Si un verbo termina en -zar, su conjugación se escribe con Z delante de las vocales a, y o.

Ejemplos: Analizar: analizo

aterrorizar: aterrorizan;

escandalizar: escandalizamos

6. Se escriben con Z las palabras terminadas en -izo(a).

Ejemplos: enfermizo, mestizo, movediza.

Cómo evitar el plagio y dar créditos

Plagio… esa palabra que pone a temblar a los editores de un libro, que preocupa tanto a los profesores como a los estudiantes. ¿Qué es exactamente un plagio? En general, el plagio se define en los diccionarios como el acto de tomar las palabras o la obra de otra persona, y presentarlas como si fueran las de uno. En esta definición parecería que el plagio es una acción completamente intencional, pero la realidad es que puede ocurrir por accidente. Por lo mismo, es importante aclarar cómo se puede evitar. La clave está en dar crédito a los autores de la idea original. Aquí presentamos tres maneras de evitar el plagio involuntario

1) Citas textuales

Es cuando usas parte de un texto escrito por alguien más, palabra por palabra. Cuando uses una cita textual, usa comillas. Si la cita es de más de un par de renglones, probablemente tendrás que cambiar el formato (reducir márgenes y el espacio entre líneas), según el formato que decidas usar.

Las citas textuales no son para hacer un resumen, sino para apoyar lo que has dicho en tu texto, como una prueba que apoya lo que has escrito. **¡Atención!** Cambiar una o dos palabras no lo hace tu texto, así que es mejor dejar el original y darle crédito a su autor.

Para indicar que estás usando una cita textual breve, debes mencionarlo antes de la cita. Por ejemplo: Como dice Julio Cortázar, "Andábamos sin buscarnos pero sabiendo que andábamos para encontrarnos". (*Rayuela*, 1963)

2) Parafrasear

Muchas veces es más conveniente explicar lo que dicen otros autores en nuestras propias palabras. Este formato da más flexibilidad y además nos permite usar un registro apropiado a nuestro público, independientemente del registro de la fuente original. Parafrasear también nos permite apoyar nuestras ideas usando evidencia de otros autores o hacer un resumen de un texto, explicando las ideas principales. Cuando uses este método, también debes mencionar al autor original antes de la cita. Por ejemplo, en un ensayo en el que se está discutiendo el sentido de la vida: Pienso que cada ser humano debe decidir sus propias metas, pero, como decía el gran escritor argentino Julio Cortázar, es posible que vayamos por el mundo sin darnos cuenta de que nuestra gran meta es encontrarnos.

3) Imágenes

El plagio no está limitado a la palabra escrita, puede darse en fotografías, logotipos, videos, música, videojuegos, etcétera. Aunque hay imágenes y textos en el dominio público o cuyos derechos de autor se han cedido, nunca está de más darle crédito a los autores originales.

4) Al compartir tus creaciones en Internet
Así como debemos darles crédito a los autores cuyas ideas usemos, podemos ayudar a otros a citar nuestro trabajo, o darles permiso para modificarlo. Si quieres aprender más sobre este tema, visita la página en español de Creative Commons (https://creativecommons.org/licenses/?lang=es_ES) y los tipos de licencia que existen.

Cultura, idioma y traducciones

Cualquiera que sea tu trabajo, si te contratan por ser bilingüe, es muy posible que tengas que traducir o interpretar. Hacerlo de manera correcta es complejo y las computadoras son incapaces de hacer una traducción correcta a no ser que sea una idea extremadamente sencilla. Tanto los traductores e intérpretes deben incorporar sus conocimientos sobre las culturas en las que se usa un idioma, y no es poco el tiempo que pasa un traductor investigando la cultura para así conseguir la traducción más acertada.

Una consideración importante al cambiar un texto de un idioma a otro es que no se debe traducir palabra por palabra. Muchas veces existe una expresión equivalente que significa lo mismo y que no tiene nada que ver con la original, como es el caso de las expresiones idiomáticas. Como puede verse en este ejemplo:

> *To cut through the chase* → Ir al grano

A practicar

a) Expresiones idiomáticas ¿Cómo se traducen las siguientes expresiones?

Inglés → español

1. Right now she is between a rock and a hard place.
2. That noise is driving me up the wall.
3. It's raining cats and dogs!
4. I am feeling under the weather.
5. This translation is a piece of cake.

Español → inglés

6. ¿Me estás tomando el pelo?
7. A caballo regalado no se le ve el colmillo.
8. Para su fiesta de quince años tiraron la casa por la ventana.
9. Esa familia tiene más lana que un borrego.
10. Mercedes volvió a meter la pata con sus indiscreciones.

b) Traducir una plática Trabaja con un compañero. Cada uno de ustedes va a elegir una plática de *TedTalk* en inglés que les resulte interesante (o un video de YouTube con un contenido relevante), y lo/la van a traducir al español simultáneamente para su compañero. Pueden hacer todas las pausas que necesiten. Hagan una grabación de su interpretación para después poder analizar cuáles fueron las dificultades.

El español en el mundo de la tecnología

¡Sí hay una palabra para decirlo en español!

En los últimos años, la Real Academia de la Lengua ha aceptado numerosos vocablos del campo de la tecnología y los ha adaptado a la ortografía del español. Además, está muy activa a través de las redes sociales, lista para responder las miles de preguntas de los usuarios. Aquí te actualizamos con la siguiente lista de vocablos aceptados por la RAE, la cual ha sorprendido a más de uno…

Palabra	Definición/ comentarios
Emoticono	Representación de una expresión facial (*emojis*).
Guasapear	Usar el *WhatsApp*.
Hacker	Pirata informático.
Internet	Esta palabra no es nueva, lo que llama la atención es que la RAE considere correcto tanto "la internet" como "el internet".
Meme	Imagen o video distorsionado, por lo general con fines caricaturescos, que se difunde a través de Internet.
Pantallazo	Captura de pantalla (*screenshot*).
Selfi	Una fotografía (autorretrato) que se difunde por redes sociales.
Tableta	Dispositivo electrónico portátil con pantalla táctil.
Tuitear/tuitero	Mensaje digital que se envía a través de la red social Twitter.
Viral	Un mensaje que se difunde con gran rapidez.

Sin embargo, todavía quedan muchas palabras que la Real Academia de la Lengua no ha reconocido, así que su uso se considera todavía como *espanglish*. Entre estas palabras estás las siguientes:

> facebookear
>
> guglear/googlear
>
> instagramear
>
> hashtag
>
> resetear

¿Qué palabras se pueden usar en vez de los vocablos de la lista anterior?

Por cierto, si tienes dudas sobra una palabra, no dudas en consultar a la RAE a través de sus cuentas en *Twitter* y en *Facebook*. Puede que no acepten muchas palabras del inglés relacionadas con la tecnología, pero no hay duda de que aprovechan estas herramientas.

Opiniones fundamentadas

En esta unidad has explorado el tema de la tecnología. Ahora es tu turno de escribir una composición dando tu opinión sobre alguno de los temas de la lista. ¡Atención! Una vez que elijas el tema del que quieres escribir, haz un plan. Recuerda que puedes argumentar a favor o en contra de las afirmaciones de la lista. Recuerda también que vas a necesitar los siguientes elementos:

- o Una introducción general
- o Una explicación de una perspectiva diferente a la tuya
- o Una explicación de tu opinión
- o Evidencia para apoyar tu opinión
- o Una conclusión
- o Citas, referencias, bibliografía

Lista de temas

- ✓ La tecnología está robándole empleos a los seres humanos y causará mucho daño a nuestras sociedades.
- ✓ Las redes sociales tienen más consecuencias que beneficios.
- ✓ Los efectos positivos del Internet sobrepasan con mucho a los efectos negativos.
- ✓ Debe fomentarse el comercio dentro de las comunidades en vez de usar el Internet para hacer compras.
- ✓ El uso de la tecnología ha causado problemas de salud como la epidemia de obesidad que hay en muchos países.
- ✓ El acoso entre jóvenes es ahora peor que el de generaciones anteriores debido al acoso cibernético.
- ✓ Las llamadas noticias falsas en realidad no causan muchos daños.

Silvio Rodríguez

Uno de los grandes embajadores cubanos después de la Revolución ha sido el cantautor Silvio Rodríguez (1946-…), uno de los máximos representantes de la Trova Cubana. Los orígenes de su familia fueron humildes: su padre era campesino y su madre peluquera. Cuando Silvio tenía apenas cinco años, su familia se mudó a la Habana, y al poco tiempo empezó a aprender a tocar el piano. Sus primeras composiciones datan de 1963. También aprendió a tocar la guitarra mientras hacía su servicio militar, en 1964. En 1967 tuvo su primera aparición en televisión. Su gran debut como intérprete ocurrió cuando tenía ya casi treinta años y había acumulado un gran repertorio de canciones. Fue en ese año, 1975, que Silvio grabó su primer disco, "Días y Flores".

Aunque a lo largo de su carrera Silvio Rodríguez ha experimentado con varias influencias musicales y ha colaborado con numerosos artistas, el tipo de música que lo lanzó a la fama fue la Trova Cubana, un tipo de música inspirada en la justicia social y en la Revolución Cubana. Sin embargo, las letras de sus canciones no pueden considerarse simplemente propaganda política, ya que tienen gran valor poético con sus elementos simbólicos y su elocuencia.

Silvio Rodríguez ha lanzado más de veinte álbumes, y muchas de sus canciones se conocen en toda Latinoamérica. Entre las más conocidas figuran sus canciones "El unicornio", "Mujeres", "Canción del elegido" y "Playa Girón", la cual fue una de las más de sesenta canciones que escribió inspirado en una experiencia como pescador. A continuación compartimos un fragmento de dos de estas canciones.

Playa Girón
Compañeros poetas tomando en cuenta
Los últimos sucesos en la poesía
Quisiera preguntar […]
Qué tipo de armonía
Se debe usar para hacer
La canción de este barco
Con hombres de poca niñez
Hombres y solamente
Hombres sobre cubierta
Hombres negros y rojos
Y azules los hombres
Que pueblan, la playa Girón

Canción del elegido
Me he dado cuenta
De que miento
Siempre he mentido

Siempre he mentido
He escrito tanta
Inútil cosa
Sin descubrirme
Sin dar conmigo […]
No sé si fue
Que mataste mi fe
En amores sin porvenir
Que no me queda ya
Ni un grano de sentir […]
Esta canción es más que una canción
Y un pretexto para sufrir
Y más que mi vivir
Y más que mi sentir
Esta canción es la necesidad
De agarrarme a la tierra al fin
De que te veas en mi
De que me vea en ti […]

El gran poeta uruguayo Mario Benedetti dijo de Silvio Rodríguez en alguna ocasión que es uno de los poetas más importantes de Latinoamérica, y hay quienes lo ha comparado con Bob Dylan. Independientemente de las ideas políticas de cualquier persona, Silvio Rodríguez es uno de los grandes músicos cubanos.

Curiosidades tecnológicas

¿Sabías que en español el nombre del signo @ se llama *arroba*?

En México hay más de 58 millones de usuarios de teléfonos inteligentes. Se calcula que en el año 2019 el número sea de 63 millones.

Las aplicaciones más descargadas en México

Android:
WhatsApp
Messenger
Facebook
Helix Jump
Messenger Lite
iOS:
YouTube
Instagram
Gmail
Spotify Music
Netflix

¿Crees que estos resultados se asemejan a los de las aplicaciones más usadas en los Estados Unidos? Investiga los resultados y explica las diferencias.

Curiosidades relacionadas con la tecnología

La palabra robot viene del idioma checo, de la palabra *robota*, la cual se traduce al inglés como "trabajo forzado" o "servidumbre". La palabra fue utilizada por primera vez en 1920 por el escritor checo Karel Capek (*Fuente: Revista Muy Interesante*).

*

Las primeras cámaras que existieron en el mundo tardaban hasta ocho horas para tomar una fotografía... era un adelanto sobre los días o meses que las personas debían posar para que les hicieran un retrato.

*

El síndrome conocido como "vibración fantasma" se refiere al fenómeno de sentir que tu teléfono inteligente vibra cuando en realidad no ha habido ninguna vibración... ¿lo has sentido?

Ciudades inteligentes

De acuerdo con *Wikipedia*, una ciudad inteligente es aquella que usa información recabada electrónicamente para usar sus recursos con mayor eficiencia.

Según un estudio de *IESE Busssiness School*, España tiene siete ciudades entre las 50 más inteligentes del mundo:

Barcelona
Madrid
Valencia
Coruña
Bilbao
Sevilla
Málaga

Según la lista de *CEOMagazine*, entre las 100 ciudades más inteligentes aparecen la Ciudad de Panamá, Santiago de Chile, Buenos Aires y la Ciudad de México.

Los primeros 10 puestos son para Londres, Nueva York, Seúl, París, Ámsterdam, Viena, Tokio, Ginebra, Singapur y Múnich.

Fuente: Universia España, CEO Magazine

Las siguientes fotografías han circulado por varias redes sociales (desafortunadamente circulan sin créditos). Observa las "traducciones" y explica cómo surgió (probablemente) el error. Después corrígelas y elige la mejor opción para las traducciones de títulos de películas.

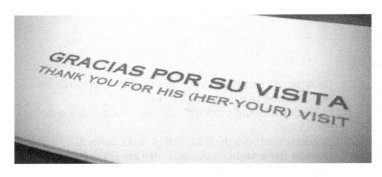

Traducciones de títulos de películas:

Título Original: *The Pacifier*
En Latinoamérica: Niñera a prueba de balas
En España: Un canguro super duro

Título Original: *Ice Princess*
En Latinoamérica: Sueños sobre hielo
En España: Soñando, soñando... triunfé patinando

Título Original: *Beetlejuice*
En Latinoamérica: Beetlejuice
En España: Bitelchús.

UNIDAD 8
Las finanzas y la economía

Contenido y objetivos

o   Expresarse con precisión sobre temas relacionados con las finanzas

o   Mejorar el uso del registro a través de mandatos apropiados

o   Preparar su *Curriculum Vitae* para usarlo profesionalmente

o   Discutir y analizar diferencias culturales en cuanto al mundo del trabajo

Antes de leer

¿Por qué se recomienda siempre ahorrar un porcentaje del sueldo? ¿Qué porcentaje se recomienda?

¿Qué circunstancias le pueden impedir a una persona ahorrar?

¿Cuál crees que sea la mejor forma de ahorrar?

¿Cómo piensas mantenerte cuando seas mayor y ya no puedas o quieras trabajar?

Protege tu patrimonio y construye tu futuro

Dependiendo de tu nacionalidad y la de tus padres, es posible que tus opciones para ahorrar y proteger tu patrimonio vayan más allá de las fronteras... o de tu colchón.

En particular, si eres mexicano, el IME (Instituto para los Mexicanos en el Exterior) ha creado un sitio web dedicado al patrimonio y a la economía familiar. En este sitio se puede aprender a abrir cuantas de ahorros y de cheques, ahorrar más y a administrar mejor su dinero. Por si fuera poco, hay también consejos acerca de cómo administrar mejor el dinero y hasta como renegociar deudas y establecer o reparar su crédito en los Estados Unidos. Los materiales fueron creados con el objetivo de empoderar a la población migrante y ayudarlos a tener éxito en las comunidades en las que residen, independientemente de su estatus migratorio.

Entre varias opciones, se ofrecen consejos de cómo realizar aportaciones voluntarias en su Afore y hasta cómo financiar la compra o la construcción de una casa en su comunidad de origen.

Afores

Se conoce como Afores a las entidades financieras que administran los recursos para la jubilación. Cualquier trabajador puede contar con este recurso, independientemente de si es asalariado o si trabaja por su cuenta.

Este sistema surgió en 1997 como una manera de involucrar a todos los trabajadores en su futuro económico. Hasta ese momento, los fondos de jubilación eran subsidiados por los trabajadores activos. Sin embargo, a medida que la población envejece, este sistema se vuelve insostenible. Se calcula que para el año 2050 un 25% de la población tendrá más de sesenta años, un porcentaje demasiado grande para que pueda ser subsidiado.

Los trabajadores asalariados básicamente aportan a su Afore como una prestación, ya que su empleador aporta el 5.15% del sueldo base, y el trabajador contribuye con otro 1.125%. Los trabajadores independientes hacen aportaciones voluntarias, dependiendo de sus posibilidades.

Los mexicanos no son los únicos que pueden planear su futuro en su país, o ayudar a sus familiares. Guatemala, por ejemplo, a través del banco Banrural ofrece una cuenta de ahorros que además de dar intereses facilita el envío de remesas y permite usar tarjetas de crédito y débito tanto en los Estados Unidos como en Guatemala. Los salvadoreños reciben servicios similares a través del Banco Agrícola, además de apoyar con planes para la jubilación y compra de vivienda en El Salvador. Muchas otras empresas facilitan los trámites de ahorro, inversión y envío de remesas a otros países. En particular, el envío de dinero a sus familiares en su país de origen es un negocio importante en Estados Unidos que mueve miles de millones de dólares. Los siguientes son algunos consejos por parte de la Conafor antes de decidir qué compañía usar para enviar remisas.

- Antes de enviar dinero investiga las diferentes opciones. El dinero que envías es producto de un gran esfuerzo y hay que cuidarlo, pero presta atención, porque el servicio más barato no es necesariamente la mejor opción.
- Compara el tipo de cambio que ofrecen. La diferencia puede hacer que el dinero que envíes se haga mucho menos.
- ¿Qué tan fácil será para los familiares retirar el dinero? ¿Deberán viajar o pagar una comisión?
- ¿Cuánto tiempo se necesita para completar la transacción? Con algunas compañías podría ser un día, con otras una semana o más.

En conclusión, para proteger el patrimonio de una persona y ahorrar para el futuro es fundamental educarse: buscar y comparar diversas opciones, para tomar decisiones bien pensadas, ya que pueden tener mucho peso en el futuro.

> **¿Sabías que el término de "banco" nació durante la Edad Media?**
>
> En ese entonces, en Italia, las personas que vivían de prestar dinero (¡o semillas!) se instalaban en los bancos de lugares públicos, por lo que la palabra comenzó a utilizarse como sinónimo de un servicio de préstamo.
>
> Fuente: Condusef

Fuentes: Comisión Nacional para la Protección y Defensa de los Usuarios de Servicios Financieros www.gob.mx/condusef/articulos, www.occ.com.mx

Comprensión

a) **¿Cierto o falso?** Decide si las siguientes afirmaciones son ciertas o falsas según el texto. Corrige las afirmaciones incorrectas.

1. Varios países han creado herramientas para ayudar a los migrantes a manejar su dinero.

2. Las afores son cuentas de banco.

3. El objetivo de las afores es prepararse para la jubilación.

4. Los trabajadores asalariados son los únicos que pueden tener afores.

5. Las personas que trabajen por su cuenta deben contribuir con el 1.125% de su sueldo.

6. Una forma de cuidar el patrimonio de los migrantes es investigar la mejor forma de enviar remesas a sus familiares.

b) **Conversación** Habla con uno o dos compañeros sobre las siguientes preguntas.

1. ¿Cuál es el equivalente a las afores en los Estados Unidos?

2. ¿Qué trabajos (en los Estados Unidos) todavía ofrecen pensiones?

3. ¿Qué otras maneras hay de prepararse para el futuro?

4. En tu opinión, ¿sabes lo suficiente sobre las finanzas? ¿Dónde o cómo has aprendido lo que sabes?

5. Si quisieras empezar tu propio negocio, ¿cuáles serían los primeros pasos?

Vocabulario básico

El empleo

el aguinaldo
la bolsa de trabajo
el bono
el (la) cliente
el contrato
el Curriculum Vitae
el desempleo
la empresa
el (la) gerente
las horas extra
la jubilación
la junta
los negocios
la pensión
las prestaciones
el puesto
los requisitos
la solicitud de trabajo
el sueldo
la tarjeta de presentación
la tasa
el trabajo de tiempo completo
el trabajo de tiempo parcial

Las finanzas

el billete
la bolsa de valores
la caja
el cajero
el cajero automático
el cambio
el cambio de moneda extranjera
la chequera
la comisión
la cuenta
la cuenta corriente
la cuenta de ahorros
el depósito
la deuda
el dinero
el efectivo
las ganancias
la hipoteca
los intereses
la moneda
el pago
por ciento
porcentaje
el préstamo
el presupuesto

el recibo
las remesas
la tarjeta de crédito
la tarjeta de débito
la transferencia

Verbos

ahorrar
cargar
cambiar (moneda)
cobrar
contratar
depositar
despedir
disminuir
endeudarse
firmar
hacer fila/cola
invertir
jubilarse
pagar
pagar a plazos
retirar
renunciar
solicitar
transferir

A practicar

Verbos	Sustantivo	Adjetivo/participio
pagar		
despedir		
	depósito	
ahorrar		
	pensión	
		jubilado

A practicar

a) La palabra lógica Completa con una palabra lógica del vocabulario. ¡Atención! Es posible que necesites usar artículos y modificar las palabras (por ejemplo, conjugar los verbos).

1. En el banco puedo abrir _____ y recibir intereses.

2. Mi esposo y yo pedimos _____ al banco para comprar una casa.

3. Estoy buscando trabajo, por eso actualicé mi _____.

4. _____ en la bolsa de valores puede ser arriesgado.

5. ¿Tu trabajo ofrece buenas _____? --Sí, tengo vacaciones pagadas y seguro de salud.

6. Hoy en día la _____ de desempleo es altísima.

7. Hay pocos _____ de trabajo disponibles para una persona sin educación.

8. Yo siempre _____ el diez por ciento de mi sueldo.

b) ¿Cómo se dice? Trabaja con un compañero para traducir las siguientes oraciones.

1. [*Paying at a store*] Can you break a twenty? _____

2. Do you have any change? I don't have any small bills. _____

3. I went to the bank and the line was very long. _____

4. We have to pay the bills today or we will get charged interests. _____

5. I plan to retire at age 65 but I am not saving enough. _____

6. The ATM was broken! I wasn't able to withdraw funds. _____

c) Conversación Trabajen en grupos para conversar sobre sus respuestas a las preguntas.

Las finanzas

1. ¿Usas los servicios de un banco? ¿Qué servicios usas? ¿Con qué frecuencia vas? ¿Usas los cajeros automáticos? ¿Por qué?

2. En tu opinión, ¿es mejor usar efectivo o tarjetas de crédito o débito? Explica por qué.

3. ¿Cuánto cuesta usar los diferentes servicios de un banco? ¿Es un banco la mejor manera de enviar remesas?

El empleo

1. ¿Piensas que en Estados Unidos se trabaja más que en otros países? ¿En qué basas tu respuesta?

2. ¿Se puede vivir con el salario mínimo?

3. ¿Qué prestaciones consideras muy importantes a la hora de conseguir un trabajo de tiempo completo?

a) Diferencias Explica las diferencias y semejanzas entre las siguientes palabras.

1. cuenta corriente   cuenta de ahorros
2. renunciar   despedir
3. prestaciones   aguinaldo
4. tiempo completo   tiempo parcial
5. solicitud de trabajo   *Curriculum Vitae*
6. por ciento   porcentaje
7. ahorrar   endeudarse
8. el efectivo   el cambio
9. cobrar   cargar
10. tarjeta de débito   tarjeta de crédito

b) En bancarrota Imagina que tienes dos amigos que no entienden nada de finanzas: Gastan todo su sueldo de inmediato y no les alcanza el dinero para el final del mes. Tampoco ahorran para imprevistos, piden dinero prestado frecuentemente y tienen sus tarjetas de crédito al máximo.
Dales al menos seis consejos para mejorar sus finanzas.

1.

2.

3.

4.

5.

6.

c) ¿Pensionado, jubilado o retirado? Aunque los términos **retirarse** y **retirado** existen en español, se usan de manera diferente al inglés. Investiga la diferencia entre las palabras jubilado, retirado y pensionado. Después escribe definiciones para cada una usando tus propias palabras.

1. jubilado _____

2. pensionado _____

3. retirado _____

El verbo *tener* y los calcos

El verbo tener se usa en muchos contextos diferentes en inglés, y por lo mismo es común utilizarlo excesivamente en español, cuando en realidad deberían emplearse otros verbos. Por ejemplo, observa la siguiente traducción:

> *I went to a restaurant and **I had** a hamburger for lunch.*
>
> Fui a un restaurante y ***yo tuve*** una hamburguesa para el almuerzo.

En la traducción anterior hay características típicas del español de los Estados Unidos que no se usan en el español general de otros países. El primero es el uso innecesario del pronombre _yo_. El segundo es el uso del verbo tener -un calco del inglés o una mala traducción-. Algunos verbos que pudieron haber sido empleados en esa traducción (en vez de tener) son **comer**, **pedir**, y **ordenar**.

En las siguientes oraciones deberás decidir si es uso del verbo tener es común en español, o si se trata de un calco. Si es un calco, escribe uno o dos verbos que serían más apropiados.

1. Mi esposo y yo tuvimos un bebé en la primavera. _____

2. Tuvimos un buen tiempo en la fiesta. _____

3. Por favor, tenga un asiento. _____

4. Creo que tuvo un ataque de nervios. _____

5. Vamos a tener a la familia Smith en casa unos días. _____

6. Para almorzar, quisiera tener sopa y ensalada. _____

7. Mi hijo está enfermo hoy y tiene fiebre. _____

8. Tiene sentimientos por ella. _____

El modo imperativo: Los mandatos

La siguiente es una conversación en una oficina. Léela con atención y después responde las preguntas.

Sra. López	[*por el intercomunicador*] Señorita Salas, por favor **venga** a mi oficina.
Srita. Salas	[*entrando a la oficina*]. Aquí estoy, licenciada. ¿En qué puedo servirle?
Sra. López	Por favor, **llame** a la compañía de publicidad y **cancele** la junta. Después **escríbale** un mensaje al licenciado Torres y **pídale** una copia de la factura de la que hablamos.
Srita. Salas	Sí, enseguida llamo y escribo el mensaje. ¿Se le ofrece algo más?
Sra. López	No, pero por favor no **pase** ninguna llamada esta tarde. Estoy muy ocupada.

¿Qué verbos están en negritas?

¿Qué función tienen? ¿Por qué crees que la conjugación sea diferente a la del presente?

Los mandatos (el modo imperativo)

Para decirle a alguien que haga algo (ordenar), se usa el modo imperativo. Aunque solamente se puede dar un mandato directo en el presente, la conjugación de los verbos no es la misma que el presente porque el contexto es diferente.

Observa también que solo existen las formas de tú, usted, ustedes, vosotros y nosotros. Esto es porque no se le puede ordenar a una persona a quien no se le está hablando en ese momento.

-AR		-ER		-IR	
Conjugación en presente	Mandato	Conjugación en presente	Mandato	Conjugación en presente	Mandato
yo bailo	--	yo como	--	yo vivo	-
tú bail**as**	bail**a**	tú com**es**	com**e**	tú viv**es**	viv**e**
usted bail**a**	bail**e**	usted com**e**	com**a**	usted viv**e**	viv**a**
él/ella bail**a**	--	él/ella com**e**	--	él/ella viv**e**	--
nosotros bail**amos**	bail**emos**	nosotros com**emos**	com**amos**	nosotros viv**imos**	viv**amos**
ustedes bail**an**	bail**en**	ustedes com**en**	com**an**	ustedes viv**en**	viv**an**
vosotros bail**áis**	bail**ad**	vosotros com**éis**	com**ed**	vosotros viv**ís**	viv**id**
ellos bail**an**	--	ellos com**en**	--	ellos viv**en**	--

Trabaja con un compañero(a) para **identificar las reglas**. ¿Cómo se convierte un verbo regular en un mandato?

Las siguientes son las reglas para convertir un verbo en presente a un mandato:

Mandatos formales y plurales (usted, nosotros, ustedes, ellos)

1. Conjugar los verbos **-ar** como si fueran **-er** y viceversa. No se usan los pronombres personales (yo, tú, etc).

> usted escrib**e** → escrib**a**
>
> usted escuch**a**→ escuch**e**
>
> ustedes abr**en** → abr**an**
>
> nosotros firm**a**mos → firm**e**mos

2. Si el verbo es irregular en la forma de **yo** en el presente, se debe usar esa raíz para los mandatos:

> yo **teng**o → tenga, tengan, tengamos
>
> yo **pong**o → ponga, pongan, pongamos

3. Los verbos que acaban en **-car**, **-gar** y **-zar** requieren cambios ortográficos.

> usted busca → bus**que**
>
> usted llega → lle**gue**
>
> usted empieza → empie**ce**

4. Los siguientes verbos son irregulares:

dar	dé, den, demos
estar	esté, estén, estemos
ir	vaya, vayan, vayamos
saber	sepa, sepan, sepamos
ser	sea, sean, seamos

Mandatos informales

1. Si el mandato es afirmativo se quita la "s" final de la conjugación:

> tú escribes → escribe
>
> tú escuchas→ escucha
>
> tú abres → abre

2. Si el mandato es negativo, sigue las mismas reglas de los mandatos formales: cambia la vocal.

tú escribes → no escrib**as**

tú escucha→ no escuch**es**

tú abres → no abr**as**

tú firmas → no firm**es**

3. Los siguientes verbos son irregulares:

decir	**di**	salir	**sal**
hacer	**haz**	ver	**sé**
ir	**ve**	tener	**ten**
poner	**pon**	venir	**ven**

4. Cuando un verbo requiere un pronombre, como en el caso de los verbos reflexivos, el pronombre pasa a formar parte del verbo si es un mandato positivo. Si es un mandato negativo los pronombres van antes del verbo.

levántate	no te levantes
báñese	no se bañe

5. Los pronombres de objeto directo e indirecto también pasan a ser parte del verbo en un mandato positivo. Recuerda añadir acentos cuando sean necesarios.

Deposite el cheque → deposítelo/ no lo deposite

Lleve el cheque a la cajera → lléveselo/ no se lo lleve

Mandatos para nosotros

Las reglas son las mismas, excepto que no hay cambio en el radical para verbos -*ar* y -*er*. El cambio existe solamente para los verbos -ir, y es igual al cambio en el pretérito.

Infinitivo	Presente	Mandato
cerrar	cerramos	cerremos
volver	volvemos	volvamos
pedir	pedimos	pidamos
dormir	dormimos	durmamos

¡Atención!

a) En mandatos a los que se les agrega un pronombre, es posible que se requiera duplicar la "n":

Traigan el pedido (a nosotros) → Tráigannoslo.

En el ejemplo anterior, su hubiera una sola **_n_**, el mandato estaría dirigido a una persona (usted).

b) Si el mandato termina en "s" antes de agregar el pronombre, la "s" se elimina:

Levantemos → Levantémonos

A practicar

a) Aplica las reglas Completa la tabla con los mandatos para los siguientes verbos.

	Tú (sí)	Tú (no)	Usted	nosotros
firmar				
pagar				
pedir				
cobrar				
transferirse				
rechazar				
mudarse				

b) La bitácora Imaginen que están escribiendo una bitácora para dar consejos a personas con problemas. Elijan uno de los siguientes problemas y escriban al menos seis consejos lógicos. Usen mandatos **formales** y verbos diferentes para cada mandato.

1. Odio mi trabajo pero pagan muy bien.

2. Quiero ahorrar para comprar una casa, pero no tengo un sueldo muy alto.

3. Tengo cuatro tarjetas de crédito y todas están al máximo de mi línea de crédito.

4. Me gusta un compañero de trabajo y creo que yo también le gusto, pero no están permitidas las relaciones en la oficina.

c) Situaciones: buscando trabajo Imagina que tu mejor amigo está buscando trabajo. Trabaja con un compañero para darle ocho recomendaciones lógicas. Usen mandatos **informales**. Las últimas tres deben ser negativas.

1.

2.

3.

4.

5.

6. No…

7. No…

8. No…

d) Situaciones: la entrevista Ahora imagina que tu amigo consiguió una entrevista para un buen trabajo. Dale cuatro consejos de lo que debe hacer y de lo que no debe hacer antes, durante y después de la entrevista.

sí	no

e) Empleados bilingües Imagina que te contrataron para ayudar a traducir para varios especialistas en circunstancias diferentes. Trabaja con un compañero y túrnense para ser el traductor.

1. En la oficina de un dentista (mandatos formales)

1. take a seat
2. put on these protective glasses
3. open your mouth
4. stick your tongue out and move it around
5. close your mouth
6. tell me if you feel discomfort
7. rinse your mouth
8. brush your teeth

2. Traduciendo para la policía (prueba de alcohol)

1. keep your feet together
2. stay still with your head straight
3. remove your glasses
4. follow the tip of my finger with your eyes
5. look straitght at me
6. listen to all my explanations carefully
7. put your right foot in front of left foot, with the heel touching the toes of the other foot.
8. keep your hands at your sides.
9. don't move until I tell you.
10. take nine heel-to-toe steps.
11. count each step out loud, looking at your feet.
12. stand on one foot until I tell you

3. Asistente de educación en una escuela primaria (mandatos de *ustedes*).

1. sit down and take your seats. Keep quiet.

2. take your books out but don't open them yet.

3. listen to your teacher and pay attention

4. write the words that you hear

5. ask if you have questions

6. ask for permission if you need to leave the classroom.

7. find out if your parents can come and speak to the class

8. read silently

9. let's start the lesson now

10. don't fight with each other

11. fill in this form

12. do not copy from the book

Openclipart. Author: Pietluk

4. Agente de seguridad (en el aeropuerto)

1. put your suitcase on the belt

2. take out your computer

3. take off your belt and your jacket

4. empty your pockets

5. wait here until I tell you

6. place your shoes in a bin

7. don't bring any knifes

8. stand still until with your hands up

9. hurry up, you are holding up the line

10. bring your things and come with me

Open clipart. Author: Jean_Victor_Balin

Los pueblos mágicos de México

En México se conoce como Pueblos Mágicos a más de 100 pueblitos que cumplen con una serie de categorías exigidas por la Secretaría de Turismo de México. La designación de Pueblo Mágico es importante porque garantiza una inversión económica considerable en estas comunidades, y ayuda a atraer turismo nacional e internacional. La definición de lo que debe ser un Pueblo Mágico la da la misma Secretaría de Turismo:

"Un Pueblo Mágico es una localidad que tiene atributos simbólicos, leyendas, historia, hechos trascendentes, cotidianidad, en fin, magia que te emanan en cada una de sus manifestaciones socioculturales, y que significan hoy día una gran oportunidad para el aprovechamiento turístico."

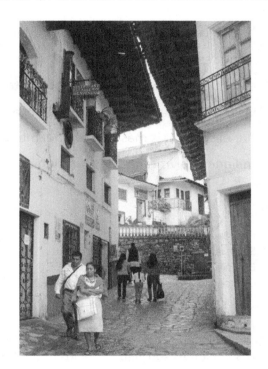

Los pueblos mágicos deben haber conservado gran parte de su arquitectura original, así como de sus tradiciones y su cultura. El objetivo detrás de la denominación de pueblo mágico es lograr la revaloración de comunidades del país que forman parte del "imaginario colectivo de la nación", lo que se traduce en nuevas alternativas para atraer turismo. Los requisitos para convertirse en un Pueblo Mágico son muchos, pero vale la pena intentarlo, porque al lograr convertirse en uno, se consigue un presupuesto considerable para obras públicas e inversión en la comunidad.

Cuetzalán, Pueblo Mágico
Foto: Cortesía de Gerardo Kloss

Este programa nació en el 2001 con un objetivo más simple: hacer que los visitantes a ciudades grandes tomaran el tiempo para visitar pueblos cercanos. Al principio había muy pocos Pueblos Mágicos, pero el interés por lograr la denominación fue creciendo. El programa no ha estado exento de polémica, y la lista de pueblos es cambiante: algunos pueblos entran y otros salen.

Según algunos especialistas, la denominación de "Pueblo Mágico" ha incrementado notablemente el turismo a algunos de estos pueblos. En el caso de Real de Catorce, un pueblo minero de San Luis Potosí, este incremento llegó a ser de hasta 1 300%.

Izamal, Yucatán.
Foto: Cortesía de Gerardo Kloss.

Además de los Pueblos Mágicos, es bien sabido que México ofrece un gran número de destinos turísticos, entre los que se incluyen diez ciudades consideradas Patrimonio de la Humanidad por la UNESCO, así como cientos de hermosas playas y complejos arqueológicos, y ciudades coloniales de prestigio internacional. Es por ello que México atrae a un importante número de visitantes cada año. De hecho, en el año 2018 México fue el sexto país más visitado del mundo, con casi 40 millones de visitantes internacionales.

Sin Cristóbal de las Casas..
Crédito: Unsplashed @erik_aquino

Fuentes:
Secretaría de Turismo, El economista.
BBC Mundo.
Qué son los "Pueblos Mágicos" y por qué todos desean serlo, por Alberto Nájar

A investigar

Los siguientes son algunos de los requisitos que se piden en México en la solicitud para ser considerado como "Pueblo Mágico". Busca e investiga un lugar "mágico" de otro país de habla hispana y explica por qué merece el título de "Pueblo Mágico" y da información sobre cada uno de los tres requisitos que se listan enseguida.

1. Tener un elemento natural o cultural único que diferencia a la comunidad de otras.

2. Presentar un inventario de recursos y atractivos turísticos, al igual que los que pueden ser declarados monumentos históricos.

3. Presentar Información sobre las vías de acceso y cercanía a una ciudad principal.

Los días feriados en Hispanoamérica

Son muchos los elementos culturales que los países hispanoamericanos comparten, además del idioma. Entre ellos se cuentan algunas fiestas, sobre todo de origen religioso, como la Navidad y la Pascua (la cual se celebra en la mayoría de estos países, pero no en todos). Sin embargo, además de las semejanzas en algunas tradiciones, encontramos también diferencias evidentes en el número y el tipo de días feriados que se observan en cada uno de estos países.

Cada nación hispanoamericana celebra su Independencia con un día feriado, el cual coincide para algunos países simplemente porque se liberaron de la colonia española al mismo tiempo. Las fechas pueden verse en la tabla que se presenta en la siguiente página.

En general, las siguientes fechas son feriadas en todos los países hispanos:

El Año Nuevo (1^{ero} de enero)

La Semana Santa (marzo/abril)

El Día del Trabajo (1^{ero} de mayo)

La Nochebuena y la Navidad (24-25 de diciembre).

Colombia es el país latinoamericano con más días feriados, con un total de 18, seguido de Argentina, con 16 y Chile con 15. México ocupa el último lugar en cuanto a días festivos en la región, pues solamente tiene 6 días feriados por año, lo cual lo convierte también en el país con menos días feriados en el mundo entero. España, por su parte, les ofrece a sus habitantes 14 días de fiesta.

En años recientes, muchos de los países de la región han adoptado la costumbre de cambiar los días feriados al lunes más cercano. Con ello se trata de evitar los llamados "puentes" para así fomentar la productividad. Se le conoce como "puente" a usar un día feriado que cae en martes o jueves como una manera de conseguir unas pequeñas vacaciones sin tener que pedirlas: Si el día feriado cae en martes, por ejemplo, se pide el lunes y se consigue tener cuatro días libres. Para muchos, esta es una manera de fomentar el turismo nacional, por lo que eliminarlos tiene un costo económico en el área del turismo.

Además de los días feriados, los trabajadores, por ley, deben recibir vacaciones. Una vez más, México queda hasta el final de la lista, ya que en este país la ley otorga solamente seis días de vacaciones al año. Sin embargo, en este país así como en Venezuela y Argentina, se aumentan días de vacaciones después de haber trabajado algunos años en una misma empresa. En México se ganan dos días extras de vacaciones entre el segundo y quinto año de trabajar en un mismo lugar. Los argentinos, en cambio, llegan a 21 días de vacaciones cuando cumplen cinco años de empleo en una misma empresa.

Como puede verse, en realidad son pocos los días feriados comunes en las naciones hispanas. Las tradiciones particulares a cada país contribuyen a crear culturas únicas. Uno de los ejemplos más conocidos en el mundo es la celebración del Día de los Muertos en todo México y partes de Centroamérica, pero hay muchas celebraciones más que vale la pena descubrir. La siguiente es una lista de cuatro tradiciones únicas de cuatro países diferentes.

La Noche de San Juan

San Juan es el patrón de Puerto Rico, y se le festeja durante el solsticio de verano, la noche del 23 de junio. La tradición de celebrar el solsticio no es única de Puerto Rico -es una tradición de origen pagano que se festeja en varios países del mundo. Sin embargo, las celebraciones de la isla Borinquen tienen rasgos muy particulares y con tradiciones divertidas.

Para empezar, las playas se llenan con una multitud que sigue tradiciones diversas, entre ellas el deshacerse de la mala suerte lanzándose al agua a la medianoche. Otros prefieren la purificación mediante el fuego, y caminan o saltan sobre una hoguera. Participar en la celebración es una buena razón para visitar Puerto Rico en el verano.

Día de la independencia en los países hispanoamericanos	
Argentina	25 de mayo
Bolivia	6 de agosto
Chile	18 de septiembre
Colombia	20 de julio
Costa Rica	15 de septiembre
Cuba	20 de mayo
Ecuador	10 de agosto
El Salvador	15 de septiembre
Guatemala	15 de septiembre
Honduras	15 de septiembre
México	16 de septiembre
Nicaragua	15 de septiembre
Panamá	28 de noviembre
Paraguay	14 y 15 de mayo
Perú	28 de julio
Puerto Rico	4 de julio
República Dominicana	27 de febrero
Uruguay	25 de agosto
Venezuela	5 de julio

Fiesta de la Candelaria

La fiesta de la Candelaria es una de las tradiciones culturales más importantes de esta región de Perú. En Puno, ubicado a orillas del lago Titikaka, la celebración comienza el 25 de enero, y continúa hasta el 8 de febrero. En los festejos participan muchos conjuntos de danzas folclóricas, así como bandas musicales. Esta festividad es considerada Patrimonio Cultural Inmaterial de la Humanidad (Unesco), y es un escaparate de muchas manifestaciones religiosas, artísticas y culturales de las culturas quechua y aymará, además de las manifestaciones mestizas. En uno de los eventos más importantes llegan a participar más de cien mil danzarines

El Carnaval de Oruro

En Oruro, Bolivia, a más de 3 700 metros sobre el nivel del mar, se celebra uno de los carnavales más reconocidos del mundo. El carnaval ocurre entre febrero y marzo de cada año, y también es reconocido como Patrimonio Cultural Inmaterial de la Humanidad debido a la increíble variedad de danzas que se pueden observar. De ellas, la más conocida es la de la Diablada, una tradición que combina tradiciones andinas con tradiciones católicas. La danza simboliza la marcha de un numeroso grupo de hombres y mujeres que visten disfraces muy vistosos, y que son dirigidos por el arcángel Gabriel, quien los lleva del infierno hacia el juicio (*Boliviaentusmanos.com*). Otra danza importante es la Morenaza, la cual representa el sufrimiento de los indígenas a manos de los colonizadores.

Escena del Carnaval de Cochabamba, en Bolivia. Foto: Luis Miguel Casas de la Peña.

El Carnaval de Negros y Blancos

Se trata de la fiesta más importante en la región sur de Colombia, y se celebra del 2 al 7 de enero. Como muchas otras fiestas de la región, tiene su origen en el sincretismo, es decir, la combinación de culturas diferentes, en este caso, se trata de la mezcla de las culturas del Amazonas, de la región de los Andes y de la cultura del Océano Pacífico. La celebración también se asocia con el día libre que tenían los esclavos durante la época colonial. Una de las páginas en el Internet para promover el turismo a Colombia define el corazón de la celebración como "la tolerancia y el respeto."

Este Carnaval también está incluido en la lista de Patrimonio Cultural Inmaterial de la Humanidad, y destacan, como parte de los festejos, unas figuras gigantes hechas por artesanos locales, las que son paseadas por la ciudad de Pasto, en los Andes colombianos. Otra de las tradiciones es que los participantes se pinten la cara de negro un día (5 de enero), y al otro de blanco (Día de negros y Día de blancos). El Carnaval también brinda la oportunidad de disfrutar de la gastronomía de esta región.

Como puede verse, la variedad de eventos que se festejan en Hispanoamérica es sorprendente.

Para comentar

1. ¿Qué otros eventos importantes de Hispanoamérica conoces?
2. ¿Cuántos días feriados hay en los Estados Unidos? ¿Cuántos días de vacaciones otorga la ley?
3. De la lista de días feriados que se observan en todos los países hispanos, ¿cuáles se festejan también en los Estados Unidos?

Fórmulas para escribir cartas

Prácticamente en cualquier trabajo existe la necesidad de escribir cartas o mensajes formales. Para escribir en español, hay fórmulas que se acostumbran y que son diferentes a las que se usan en inglés.

Fórmulas de cortesía para la carta formal

En una carta formal es muy importante mostrar **respeto** hacia el destinatario. Por lo mismo, recuerda siempre usar las formas de **usted**. También se debe utilizar la fórmula adecuada según la profesión y el género del destinatario.

Las fórmulas de cortesía más utilizadas

Todas estas fórmulas se pueden abreviar. Las abreviaturas para cartas formales son muy importantes y no se deben utilizar de forma incorrecta. Siempre que se conozca, se debe usar el apellido (o los apellidos) de la persona además de las fórmulas de cortesía. Cuando es una pareja debe tratarse como **Señor y señora** o **Señores y señoras**. A los diputados y a los senadores se les da el tratamiento de **Honorable**.

Cuando no sabemos quién es el destinatario se aconseja utilizar el cargo que ocupa, o bien, una de las siguientes fórmulas:

"A quien corresponda"
Estimado Señor o Estimada Señora

Las siguientes son otras fórmulas comunes para comenzar una carta:

Distinguido(a) señor(a):
Estimado(a) señor(a):
Respetable señor(a):

A practicar

Escribe una carta formal para uno de los siguientes casos.

a) Una carta pidiéndole acción a un Senador sobre un tema que te interese.

b) Una carta el presidente de tu escuela para sugerir cambios en algún servicio.

c) Una carta de interés para solicitar un puesto de trabajo.

Las siguientes son fórmulas para finalizar una carta:

Cordialmente se despide,
Cordialmente,
Atentamente,
Atentamente le saluda,
Aprovechamos para saludarle muy atentamente,
Un atento saludo,
Reciba un cordial saludo,
Sin otro particular por el momento se despide,
Un afectuoso saludo,

El artículo neutro

En unidades anteriores hemos explorado el uso de los artículos definidos (el, la, los, las) y de los artículos indefinidos (un, una, unos, unas). En español hay un tercer tipo de artículo: el artículo neutro .

artículos definidos	artículos indefinidos	artículo neutro
el, los	un, unos	lo
la, las	un, unas	

En general, el artículo neutro se usa para usar un adjetivo como si fuera un sustantivo.
Como se trata de un sustantivo abstracto, no tiene género ni número (femenino, masculino, o plural). Es posible usar el artículo neutro también con adverbios, preposiciones y con el pronombre relativo que, como se verá más adelante.

> Es **difícil** aprender español. [adjetivo]
>
> **Lo difícil** de aprender español es la ortografía. [sustantivo]
>
> Debemos disfrutar **lo bueno** de la vida. [sustantivo]
>
> Por favor, ven **lo** antes posible
>
> Lo **bueno** de este año fue que hice todo lo que quería. [adjetivo]

Si observas con atención el último ejemplo, se usa el artículo neutro dos veces. La segunda vez se usa con **que** para hacer referencia a una idea completa que incluye un verbo: todo lo que quería = la lista de acciones que quería realizar. Cuando se usa **lo que** es porque a continuación se usará un verbo, no un adjetivo.

> **Lo que me molesta** de mi trabajo es el horario.
>
> El desempleo es **lo que preocupa** a los gobernantes.

En un capítulo anterior aprendiste estas reglas sobre el uso de los artículos:
1. En inglés puedes empezar una oración con un sustantivo, en español el sustantivo necesita un artículo.
2. En español no se necesitan los artículos indefinidos al dar la profesión de una persona. Sin embargo, observa que si usas también un adjetivo para describir la profesión, entonces sí se necesita del artículo.
3. En español se requiere usar artículos definidos con los días de la semana, pero no uses la preposición "en", como se hace en inglés.
4. Los días de la semana se escriben con minúsculas. Observa también que necesitas usar el artículo definido antes de escuela, porque es un sustantivo específico.
5. Para decir la hora siempre se requiere el artículo definido femenino, en cualquier contexto.
6. El artículo definido se requiere también con los títulos de cualquier tipo. La única excepción es cuando uno se está dirigiendo a la persona.

A practicar

a) Traducciones Vas a traducir las siguientes oraciones prestando atención al uso de los artículos.

1. The best thing about my new job is that I only go from Thursday to Friday.

2. What bothers me about this city is the traffic

3. Marcela is a student. She likes classes that challenge her.

4. Would you please ask Ms. Smith to come as soon as she can?

5. The bad thing about this year is that I lost the job I had.

6. Unemployment is what should worry the government.

7. The most difficult thing about learning Spanish is spelling.

8. The beauty of Salamanca is its charm.

b) Opiniones Trabaja con un compañero y completen las siguientes oraciones con sus ideas.

1. Ahorrar es lo que…

2. Lo estresante de un trabajo es…

3. Jubilarse es lo que…

4. Lo bueno de ser estudiante es…

5. Lo que más me preocupa ahora…

6. Lo difícil de pedir un préstamo para estudiar…

El presente perfecto

Observa los siguientes pares de oraciones. ¿Hay alguna diferencia en el significado?

Ya **leí** todos los libros de Miguel de Cervantes Saavedra

He leído todos los libros de Ángeles Mastretta.

Viajé a la Isla de Pascua cuando era joven.
He viajado a la Isla de Pascua tres veces.

Anoche ustedes **estudiaron** hasta las dos de la mañana.
Esta semana ustedes **han estudiado** todos los días hasta las dos de la mañana.

El uso

El Presente Perfecto se usa para hablar de eventos que todavía pueden modificarse. Si no es posible una modificación, se usa el pretérito. En España se usa más frecuentemente que en Hispanoamérica, aún en casos en los que la acción está concluida (pero el hablante percibe el hecho como muy cercano).

Ejemplos   Esta semana **he tenido** tres exámenes (la semana aún no termina).

Esta semana **tuve** tres exámenes (la semana ya terminó).

Nunca **he viajado** a Europa (estoy vivo, esta condición se puede modificar)

Cervantes nunca **vivió** en el "Nuevo Mundo" (no se puede modificar, está muerto).

La forma

Como todos los tiempos "perfectos", consta de un **auxiliar** (haber) en presente, y de un **participio** (un verbo terminado en **–ado, -ido,** *(los verbos irregulares terminan en -to, -so, -cho)*.

Ejemplos	*VIVIR*		*BAILAR*	
Yo	he	vivido	he	bailado
Tú	has	vivido	has	bailado
Él/Ella/Ud.	ha	vivido	ha	bailado
Nosotros	hemos	vivido	hemos	bailado
Ustedes	han	vivido	han	bailado
Ellos	han	vivido	han	bailado

Verbos irregulares

Los verbos irregulares terminan en -to, -so o -cho. Usando tus conocimientos, escribe el participio de los siguientes verbos irregulares.

decir _____   escribir _____   hacer_____   imprimir _____

poner _____   resolver _____   satisfacer_____   volver _____

A practicar

a) **Ideas incompletas** Conjuga el verbo en paréntesis en el presente perfecto para completar las oraciones.

1. No _____ (hacer, yo) mi declaración de impuestos.

2. Mis amigos _____ (conseguir) buenos puestos de trabajo.

3. Este año _____ (ahorrar, nosotros) un poco.

4. Mi novia nunca _____(escribir) su Curriculum Vitae.

5. Las personas mayores de esta empresa no_____ (jubilarse) todavía.

6. La junta de los gerentes _____ (terminar) aún.

b) **En nuestra clase** Pregúntales a otros estudiantes si han hecho las actividades en la lista. Después repórtenle a la clase dando algunos detalles adicionales. (Asegúrate de pedir información adicional).

Modelo   Trabajar en un restaurante.

Estudiante 1: ¿ Has trabajado en un restaurante?

Estudiante 2: Sí, he trabajado en dos restaurantes italianos, pero por poco tiempo.

	NOMBRE	INFORMACIÓN ADICIONAL
1. Viajar a otro país	_____	_____
2. Conocer a una persona famosa	_____	_____
3. Tener un accidente	_____	_____
4. Recibir una multa	_____	_____
5. Renunciar a un trabajo	_____	_____
6. Escribir su Curriculum Vitae	_____	_____
7. Olvidarse de algo importante	_____	_____
8. Perder una tarjeta de crédito	_____	_____

c) **Conversación** Conversa con uno o dos compañeros con sus respuestas a las preguntas.

1. ¿Alguna vez han hecho propósitos de año nuevo? ¿Cuáles? ¿los cumplieron?

2. ¿Han visto alguna película recientemente? ¿Cuál? ¿La recomiendan?

3. ¿Han roto una amistad de muchos años? ¿Por qué?

5. ¿Han tenido un accidente? (expliquen)

6. ¿Se han mudado? ¿Adónde? ¿Cuándo y por qué?

7. ¿Han leído un buen libro últimamente? ¿Cuál? ¿De qué se trata?

bienes/vienes

bienes *Pertenencias*: Vendió todos sus bienes.

vienes *Venir*: ¿Vienes a la fiesta?

botar/votar

botar *Tirar*: ¡Debes botar esas revistas!

votar *Ejercer el voto*: Fui a votar.

hola/ola

hola *Saludo*

¡Hola! ¿Cómo estás?

ola *Ondulación en el agua.*

Había grandes olas en el mar.

a ser / hacer

a ser *Preposición + Ser*

Vas a ser astronauta.

hacer

Voy a hacer un pastel.

bello/vello

bello *Adjetivo*

¡Qué bello atardecer!

vello *Sustantivo*

Tiene mucho vello en los brazos.

ciento/siento

siento *Sentir*

¡Lo siento mucho!

ciento *Número*

Hay ciento treinta páginas en este libro.

cocer/coser

cocer *Cocinar*

Debes cocer las papas.

coser *Hilar*

¿Puedes coser ese calcetín?

echo/hecho

echo Verbo, echar, tirar

¡se lo echo a los perros!

hecho Sustantivo/adjetivo (hacer)

Está hecho en México.

a ver/ haber

haber *Existir*

Debe haber justicia.

a ver

Voy a ver una película.

cenado/senado

cenado *Cenar*:

¿No has cenado todavía?

senado *Grupo político*:

El Senado decidirá la nueva ley.

ceda/seda

ceda *Verbo*

Ceda el paso en la esquina.

seda *Sustantivo (material)*

La seda es una tela cara.

abría/ habría

habría *Haber (condicional)*

¿Habría mucha gente en el concierto?

abría *Abrir (imperfecto)*.

Era un caballero y siempre abría la puerta.

sierra/cierra

sierra *Sustantivo*

En la sierra hace frío.

cierra *Verbo (cerrar, mandato)*.

Por favor Cierra la puerta.

ORTOGRAFÍA

Homófonos

a) **¿Cuál se necesita?** Lee las oraciones y decide la ortografía de la palabra según el contexto.

1. bienes   vienes   ¿Qué _____ piensas vender?

2. hacer   a ser   ¿Quién va _____ la madrina de la boda?

3. ceda   seda   Es importante que no _____ esta vez.

4. cierra   sierra   Por favor, _____ la ventana cuando te vayas.

5. cenado   senado   El _____ discutió las leyes.

6. cocer   coser   Voy a _____ unas papas para hacer puré.

7. echo   hecho   Lo _____ mucho de menos. ¿Dónde estará?

8. bello   vello   ¡Es _____! Qué asco encontrarlo en mi sopa.

9. siento   ciento   Estoy cien por _____ seguro de que va a llover.

10. abría   habría   ¿_____ una posibilidad de posponer la prueba?

b) **Oraciones incompletas** Escribe la palabra faltante.

1. Lo _____, no pude llegar a tiempo a la reunión. [ciento/ siento]

2. Es importante que usted no _____ ante las exigencias de sus adversarios. [ceda/ seda]

3. ¿Va _____ usted la obra de teatro? ¿Sabe si va _____ un intermedio? [a ver/ a haber]

4. _____ de menos a mi jefe anterior. Era muy buena persona y _____ _____ cualquier

cosa por sus empleados. [echo / hecho] [abría / habría]

5. Ana María trabaja en un taller donde _____ ropa. [cocer / coser]

6. Para hacer una tortilla española no es necesario _____ primero las patatas. [cocer / coser]

7. Voy a limpiar el refrigerador y a _____ toda la comida que haya caducado. [botar / votar]

8. _____ la puerta antes de salir para la _____. [cierra/ sierra].

9. Francisco no quiso _____ en las elecciones porque piensa que va _____ fraude. [botar / votar]

[a haber / a ver]

10. Yo antes siempre _____ la puerta para las damas, hasta que una se enojó conmigo y me dijo que ella

podía hacerlo sola. [abría / habría]

El Curriculum Vitae

El *Curriculum Vitae* es una de las herramientas más importantes que hay para conseguir un trabajo. El término *Curriculum Vitae* viene del latín y significa "carrera de la vida". En algunos países se le conoce como "Hoja de vida". En el mundo profesional, tu Curriculum Vitae es tu tarjeta de presentación que describe tu experiencia laboral, habilidades, preparación académica y conocimientos que te hacen un candidato adecuado (o ideal) para realizar un trabajo específico.

Hasta hace relativamente poco tiempo, el C.V. existía solamente en formato escrito, pero hoy en día es popular entre muchos jóvenes crear una versión en video digital que se puede compartir a través de redes sociales y bolsas de trabajo en el internet.

Aunque hay muchos formatos adecuados para un C.V., en la versión escrita hay elementos que siempre deben incluirse en el documento. A continuación listamos los elementos primordiales:

Información personal

La primera página debe incluir el nombre completo de la persona y una dirección o teléfono donde localizarla, así como un título profesional (por ejemplo, diseñadora Web, Contador titulado, etc.). Tu dirección electrónica también puede hablar acerca de ti. Es importante usar una cuenta para tus asuntos profesionales que incluya tus apellidos, y no una que tenga apodos como "chica_bonita32" o "superhero21@yahoo.com".

Educación y experiencia laboral

Algunos formatos del C.V. comienzan con la educación y otros empiezan con la experiencia laboral. Lo importante es que aparezcan ambas. Se deben listar primero las experiencias laborales (o educativas) más recientes. La educación es otro de los criterios más importantes a la hora de buscar trabajo. Además de tu educación universitaria, incluye todos los cursos que tengan relación con el puesto de trabajo que solicitas (por ejemplo, diplomados, seminarios, certificados). No es necesario listar tu educación secundaria o primaria.

Idiomas

Debe ser una sección separada. Incluye los idiomas que hables y el grado de fluidez. Hablar más de un idioma puede ser la diferencia entre conseguir un trabajo o no. Además, muchos puestos ofrecen un porcentaje adicional al sueldo cuando se es bilingüe.

Otras habilidades

¿Qué más sabes hacer que puede hacerte atractivo para la empresa en la que quieres trabajar? Lista programas de computación que domines (más allá de un procesador de palabras). Quizás tenga experiencia en emergencias.

Referencias

En algunos formatos se incluyen los nombres de tres o cuatro personas que puedan comentar acerca de los conocimientos, capacidad y profesionalismo del candidato. Las referencias deben incluir la relación con la persona, y si es posible deben ser recientes. Por supuesto, nunca se debe incluir a familiares.

Consejos adicionales

El C.V. es un documento que se edita para cada trabajo que se solicita. Algunas partes de la experiencia profesional pueden ser relevantes para un trabajo, pero no para otro. Además se recomienda incluir tus objetivos para el futuro (como en qué áreas te gustaría desarrollarte). Tus objetivos seguramente serían diferentes en empresas diferentes. En otras palabras, personaliza tu C.V. cada vez que se lo envíes a alguien. Es importante notar que en muchos países latinoamericanos se espera que el C.V. incluya una fotografía, lo cual es una práctica poco común en los Estados Unidos. Igualmente, en Latinoamérica es común dar información como estado civil y edad, datos que no deben darse en Estados Unidos.

Dependiendo de tu campo profesional, es posible que debas incluir otras áreas. Por ejemplo, en el campo de la educación es necesario añadir una lista con artículos o libros publicaciones, o conferencias que se han dado.

Finalmente, no excedas nunca 4 páginas. Lee cuidadosamente tu Curriculum Vitae para asegurarte de que no contiene ningún error tipográfico ni de ortografía. Este tipo de errores podría hacer que te descalifiquen para el trabajo inmediatamente. Recuerda también que debe ser un documento claro y agradable a la vista, un documento que te invite a leerlo. ¡Es tu tarjeta de presentación!

Ejemplos de formato para un *Curriculum Vitae*

Ejemplo 1

Datos personales
Nombre y apellido(s)
título profesional
Dirección y teléfono
Contacto

Nivel de educación
Estudios universitarios (lugar, años cursados, año de inicio, finalización y título obtenido)
Otros estudios (duración o intensidad y título obtenido)

Historia laboral
Último empleo (nombre de la empresa o institución, cargo desempeñado, descripción de
funciones, tiempo de servicio, fecha y motivo de retiro)
Penúltimo empleo (nombre de la empresa o institución, cargo desempeñado, descripción de
funciones, tiempo de servicio, fecha y motivo de retiro)
Antepenúltimo empleo (nombre de la empresa o institución, cargo desempeñado, descripción de
funciones, tiempo de servicio, fecha y motivo de retiro)

Idiomas
(cuál o cuáles y a qué nivel)

Referencias laborales
Deben ser muy breves (nombre de la empresa o institución que en la que trabajó,
nombre completo de su jefe, cargo del mismo, dirección y teléfono)

REFERENCIA: www.aliadolaboral.com/personas/se4/BancoConocimiento

Ejemplo 2

Datos personales

Nombre y apellidos
título profesional
Información de contacto

Experiencia laboral

Puesto más reciente o actual

Empresa | Del (mes y año) - Actual

Función 1

Función 2

Logros alcanzados

Puestos anteriores

Empresa | Del (mes y año) al (mes y año)

Función 1

Función 2

Logros alcanzados

Formación académica

Carrera y/o último nivel de estudios

Institución

Período cursado (indicado en años)

Habilidades	**Conocimientos**
• Habilidad 1	• Conocimiento 1
• Habilidad 2	• Conocimiento 2
• Habilidad 3	• Conocimiento 3

ACTUALIZACIONES/ CURSOS/DIPLOMADOS

Nombre del curso

Institución

Año en que se cursó

Fuente: Blog OCC Mundial

El Curriculum Vitae

¡Estás listo para escribir tu Curriculum Vitae!

Recuerda que además de seguir las recomendaciones de las páginas anteriores debes producir un documento agradable a la vista y fácil de entender.

En este documento es muy importante que no haya ningún error tipográfico ni ortográfico, así que es buena idea revisarlo varias veces y pedirle opiniones a uno o dos amigos o profesionales que conozcas.

Por último, se recomienda editar tu Curriculum para cada puesto de trabajo que solicites. De esta manera podrás resaltar las habilidades más importantes para cada trabajo. Al empezar a escribir, ten en cuenta el puesto que quieres conseguir.

Carlos Slim: el éxito en los negocios

Carlos Slim Helú es uno de los hombres más ricos del mundo. De hecho, la revista Forbes lo calificó como el hombre más rico del planeta entre 2010 y 2013. En 2019 Slim ocupaba el quinto puesto entre los hombres más ricos del mundo, según la misma publicación.

Slim Helú nació en la Ciudad de México en 1940, dentro de una familia acomodada gracias al gran éxito empresarial de su padre, el libanés Julián Slim. Desde pequeño, Carlos aprendió de su padre valores como el trabajo duro y el ahorro, como se relata en la página de Slim en el Internet:

> "También desde muy niño, recibió sus primeras enseñanzas empresariales, ya que Don Julián le daba a cada uno de sus hijos una libreta de ahorros junto con su habitual "domingo" y semana a semana, a fin de que administraran sus ingresos y egresos, la revisaban con él, veían sus gastos, compras y movimientos, así es como siguiendo esta regla, los hijos de Don Julián llevaban sus propios balances personales e iban viendo cómo se desarrollaba su propio patrimonio. A partir de entonces para el pequeño Carlos la inversión y el ahorro se volvió parte de su vida [...]". (www.carlosslim.com).

Carlos Slim estudió en la Universidad Nacional Autónoma de México y se tituló como ingeniero civil. Aunque trabajó como docente para esta universidad, empezó a hacer su fortuna personal invirtiendo desde joven en bienes raíces y, posteriormente, durante los años de crisis económica de los ochenta, en la compra de varias empresas mexicanas de mucha importancia.

En los noventas adquirió también a France Telecom y a Telmex (Teléfonos Mexicanos), ya que en esa época se estaban privatizando muchas empresas del estado mexicano, bajo la presidencia de Carlos Salinas de Gortari. Esta adquisición fue muy controversial, ya que Telmex fue adquirida en subasta a un costo muy por debajo de su verdadero

Carlos Slim Helú.
Dominio Público.
http://fuente.presidencia.gob.mx/archivos/1/1/9/8/art/fotos/mediano/cccpjkk2.jpg
Autora: Imperio Reséndiz (Presidencia de la República)

valor. Muchos mexicanos están convencidos de que el verdadero dueño de Telmex es el expresidente Salinas de Gortari, y que usó a Slim como prestanombres. Independientemente de la veracidad de esta creencia, lo que es un hecho es que Telmex creció considerablemente a través de sus inversiones en México, en Estados Unidos y en gran parte de Latinoamérica. Sin embargo, una crítica que se le hace a Carlos Slim es que sus empresas dominan completamente el mercado mexicano de telefonía, lo que se traduce en precios más altos que en otros países debido a la falta de competencia.

Slim siguió diversificando sus inversiones entre el 2000 y el 2010. Por ejemplo, adquirió acciones de empresas como Apple, compró la empresa Prodigy (un proveedor de Internet en los Estados Unidos). Otras de sus inversiones incluyen acciones en los clubes de fútbol de León y de Pachuca (en México), del Real Oviedo (en España), y del periódico New York Times. También es dueño mayoritario de dos cadenas de restaurantes que todos los mexicanos conocen: Sanborns y Denny's.

Carlos Slim se casó con Soumaya Domit en 1966. Fue por esos años que empezó a establecer las bases de la que sería su empresa más importante: la inmobiliaria Carso (nombre que combina los nombres de Carlos y de Soumaya). La pareja tuvo seis hijos, varios de los cuales se dedican a administrar las empresas de sus padres hoy en día. Soumaya falleció en 1999.

Como es de esperarse de un hombre tan rico, Slim también ha hecho varias obras filantrópicas, entre las que destaca el Museo Soumaya de la Ciudad de México, el cual alberga una importante colección de arte. En su página en el internet (www.carlosslim.com) puede encontrarse información acerca de varias de las fundaciones mediante las cuales apoya diversas causas filantrópicas, entre ellas la Fundación ALAS (en la que trabaja junto con Shakira) para aportar fondos para el desarrollo y apoyo de los niños latinoamericanos.

Fuentes: Forbes, www.carlosslim.com

Comprensión

1. ¿Qué factores ayudaron a Carlos Slim a convertirse en un multimillonario?
2. ¿Qué críticas se le hacen en México?
3. ¿Cuáles son algunas de las empresas internacionales en las que participa?

Conversación

1. ¿Tienen la obligación de hacer obras filantrópicas las personas muy ricas? Explica tu respuesta.
2. En tu opinión, ¿qué méritos tienen los logros de Carlos Slim?
3. ¿Por qué crees que se haya interesado en invertir en el periódico *New York Times*?
4. ¿Cómo se compara a otros millonarios?

Curiosidades sobre el dinero

Solo el 8% del dinero en el mundo existe físicamente.

Fuente: Forbes, España.

Los romanos llegaron a usar sal como moneda, lo que dio origen a la palabra salario.

Al parecer, el virus de la gripe puede sobrevivir hasta diez días en un billete. ¡Recuerda lavarte las manos siempre después de tocar dinero!

Las monedas de países hispanos

Aunque varios países llaman "peso" a su moneda, se trata de unidades monetarias completamente diferentes.
A continuación puedes ver cuáles son las monedas usadas en varios países hispanos.

país	moneda
Argentina	peso argentino
Bolivia	peso boliviano
Chile	peso chileno
Colombia	peso colombiano
Costa Rica	colón
Cuba	peso cubano
Ecuador	dólar estadounidense
El Salvador	dólar estadounidense
España	euro
Guatemala	quetzal
Guinea Ecuatorial	franco CFA
Honduras	lempira
México	peso mexicano
Nicaragua	córdoba
Panamá	dólar estadounidense
Paraguay	guaraní
Perú	nuevo sol
Puerto Rico	dólar estadounidense
República Dominicana	peso dominicano
Uruguay	peso uruguayo
Venezuela	bolívares

¿Por qué crees que algunos países hayan decidido adoptar el dólar estadounidense?
Investiga el origen del nombre de las monedas que no se llaman pesos.

Las tarjetas de crédito

Las tarjetas de crédito nacieron hace aproximadamente cien años (1920), y fueron los hoteles los primeros en ofrecérselas a sus clientes.

Impuestos

Los impuestos más altos del mundo los tiene Suecia, en donde cada persona contribuye con un 57% de sus ingresos.
Por otro lado, Uzbekistán es el país que menos impuestos cobra a sus ciudadanos, con apenas 9% de sus ingresos.

Fuente: entrepeneur.com

¿Trabajamos todos para las redes sociales?

Como sabes, Mark Zuckerberg es uno de los hombres más ricos del mundo. Es evidente que Facebook es una mina de oro cuando se trata de generar ingresos, ¿pero cómo lo logran si no cobran a sus usuarios por mantener una cuenta?

De acuerdo con el Fondo Monetario Internacional, los ingresos generados por Facebook superan los 7 000 millones de dólares, una cifra superior al producto interno bruto de más de 40 países.

La mayor parte de los ingresos de Facebook son producto de publicidad vendida. Esta red social tiene mucha información valiosa acerca de sus usuarios, lo

> El modelo de Facebook:
>
> # Ponga su anuncio aquí
>
> *...o done su información personal para que la vendamos nosotros.*

cual le permite vender publicidad a segmentos del mercado muy específicos. A final de cuentas, Facebook sabe tu género, tu edad, pasatiempos, equipos favoritos, y muchas de tus preferencias.

Algunos se preguntan si Facebook debería pagarles a sus usuarios por proporcionarle su información personal. ¿Qué piensas?

Fuente: BBC Mundo

¿Cómo gana dinero WhatsApp?

Facebook adquirió WhatsApp por 19 billones de dólares. Es un instrumento muy popular a nivel internacional, y le permitirá seguir creciendo a Facebook. Además gana $1 por descarga en iOS... y con 450 millones de usuarios, le permitirá a Facebook seguir creciendo y ordeñando información de los usuarios.

¿Cómo gana dinero Facebook?

A través de publicidad basada en nuestra información personal.

¿Cómo gana dinero Twitter?

De acuerdo con *Investopedia*, el 86% de las ganancias de Twitter vienen de publicidad, y el resto de la venta de licencias para uso de información. Muchos de los tuits que se reciben pueden estar pagados por alguien para alcanzar a cierto público.

UNIDAD 9

Los retos de hoy

OBJETIVOS PRINCIPALES

Cultura

- o   Discutirás tus opiniones sobre problemas sociales y del medio ambiente.
- o   Analizarás temas como el machismo, el feminismo y el racismo.
- o   Aprenderás una manera metódica de cuestionar si una noticia es falsa.

Lengua

- o   Aprenderás a usar el presente del subjuntivo de manera consistente con verbos de emoción y continuarás practicando su uso con expresiones de duda (en contraste con el uso del indicativo en expresiones de certeza).
- o   Vas a mejorar tu habilidad para expresar ideas mediante el uso de conjunciones adverbiales.
- o   Continuarás ampliando tu conocimiento metalingüístico del español.
- o   Continuarás practicando tu ortografía

¿Qué es un desafío? ¿Cuáles son los desafíos de tu vida personal?

¿Qué desafíos de la sociedad te parecen importantes hoy en día?

Los desafíos de la actualidad

Una búsqueda rápida en el Internet de la palabra "desafío" arroja resultados interesantes. El desafío que aparece con más frecuencia es el de acceso al conocimiento a través del Internet y de la tecnología en general. Es verdad que no toda la gente del mundo tiene acceso al Internet, y por lo mismo se quedan **rezagados** a la hora de encontrar información. En números absolutos, la mayoría de los usuarios de la red se encuentra en Asia. Sin embargo, el porcentaje de usuarios dentro de los países asiáticos es del 48.1%. Aunque Norteamérica tiene la sexta parte de usuarios (aproximadamente 345 millones), el 95% de las personas de esta región tiene acceso a la red mundial, con todo lo que esto **conlleva**. En Latinoamérica el 67% de la población tiene acceso a la red, y es una de las regiones que más demuestra su entusiasmo por su uso a través de las redes sociales. La importancia de tener acceso al Internet se hizo evidente con la pandemia del Covid, que dejó en desventaja a estudiantes sin acceso de calidad a la red.

Más allá del **desafío** de lograr que todos tengan la posibilidad de usar el Internet, vienen antes otras prioridades entre las que debemos contar el acceso de la población mundial a una educación de calidad y a servicios de salud para todos. En estos dos campos se **disuelven** las fronteras entre el llamado mundo en desarrollo y los **países desarrollados**. Por ejemplo, países como Cuba y Uruguay ofrecen una educación excelente y servicios de salud universal, en tanto que en los Estados Unidos hay casi 30 millones de personas sin acceso a servicios de salud.

En la **actualidad** cada país del mundo enfrenta retos particulares. En algunas naciones la desigualdad social es el problema más importante, en tanto que en otros las prioridades pueden ser el desempleo, la falta de oportunidades, la violencia, la corrupción, la falta de democracia o el hambre. En muchos lugares del planeta el **racismo** y la **desigualdad** de género son también problemas graves.

En un mundo globalizado hay también retos que nos afectan a todos y que solo pueden ser abordados mediante un frente común, como es el caso del cambio climático. Las consecuencias de no actuar unidos, como ciudadanos del planeta, se sienten ya en catástrofes naturales que se manifiestan en forma de sequías e incendios forestales, inundaciones, huracanes y la extinción masiva de especies, por **citar** solo algunos ejemplos. De acuerdo con muchos científicos, nuestro planeta parece estar experimentando la sexta extinción masiva de especies en la historia de la Tierra. Esta extinción masiva, dicen, es la más rápida de la historia y es **consecuencia** de la actividad humana. Se prevé que la mitad de las especies del planeta habrá desaparecido para el año 2100, y es imposible anticipar todas las consecuencias que tal desaparición tendrá sobre todos los ecosistemas del planeta.

Todos estos cambios **repercuten** en cada uno de los habitantes del mundo de una manera u otra, en particular a la hora de satisfacer la demanda de alimentos. Además, estos cambios están exacerbando la migración climática humana, es decir, la migración masiva de personas para huir de los efectos de estos cambios climáticos

Sin embargo, es posible que aún estemos a tiempo de actuar. Todos podemos participar en las soluciones poniendo nuestro grano de arena consumiendo menos y usando solamente productos que respeten el medio ambiente y que las industrias traten a sus empleados con respeto (pare resolver así algunos de los retos sociales). Podemos exigirles a los gobernantes el derecho a servicios de salud o educación. Podemos crear conciencia sobre el racismo y otros tipos de discriminación. Aunque el número y la dimensión de los desafíos parezca insuperable, en la unión está la fuerza. Para comenzar a superar los retos se debe comenzar por elegir uno y hacer algo hoy mismo, no esperar a mañana. ¿Con qué desafío vas a comenzar tú?

Comprensión y discusión

1. ¿Qué retos sociales se mencionan? ¿Cuál te parece más importante y por qué?

2. ¿Qué se dice acerca del medio ambiente y el impacto que tiene en nuestras sociedades? ¿Estás de acuerdo?

3. ¿Cuál crees que sea el objetivo de este artículo?

4. Existe una minoría que piensa que el cambio climático no existe. ¿Qué evidencia aportan? ¿Cuál es tu opinión?

CC0 1.0 Universal (CC0 1.0) by j4p4n
Public Domain. Openclipart.

LOS RETOS DE LA SOCIEDAD

Vocabulario básico

El medio ambiente

el abuso

la actualidad

el cambio climático

la conservación

la contaminación

dañino *(adj)*

desechable *(adj)*

el desierto

la ecología

las emisiones

la energía eólica

las especies en peligro

el hábitat

el incendio

la inundación

potable *(adj)*

reciclable *(adj)*

renovable *(adj)*

la sequía

tóxico *(adj)*

La sociedad

el/la activista

el/la analfabeta

la asimilación

la clase alta/media/baja

las clases sociales

el clasismo

el conflicto

el crimen

el delito

la democracia

los derechos humanos

desigual *(adj)*

la dictadura

la disparidad

el feminismo

la frontera

la guerra civil

la igualdad

el(la) indígena

el(la) indio(a)

la inequidad

injusto *(adj)*

la inmigración

la lucha

el machismo

el maltrato

la marginación

las ONG (organizaciones no
    gubernamentales)

el racismo

la paz

el proletariado

el(la) refugiado(a)

el ser humano

el sexismo

Los verbos

abusar

agudizar

aportar

cazar

chantajear

conservar

dañar

defender

elegir

encarcelar

influir

mantener

prescindir

reglamentar

regular

votar

Practica tu vocabulario

a) Sinónimos Encuentra un sinónimo para cada una de las palabras que aparecen en negritas en la lectura de la página anterior.

b) **Partes del idioma** Completa la siguiente tabla con las otras partes de la lengua.

Verbo	Sustantivo	adjetivo
aportar		
	maltrato	
		renovable
		tóxico

c) **¿Qué se necesita?** Elige como completar las oraciones con una palabra lógica de la lista.

¡Atención! Es posible que tengas que transformar la palabra a un adjetivo, un verbo o un sustantivo.

analfabeta   asimilación   encarcelar   injusto   machismo   racismo   votar

1. Un hombre es _____ si trata mal a las mujeres porque piensa que son inferiores.

2. Una persona que cree que un ser humano es superior a otro por el color de su piel es _____.

3. La _____ es el proceso de hacerse parte de otra cultura después de inmigrar.

4. En una democracia la gente tiene el derecho a _____.

5. El _____ es un problema en algunos países en África, donde menos de la mitad de la gente sabe leer.

6. El activista está _____ por su participación en una manifestación.

d) **Diferencias** Para cada par de palabras explica qué tienen en común y en qué se diferencian.

1.   a) guerra   b) guerra civil
2.   a) el proletariado   b) la clase baja
3.   a) el feminismo   b) el sexismo
4.   a) el maltrato   b) la marginación
5.   a) reglamentar   b) regular
6.   a) reciclable   b) renovable

e) El medio ambiente ¿A qué se refiere cada definición?

1. Es un evento que ocurre en los bosques cuando hay sequías	a) hábitat
2. Es un producto que se usa una vez y se tira.	b) inundación
3. Son los gases que se lanzan a la atmósfera.	c) eólica
4. Es la energía que se produce con el viento.	d) desierto
5. Es un lugar donde casi nunca llueve.	e) incendio
6. Es un elemento que hace daño a los seres vivos.	f) desechable
7. Es la consecuencia de lluvias excesivas.	g) emisiones
8. Es el área donde vive una especie animal o vegetal.	i) tóxico

Conversación

a) La sociedad Trabajen en parejas para conversar sobre sus respuestas a las preguntas y dar sus opiniones.

1. ¿Qué entienden por "clase social"? ¿Cómo se sabe a qué clase pertenece una persona?

2. ¿Qué características o trabajos se asocian con la clase baja, la media y la alta?

3. ¿Existe el clasismo en los Estados Unidos? ¿Hay algún otro *-ismo* que sea obvio?

4. Muchas personas creen que en los países de América Latina solamente hay dos clases sociales: los pobres y los ricos. ¿Por qué crees que esté muy difundida esta percepción? ¿Están ustedes de acuerdo? Expliquen.

5. ¿Existen diferencias culturales relacionadas con la posición económica de una persona? Si las hay, ¿cuáles son algunos ejemplos?

6. ¿Qué retos enfrentan los jóvenes? ¿y los adultos mayores?

b) Conversemos sobre el medio ambiente En parejas o grupos, hablen sobre sus experiencias y opiniones.

1. ¿Cuál es tu animal favorito y por qué? ¿Está en peligro?

2. ¿Alguna vez has experimentado en un fenómeno natural como un incendio o un huracán? - Explica.

3. ¿Qué haces para proteger a nuestro planeta? En tu opinión, ¿cuál es la peor amenaza al medio ambiente?

4. ¿Crees que sea importante tener zonas protegidas? ¿Por qué?

5. ¿Piensas que los Estados Unidos hace más o menos que otros países para proteger el medio ambiente? Explica.

6. ¿Hay algún grupo de personas que dañe más a la naturaleza? ¿Quién? ¿Por qué?

c) Debate Van a trabajar en parejas. Su profesor les asignará una de las afirmaciones. Uno de ustedes va a presentar argumentos para apoyar la idea y el otro va a aportar argumentos en contra. Después de preparar sus argumentos, preséntelos a la clase. La clase decidirá qué argumentos fueron más convincentes.

1. La democracia está idealizada. No es el mejor sistema político.

2. Los valores liberales no contradicen los valores religiosos.

3. Sería una buena idea eliminar los ejércitos del mundo e invertir el dinero en la educación.

4. No es verdad que haya una completa libertad de culto en los Estados Unidos.

5. Los gobiernos no deberían ser laicos.

6. Si la universidad fuera gratuita, nadie la apreciaría.

7. Todos los inmigrantes deben asimilarse a su nuevo hogar y dejar de practicar otras culturas.

8. La inmigración no es un problema, sino una solución.

d) Antes y después de 1492 Trabaja con un compañero para responder las preguntas.

1. En tu opinión, ¿son sinónimos las palabras "indio" e "indígena"? Explica sus significados.

2. ¿Qué culturas precolombinas puedes nombrar y qué sabes sobre estas culturas?

3. ¿Cómo se comparaban las civilizaciones indígenas a las europeas del siglo XV? (explica tres semejanzas y tres diferencias)

4. ¿Hay elementos de culturas indígenas en tu vida? ¿Y en la vida en los países latinoamericanos? ¿Cuáles?

Fotografía de un detalle de un mural de Diego Rivera retratando la vida en Tenochtitlán. Crédito: Pixabay, foto de Mónica Volpin.

Verbos similares con significados diferentes

Los siguientes pares de palabras pueden ser conflictivos para los hablantes de herencia debido a la influencia del inglés. Busca el significado de cada palabra en un buen diccionario, y después traduce al español las oraciones que estén en inglés.

aparecer   **aparecerse**   **parecer**   **parecerse**

1. The deal seems good to me   _____

2. The boss appeared to be confused.   _____

3. The customer appeared without making a sound.   _____

4. After missing for years, she appeared at the wedding of her daughter.

   _____

5. They look like their father.   _____

6. This homework seems very difficult. _____

mirar   **ver**   **verse**

1. Look at me.   _____

2. Did you watch the show?   _____

3. This dress looks pretty. _____

4. Look both ways before you cross. _____

5. I would like to watch some tv. _____

hora   **momento**   **tiempo**   **vez/veces**

1. What time is it?   _____

2. What is the weather like today? _____

3. When is the last time that you visited them? _____

4. This is the time to risk. _____

5. There are times when I feel overwhelmed. _____

6. Do you have time now? _____

7. When the time comes, we must change the time on our clocks. _____

Problemas sociales: ¿Clasismo, racismo o algo más?

Antes de ver

Trabajen en parejas para responder las preguntas con sus opiniones.

1. ¿Es posible tener un mundo sin racismo, o es naturaleza humana?

2. ¿A qué edad comienzan las actitudes racistas y por qué?

3. ¿Cuáles son algunos ejemplos de racismo o clasismo de la sociedad en la que vivimos?

4. ¿Puede una persona ser racista o clasista y no saberlo?

5. ¿Cómo se puede superar el racismo a nivel personal? ¿Y en la sociedad?

Experimento

Vas a ver un video acerca de un experimento hecho a partir de entrevistas a niños en México. Mira el video y prepárate para responder las preguntas de abajo. (*Nota: El Internet cambia constantemente. Si el video no está disponible, busca en YouTube usando las palabras claves "racismo en niños". Este experimento se ha hecho en muchos países, no solo en México*).

https://www.youtube.com/watch?v=5bYmtq2fGmY

Después de ver

1. ¿Qué se puede concluir de este experimento?

2. ¿Qué se podría mejorar en la metodología del experimento?

3. ¿Cómo aprenden los niños el racismo de manera inconsciente?

4. ¿Cómo y por qué se debe solucionar el racismo en los niños?

Para reflexionar

a) **Analizar un programa** El racismo es solamente una manera de discriminar. La realidad es que en muchas partes se trata de manera diferente a las personas basándose en factores como género, preferencia sexual, religión, edad, clase social, edad, nacionalidad y hasta el atractivo físico. Selecciona un programa de televisión, una película o una revista. ¿Qué personas se representan? ¿Qué personas no están representadas? ¿Qué mensaje envía la falta de representación o los papeles que juegan esas personas en los programas o películas?

b) En los Estados Unidos En los EE. UU. un reporte de la organización *National Public Radio* (NPR) demuestra lo arraigada que está todavía la discriminación por género, a la cual se suma la discriminación por origen étnico. Observa la información reportada por la NPR y después discute con un compañero lo que se puede concluir de esta información.

Porcentaje de mujeres que dicen haber sido discriminadas por el hecho de ser mujeres

	Todas las mujeres	Afroamericanas	Latinas	"Blancas"	Asiáticas	Nativo-americanas	LGBTQ	No LGBTQ
En el trabajo (recibir sueldos iguales y tener las mismas oportunidades de ascenso).	41%	50%	37%	41%	34%	57%	61%	40%
Al solicitar un puesto de trabajo.	31%	40%	29%	30%	26%	49%	43%	31%
Al solicitar admisión a una universidad o asistir a ella.	20%	24%	23%	19%	20%	20%	16%	20%
Al recibir servicios de salud en un consultorio médico.	18%	22%	20%	17%	12%	29%	24%	18%
Al tratar de conseguir vivienda o alquilar una casa.	16%	27%	24%	14%	17%	25%	13%	16%
Al interactuar con la policía.	15%	24%	17%	12%	10%	28%	22%	15%
Al tratar de votar o participar en política.	9%	12%	12%	7%	8%	11%	13%	9%

Fuente: https://www.npr.org, Joe Neel, 2017

Preguntas para analizar

1. ¿Qué grupo de mujeres se considera más discriminada, en general?

2. ¿En qué áreas (primera columna) sienten las mujeres que hay menos discriminación?

3. ¿En qué área se sienten más discriminadas?

CC0 1.0 Universal (CC0 1.0) by GDJ
Public Domain. Openclipart.

Expresiones de certeza y duda y el subjuntivo

En una unidad anterior aprendiste lo que es el subjuntivo y lo usaste con expresiones impersonales como las de la tabla que aparece abajo.

es admirable que	es interesante que	es raro que
es bueno que	es lamentable que	es recomendable que
es curioso que	es malo que	es ridículo que
es horrible que	es mejor que	es terrible que
es imposible que	es necesario que	es una lástima que
es increíble que	es posible que	es urgente que

¿Ya lo sabías?

Ahora vas a observar algunos ejemplos adicionales. ¿En cuáles no se usa el subjuntivo? ¿Qué tienen en común esos casos?

a) Es interesante que haya poca gente en la manifestación.

b) Es posible que no lleguen a tiempo los estudiantes.

c) Es cierto que la migración climática está en aumento.

d) Es un hecho que estas elecciones son muy importantes.

e) Es improbable que gane mi candidato.

f) Es obvio que el feminismo es una causa justa.

El indicativo con expresiones de certeza

Al expresar una opinión no se debe usar el subjuntivo cuando el énfasis de la idea es la certeza, como en el caso de las siguientes expresiones. Sin embargo, se requiere el uso del subjuntivo cuando las oraciones <u>son negativas</u>.

creer que	estar seguro de que	pensar que	parecer que	ser obvio que	ser un hecho que

Si expresas negación o duda, siempre necesitas el subjuntivo:

dudar que	no estar seguro de que	no creer que	no pensar que	no ser verdad que (etc.).

A practicar

a) **Opiniones** Trabaja con un compañero y expresen sus opiniones con las expresiones de certeza o duda.

      Modelo _____el feminismo (ser) importante

→ **Pienso que** el feminismo _**es**_ importante porque las mujeres todavía no tienen los mismos derechos.

→ **No creo que** el feminismo _**sea**_ tan importante ahora como lo fue antes.

creo que	(no) dudo que
estoy seguro de que	no creo que
pienso que	no estoy seguro de que
me parece que	no pienso que
es cierto que	no me parece que
es evidente que	no es cierto que
es obvio que	no es evidente que
es un hecho que	no es obvio que
	no es un hecho que

1. _____ las guerras (ser) necesarias (porque...)
2. _____ la pena de muerte (deber) abolirse (porque...)
3. _____ (haber) que cerrar las cárceles (porque...)
4. _____ cazar animales (ser) inhumano (porque...)
5. _____ el cambio climático (afectar) mucho al planeta (porque…)
6. _____ la inmigración (tener) más efectos positivos que negativos (porque…)
7. _____ muchas personas (publicar) noticias falsas para engañar a la gente (porque…)
8. _____ la educación universitaria (tener) que ser gratuita (porque…)

b) **¿Qué tan seguros están?** Hablen de las siguientes afirmaciones incluyendo una frase de certeza o duda que explique qué tan seguros están de que sea verdad.

Modelo En Costa Rica se usa el dólar americano. → No es cierto que en Costa Rica se usen dólares. Estoy seguro porque un amigo viajó a Costa Rica hace un par de años.

1. El país más rico del mundo es Estados Unidos.
2. En África hay un país en el que la lengua oficial es el español.
3. La mayoría de las personas analfabetas en el mundo son mujeres.
4. Más de la mitad de las personas del mundo tienen acceso a Internet.
5. La mayoría de las personas del mundo tiene un teléfono celular.
6. Las personas mayores de sesenta años van a ser la mayoría en los EE. UU. para el año 2035.

El subjuntivo con verbos de emoción y de influencia

Observa los siguientes ejemplos:

1. Me preocupa que **tengamos** que inmigrar a otro país.

2. Me alegra que **haya** diversidad en la universidad.

3. Nos molesta que **se culpe** a los inmigrantes por los problemas de la economía.

4. El gobierno ordena que las industrias **limiten** sus emisiones de gases tóxicos.

5. Quiero que la gente **recicle** más

6. ¿Deseas **reciclar** más el próximo año?

¿Por qué crees que se usa el subjuntivo en todos los ejemplos de la lista, excepto en el último?

1. Anteriormente aprendiste a usar el modo subjuntivo después de una cláusula que presenta una opinión a través de una expresión impersonal. Los ejemplos de arriba requieren el subjuntivo porque hablan de lo que alguien desea que otra persona haga, o sobre la emoción que le produce algo que otra persona hace. En términos gramaticales, el subjuntivo se usa con verbos de emoción y de influencia cuando hay dos sujetos diferentes en cada una de las cláusulas.

2. Los siguientes son algunos verbos que hablan de reacciones emocionales (y requieren el subjuntivo si hay dos sujetos diferentes).

alegrar			
encantar	frustrar	preocupar	temer
enojar	gustar	sentir	tener miedo de
entristecer	molestar	sorprender	

3. Los siguientes verbos son de influencia o deseo y también requieren del subjuntivo si los dos sujetos son diferentes.

aconsejar	dejar	esperar	exigir
importar	insistir	mandar	necesitar
oponerse	pedir	permitir	preferir
prohibir	proponer	querer	recomendar
rogar	sugerir		

¡Atención! El subjuntivo se requiere en la cláusula subordinada, no en la primera cláusula.

El subjuntivo con verbos de emoción y de influencia

A practicar

a) **Elecciones** Completa con el subjuntivo o el indicativo, según sea necesario.

Es tiempo de elecciones y, por supuesto, los candidatos desean que la gente (1)_____ (votar) por ellos. La gente, por su parte, (2)_____ (querer) que los candidatos (3)_____ (decir) la verdad. Las personas estás hartas de que los políticos les (4)_____ (mentir). Además hay algunos candidatos que piensan que la gente (5)_____ (deber) votar por ellos solo porque son de su partido político. Yo les pido a todos los ciudadanos que (6)_____ (pensar) muy bien en las propuestas de los candidatos antes de brindarles su apoyo.

b) **Oraciones originales** Trabaja con un compañero y túrnense para completar las siguientes oraciones. ¡Atención! Las oraciones deben tener dos sujetos diferentes.

1. A los indígenas les molesta que...
2. A las feministas les sorprende que...
3. Los políticos temen que ...
4. A los inmigrantes les preocupa que...
5. A los estudiantes de español les sorprende que...
6. Los anarquistas están felices de que...

c) **Los noticiarios** Imagínense que escuchan las siguientes noticias en la televisión. ¿Cómo reaccionarían?

Modelo Un estudiante afirma que hay fantasmas en la biblioteca de la universidad
    Me extraña que reporten este tipo de noticias en la tele./ Le aconsejo al estudiante que tome un video.

1. Un candidato a la presidencia tiene negocios con el Chapo.
2. La selección de Argentina gana la Copa Mundial de fútbol.
3. Los científicos encontraron una receta para un pay de queso sin calorías.
4. El presidente dice que la economía va a mejorar el próximo año.
5. Hay un nuevo día feriado: el día del chocolate.
6. Un nuevo reporte del gobierno indica que no existe el cambio climático.
7. Se anuncia que hay más de mil especies en peligro de extinción en los Estados Unidos.
8. La energía eólica mata a cientos de miles de aves cada año.

Subjuntivo del presente perfecto

Marcela consiguió una beca para estudiar en una universidad prestigiosa. Las siguientes son las reacciones que sus amigos le enviaron.

El uso

En los ejemplos anteriores, las reacciones de las amistades de Marcela requieren del uso del subjuntivo del presente perfecto. Se requiere este tiempo porque las personas están sintiendo la emoción ahora (los verbos de sus reacciones están en el presente), pero están reaccionando a algo que ya ocurrió.

La forma

Para crear el subjuntivo del presente perfecto se usa el auxiliar **haber** en el presente subjuntivo, seguido por un participio, como puedes ver en los ejemplos de abajo. La siguiente tabla muestra la conjugación del verbo *estudiar* en el presente perfecto del subjuntivo.

	auxiliar	+ participio
yo	haya	estudiado
tú	hayas	estudiado
él/ella/usted	haya	estudiado
nosotros	hayamos	estudiado
vosotros	hayáis	estudiado
ustedes	hayan	estudiado
ellos	hayan	estudiado

Los verbos irregulares son los mismos que en el presente perfecto y terminan en una de estas tres terminaciones: *-to, -so, -cho*. Pinte a prueba y escribe los participios de los siguientes verbos irregulares.

abrir _____   escribir _____   poner _____

decir _____   hacer _____   romper _____

devolver _____   morir _____   ver _____

A practicar

a) Opiniones Habla con un compañero sobre las afirmaciones de la lista. Expresen su opinión y digan por qué y cómo ha cambiado la situación. Recuerda usar el indicativo para expresar certeza.

Expresiones útiles

Dudo que   Es evidente/mentira/horrible que…   (No) creo que   Me sorprende/molesta/alegra que

Es triste/ raro que...   Tal vez…   Quizás…

Modelo Antes los hombres y las mujeres **tenían** las mismas oportunidades en el trabajo.

→ **No creo que** en el pasado los hombres y las mujeres **hayan tenido** las mismas oportunidades porque las mujeres antes se quedaban en casa cuidando a los hijos y no ganaban un sueldo, pero ahora sí tienen las mismas oportunidades.

1. La publicidad ha ayudado a combatir los estereotipos de género.
2. La imagen de los hombres machos ha predominado en las películas de Hollywood.
3. En los cuentos para niños, las mujeres han desempeñado tradicionalmente un papel pasivo.
4. La mayoría de los líderes en el mundo han sido hombres.
5. Estudiar en las universidades siempre ha sido un privilegio para unos pocos.
6. Los concursos de belleza seguramente fueron inventados por una mujer.
7. El concepto de lo que es racista ha cambiado con el tiempo.
8. El movimiento feminista no ha tenido éxito porque los dos géneros todavía no tienen los mismos derechos.

b) Tus compañeros Escribe seis ideas sobre lo que crees/no crees que han/hayan hecho tus compañeros. Después a comparte tus ideas con la clase y tus compañeros te dirán si tienes razón o no.

Expresiones útiles: (no) creo   (no) es posible   quizás   (no) es probable   (no) estoy seguro(a) de que...

Modelo No creo que (*nombre*) haya tomado una clase de yoga.

Es probable que (*nombre*) no haya tenido un accidente de auto.

Estoy seguro de que (*nombre*) ha vivido en Portland.

IDEAS

viajar a (Puerto Rico/ México/ Guatemala/ etc.)

estar en un hospital más de tres días

mudarse recientemente

romperse un brazo/una pierna

perder (un vuelo/ una tarjeta de crédito)

tomar clases de karate/francés/yoga/cocina

cantar karaoke

escribir (una canción/ un poema/ un libro)

adoptar una mascota

llegar tarde a clase

comer (cuyo/ llama/ caballo/caracoles)

involucrarse en política

actuar en una obra de teatro

¿?

La Guerra Civil Española

Hay sucesos históricos de tal magnitud que pueden arrasar con un país y afectarnos muchas generaciones después. Estudiar y entender estos conflictos nos ayudará a no repetirlos y a aprender de las experiencias de otros. La Guerra Civil Española es uno de esos conflictos históricos que no ha terminado de cicatrizar. Entender esta guerra y sus ramificaciones son una ventana para entender a la humanidad. De hecho, no son pocos los artistas de varias partes del mundo que han creado obras extraordinarias a partir de este conflicto histórico. Entre estos artistas se cuentan George Orwell, Pablo Neruda y Ernest Hemingway… y ni hablar de artistas españoles como Pablo Picasso.

Los antecedentes de la guerra

La Guerra Civil Española ocurrió poco antes de la Segunda Guerra Mundial, entre los años 1936 y 1939. Los dos bandos que se enfrentaron fueron los republicanos y los nacionalistas. Estos últimos estaban encabezados por el general Francisco Franco, a quien se afilió una parte del ejército. La burguesía española, la iglesia Católica y las clases más altas también simpatizaban con los Nacionalistas.

Muerte de un miliciano, una de las fotografías más impresionantes de la Guerra Civil Española. Fotografía de Robert Capa. *Dominio público.*

Los nacionalistas se oponían al gobierno republicano, el cual había sido elegido democráticamente. Por su parte, los republicanos apoyaban a ese gobierno, cuyo presidente era Manuel Azaña. En el bando republicano participaron diversos grupos, entre los que se incluían los sindicatos, los anarquistas, comunistas y muchos trabajadores.

Debido al contexto político y social de toda Europa, cada uno de los bandos tenía apoyo de ciertos grupos. La facción republicana, la izquierda, estuvo apoyada por la Unión Soviética y por la mayoría de las democracias europeas. El bando de derecha, el nacionalista, contaba con el apoyo de los gobiernos fascistas de Alemania e Italia. El apoyo de estas dos naciones les dio una ventaja en cuanto a las armas que tenían a su alcance. Otras naciones, como Francia e Inglaterra, firmaron un pacto de no intervención, pero este pacto fue ignorado por Alemania e Italia.

La guerra se desencadenó el 18 de julio de 1936, tras el intento de un golpe de estado por parte del Ejército contra el gobierno legítimo de la Segunda República, encabezado por Azaña. Algunos factores que agravaron las diferencias entre los dos bandos fueron una economía atrasada, una estructura social llena de desigualdades, y la polarización de la sociedad española. A pesar de que el golpe de estado no fue victorioso, fue el evento que desencadenó la guerra civil.

> México recibió a más de 25 mil exiliados de la Guerra Civil Española, muchos de ellos científicos , artistas e intelectuales.

Aunque hay discrepancias en los estudios sobre la Guerra Civil Española, algunas fuentes sitúan el número de muertos a causa del conflicto en más de medio millón de personas. Más de 114 mil se consideran desaparecidos, y sus restos nunca fueron encontrados. La guerra dividió a familias y resultó también en inmigración masiva hacia otros países europeos y hacia América Latina, particularmente México y Chile. El número de exiliados se calcula en más de 450 mil. Al final del conflicto, se calcula que unas 120 mil personas más murieron a causa de la pobreza y hambre generadas por la guerra, y unas 50 mil más fueron fusiladas.

La guerra concluyó con la victoria de los nacionalistas. El general Francisco Franco se convirtió en el líder del nuevo gobierno, el cual dirigió hasta su muerte en el año 1975. Franco gobernó España con mano dura, aunque fue mejorando paulatinamente debido a que Franco buscó que su gobierno fuera reconocido internacionalmente, por lo que tuvo que hacer algunas concesiones. En 1970 Franco nombró al príncipe Juan Carlos como su sucesor, y fue este monarca quien inició la transición para que España regresara a la democracia.

Las heridas de esta guerra no terminan de cicatrizar. Ambos bandos cometieron atrocidades difíciles de imaginar. Los efectos de la guerra tuvieron consecuencias inesperadas en América Latina. México fue el epicentro del exilio español, y la obra de estos exiliados se tradujo en un empuje en las ciencias, las artes, la educación, la arquitectura y muchos otros campos en este país. Chile y Argentina fueron otros dos países que atrajeron a los españoles que huían de esta guerra, o de la dictadura franquista.

> Para investigar más
> El rey Juan Carlos
> Robert Capa

Para conversar

1. ¿Qué es una guerra civil?

2. ¿Cómo se compara la Guerra Civil Española a la Guerra Civil de los Estados Unidos?

3. ¿Cuáles podrían ser consecuencias personales de pertenecer a una familia en la que hay personas de los dos bandos en una guerra?

La LL y la Y

Aunque la doble ele dejó de ser una letra en el alfabeto español hace muchos años, esto no significa que no ocurra en el idioma y que no tenga un sonido singular. En muchos países ese sonido es el mismo que el de la I griega (hoy llamada "ye" por la Real Academia Española), fenómeno que se conoce como "yeísmo". El yeísmo se traduce en otra complicación ortográfica para los hablantes de aquellos países en los que ocurre. Por lo mismo, aquí te presentamos algunas reglas básicas para saber qué grafía debes utilizar.

LA _Y_

1. Si se trata de un gerundio, debes usar la ye. También ocurre con las formas del subjuntivo.

Ejemplos de gerundios	Ejemplos de subjuntivos
construyendo	construya
obstruyendo	obstruya
oyendo	intuya
yendo	vaya

2. Usa la ye al final de la palabra (pues tiene sonido de vocal).

    buey   convoy   rey

3. Si el infinitivo de un verbo se escribe con _y_, todas sus conjugaciones conservarán la _y_.

    apoyar   ayunar

4. Algunas palabras que comienzan con _h_ tienen dos ortografías aceptadas. En este caso, se usa la _y_.

    hiedra → yedra   hierba → yerba

5. Las palabras que contienen la secuencia 'yec' dentro de la palabra.

    abyecto   inyección   proyecto

Fuente: Wikipedia
CC BY-SA 4.0
File: Yeísmo idioma español.png
Creado el: 7 de noviembre de 2015

Áreas sin yeísmo

Áreas mixtas

Áreas con yeísmo

La _LL_

1. Se escriben con _ll_ las terminaciones _-illo_(s), _-illa_(s)

    almohadilla   cajetilla   ventanilla

2. Si un verbo en infinitivo lleva ll, todas las formas de la conjugación continuarás escribiéndose con _ll_, como todos los verbos cuyo infinitivo termina en _-illar_, _-ullar_ o _-ullir_.

    aullar   maullar   brillar   cepillar   engullir   escabullirse

Homófonos

aboyar poner boyas o flotar

abollar hacer una depresión en una superficie

arroyo caudal de agua

arrollo del verbo atropellar, o envolver en un rollo

cayo del verbo caer/ isla pequeña

callo del verbo callar, o dureza en la piel

haya del verbo haber: que yo haya

halla del verbo hallar: él/ella halla

aya persona que custodia niños

maya de la civilización de los mayas

malla red

faya tejido grueso de seda

falla error o defecto

rayar hacer rayas

rallar desmenuzar

rayo descarga de electricidad

rallo utensilio para rallar

royo fruta no madura

rollo objeto con forma cilíndrica para rodar

vaya subjuntivo del verbo ir: yo vaya

valla obstáculo o vallado para defensa

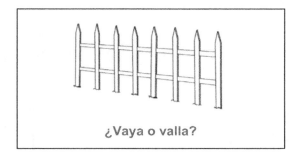

¿Vaya o valla?

Reseña de una película

En esta unidad has aprendido un poco acerca de la Guerra Civil Española. Ahora vas a explorar este tema con más profundidad a través de una de las varias películas que se han hecho sobre este tema. **¡Atención!** Esta reseña es para analizar el mensaje de una película y el punto de vista desde el cual se cuenta la historia. No es una reseña para alabar o criticar la actuación de los actores, o comentar si resultó entretenida o aburrida.

Para comenzar, elige una o dos de las películas de la lista y velas. Una vez que sepas sobre cuál quieres explorar, presenta tus ideas incluyendo la siguiente información:

1) Un resumen de lo que ocurre en la película. Da solamente la información más relevante. No trates de decir todo lo que ocurre (un resumen debe ser, por definición, breve).

2) Haz un análisis de los temas que se exploran. Explica el punto de vista de los protagonistas y de su problemática. ¿Son estos problemas algo que enfrentan algunos seres humanos en la actualidad? ¿Empatizas con ellos?

3) Analiza los elementos de la película. La trama es solamente uno de ellos, pero podemos recibir mensajes a través de la fotografía, de la música, de los colores, de lo que se dice y de lo que no se dice.

4) Ofrece tu opinión acerca de los eventos y de la historia que se narra. Concluye expresando si te gustó o no la película y por qué. Finalmente, ¿Por qué fue importante contar la historia?

Ay, Carmela (1990)

Guernica (2016)

Las bicicletas son para el verano (1984)

La buena nueva (2008)

La lengua de las mariposas (1999)

La Plaza del Diamante (1982)

Las 13 rosas (2007)

La voz dormida (2011)

Libertarias (1996)

Los girasoles ciegos (2008)

Tierra y Libertad (*Land and Freedom*) (1995)

Pájaros de papel (2010)

De interés

El cineasta mexicano Guillermo del Toro siempre ha expresado un gran interés en la Guerra Civil Española. Dos de sus películas más famosas ce sitúan dentro de ese período histórico:
El espinazo del diablo (2001)
El laberinto del Fauno (2006)

Aprender a distinguir entre noticias falsas y verdaderas

Hoy en día la persona promedio se enfrenta a una lluvia de información a través de medios electrónicos y tradicionales, y desafortunadamente esta información muchas veces no es verdadera. Por esto, es una habilidad crítica tanto en el mundo laboral como en el personal el saber distinguir entre la información en la que podemos confiar, y tener dudas sobre aquellas que no cumplan con el criterio básico para confiar en ellas.

¿Por qué hay gente que inventa, publica y difunde información falsa? La primera razón es económica: Muchas personas reciben dinero por crear tráfico hacia ciertas páginas del Internet, y publican mentiras y encabezados sensacionalistas con el propósito mercadotécnico de hacer que muchas personas se interesen y vayan a un portal donde se venda algo. En algunas ocasiones esos titulares falsos pueden tener otro tipo de consecuencia, como descargar algún virus maligno o de espionaje en nuestro equipo de computación. Por lo mismo, se debe extremar cuidado.

Hay otro tipo de noticias falsas que tienen el propósito de crear y fomentar opiniones a favor o en contra de algo o alguien. Son numerosos los ejemplos de este tipo de información que aparecen y se expanden viralmente en las redes sociales. Estas "noticias" frecuentemente tergiversan hechos, inventan datos y hasta manipulan imágenes para convencer a su público y manipular la opinión pública. Aprender a distinguir la información confiable de aquella que ha sido manipulada es imprescindible en el mundo de hoy, no solo para saber por quién votar, sino también para saber cómo algo podría afectarnos posteriormente, qué peticiones apoyar y para tratar de ser justos. Además, aprender a distinguir la información falsa de la verdadera te ayudará a no difundir mentiras, y a ayudar a tus amistades a ser más críticas con lo que comparten.

Aquí te presentamos algunas recomendaciones de los expertos para saber su puedes confiar en lo que estás leyendo:

1) Acabas de leer una noticia que un amigo compartió mediante redes sociales. ¿Te genera una emoción fuerte, como repulsión? Si es así, probablemente sea falsa.
2) ¿La noticia incluye el nombre de su autor y datos exactos sobre dónde, cuándo y cómo ocurrió? Lee la noticia entera antes de compartirla, no solo el encabezado. ¡Atención! El nombre del autor no es una garantía. ¿Quién es, dónde trabaja y qué lo autoriza como un experto en el tema?
3) Usa un buscador con el encabezado para encontrar otras fuentes que citen la misma noticia. Desconfía si no reconoces fuentes confiables, como agencias noticiosas.

4) Si la información se basa en una imagen, recuerda que hoy en día es fácil falsificarlas, o simplemente sacarlas de contexto. Guarda la imagen en tu computadora y haz una búsqueda inversa de imagen usando https://images.google.com, o https://reverse.photos/

Hace poco tiempo en las redes sociales de México circulaba una fotografía de contenedores repletos de ropa que decía que una caravana de migrantes centroamericanos habían despreciado toda la ayuda que los mexicanos les habían dado, y que la habían tirado a la basura porque no era marca de ropa. La realidad es que se trataba de una fotografía tomada en España de unos contenedores donde la gente dona ropa usada. De la misma manera se usó un video de un numeroso grupo de inmigrantes brincando una frontera. El video se usó pretendiendo que eran imágenes recientes de la frontera entre México y Estados Unidos, cuando en realidad era un video viejo de un grupo de inmigrantes africanos entrando a España. El objetivo, por supuesto, era despertar el miedo y la indignación para promover la construcción de un muro. Por supuesto, el problema no reside en tener un punto de vista, sino en apoyarlo con información verdadera, no con mentiras y propaganda.

5) Verifica la fecha de la información. Usar noticias viejas como si fueran de actualidad es otra manera de desinformar y manipular opiniones.

6) Tus conocimientos de la lengua pueden ayudarte: Muchas noticias falsas contienen errores ortográficos o gramaticales. ¿Usan signos de exclamación en el titular? Desconfía inmediatamente.

7) Las noticias verdaderas citan fuentes reconocidas en las que se puede verificar la información.

8) ¿Estás seguro de que la "noticia" es una noticia? En el Internet circulan numerosos artículos de sátira, y no son pocos los internautas que las comparten pensando que son verdad.

De acuerdo con un estudio del Instituto Tecnológico de Massachusetts sobre la red social Twitter, las noticias falsas tuvieron más difusión que las verdaderas, y además se esparcieron más rápidamente. Un estudio de la Universidad Complutense de Madrid encontró que el 86% de los usuarios de Facebook se creía las noticias falsas de esta plataforma. Estos resultados son alarmantes. Afortunadamente algunas redes sociales están implementando herramientas para que los usuarios identifiquen información falsa, pero falta mucho por hacer. Es responsabilidad de todos difundir información verdadera, pues se requiere de la verdad para tener una sociedad justa y democrática.

Autor: sam_uy
Dominio público. openclipart.com

Fuentes: BBC Mundo: Guía básica para identificar noticias falsas
Cómo distinguir las noticias falsas en redes sociales, Alana Moceri, www.entrepeneur.com

Comprensión y análisis

a) **¿Es cierto?** Lee las siguientes afirmaciones y decide si son ciertas o falsas de acuerdo con la información del artículo. Corrige las falsas.

1. Una de las razones por las que la gente inventa noticias es para hacerse famosos.
2. Compartir noticias viejas como si fueran nuevas es una táctica de desinformación.
3. Las noticias falsas siempre se escriben para propagar ideologías.
4. Los errores ortográficos son una de las claves que se usan para identificar noticias falsas.
5. Algunas personas confunden artículos de sátira con noticias verdaderas.
6. Las redes sociales están implementando herramientas para combatir la desinformación.

b) **Opiniones** Habla con un compañero sobre sus respuestas a las siguientes preguntas.

1. ¿Qué noticias falsas recuerdan haber visto últimamente?
2. ¿Han compartido recientemente noticias? ¿Por qué las compartieron? ¿Las verificaron?
3. ¿Alguna vez han leído noticias que inmediatamente les parecieron falsas? ¿Cuáles noticias y cómo lo supieron?
4. ¿Cuáles pueden ser consecuencias para las personas sobre las cuáles se dicen mentiras?

Daniel Servitje Montull

Es probable que nunca hayas escuchado el nombre de este empresario, pero tal vez que hayas escuchado el nombre de la empresa que dirige: Bimbo, una compañía mexicana que fue fundada en 1945. En la actualidad Bimbo es la empresa panadera más grande del mundo y opera en 32 países, entre ellos Canadá, Estados Unidos, México, Chile y España. Algunas de las marcas que maneja son Marinela, Tía Rosa, Barcel, Sara Lee, Mrs. Baird, Oroweat... y unas cien marcas más que juntas producen más de diez mil productos diferentes. Bimbo es una de las siete marcas más reconocidas en el mundo y la más reconocida de Latinoamérica, de acuerdo con *Kantar World Panel*.

El padre de Daniel Servitje, Lorenzo Servitje, fue cofundador de Bimbo. Daniel empezó a trabajar en la empresa de su padre a los 15 años, ayudando durante sus vacaciones escolares en los veranos. Daniel continuó trabajando con la empresa a lo largo de su juventud, con la excepción de una ausencia de dos años para estudiar una Maestría en Negocios de la Universidad de Stanford. Se reincorporó a Bimbo en 1987, y diez años después se convirtió en el Director General. Bajo su dirección, la empresa ha invertido sustancialmente a través de la compra de otras compañías panaderas en varios países, particularmente en Norteamérica.

Productos Bimbo en un supermercado de los Estados Unidos.

Bajo la dirección de Servitje Montull, la compañía ha atravesado importantes cambios para modernizarla mediante nuevas tecnologías, así como retos inesperados: Alrededor del 2010, nuevos impuestos y leyes para proteger la salud de la población mexicana afectaron la rentabilidad de los productos, debido a su alto nivel calórico. Por lo mismo, en el año 2014 Bimbo reformuló muchos de sus productos para reducir en un 10% el contenido de azúcar, en un 25% las grasas saturadas y en un 30% la cantidad de sal. También reformuló algunos de sus productos para agregarles fibra y para hacerlos más nutritivos.

La revista Forbes ha incluido a Daniel Servitje Montull en su lista de los cincuenta líderes del mundo más influyentes (2018). Una de las razones para incluirlo es el compromiso social de la empresa para ofrecer productos al alcance del presupuesto de familias de bajos ingresos. Por si eso fuera poco, también ha impulsado una industria más ecológica. Por ejemplo, Bimbo ha comprado créditos para producir energía eólica que compense por la energía usada en la manufacturación de sus productos en los Estados Unidos. Así mismo, Bimbo ha expresado su compromiso de mejorar la calidad de vida en las comunidades donde está presente, así como en continuar invirtiendo en tecnología e innovación para reducir su huella ambiental y ser una empresa sustentable. Otros de sus compromisos son con la diversidad, y con la promoción de un estilo de vida saludable (Grupo Bimbo).

Daniel Servitje Montull prueba que una persona puede ser innovadora en cualquier campo en el que trabaje.

Fuentes: Forbes, Líderes, CNBC, Expansión, Grupo Bimbo

Comprensión

1. ¿Por qué es importante la empresa Grupo Bimbo?
2. ¿Cuáles son algunas de las áreas que la empresa ha modificado bajo el liderazgo de Daniel Servitje?

Conversación

1. ¿Qué valores refleja Forbes al incluir a Daniel Servitje en su lista?
2. ¿Has probado algún producto de esta empresa?
3. Investiga qué programas ofrece Bimbo para alguna comunidad en la que opere.

La historia (cambiante) de algunas palabras

Evidentemente, la tecnología ha cambiado nuestras sociedades y se han creado miles de palabras nuevas para referirse a estos cambios. De la misma manera, el idioma español ha ido creando nuevas palabras que nos hacen reflexionar en los retos de nuestra sociedad. Las siguientes son palabras que la Real Academia de la Lengua Española (RAE) ha incluido en sus diccionarios en los últimos años, y una palabra que todavía no ha sido aceptada, a pesar de su uso extendido. Algunos se refieren a la tecnología y otros a la sociedad. ¿Has usado tú estás palabras? ¿Cómo se explica que no existieran antes? ¿Por qué crees que la palabra "feminazi" no se haya aceptado?

Feminicidio

1. m. Asesinato de una mujer a manos de un hombre por machismo o misoginia.

Esta palabra apareció por primera vez en la década de los 70 por Diana Russell, en inglés. Fue acuñado para reconocer y darle visibilidad al acoso y violencia sistemática contra la mujer. En español este término se usa desde la segunda mitad de los años 90.

Feminazi

Palabra que no figura en los diccionarios de la RAE, pero que circula en las redes sociales.

Latino(a) (2016)

Dicho de una persona que es de origen latinoamericano o hispánico y vive en los Estados Unidos de América.

Espanglish: (2017)

Modalidad del habla de algunos grupos hispanos de los Estados Unidos en la que se mezclan elementos léxicos y gramaticales del español y del inglés.

Aporofobia (2017)

Fobia a las personas pobres o desfavorecidas.

Clicar/cliquear. (2017)

Hacer clic en una zona interactiva de la pantalla. Clicar en la ventana. Clicar en la opción de "pagar".

Especismo (2017)

m. 1. Discriminación de los animales por considerarlos especies inferiores. 2. Creencia según la cual el ser humano es superior al resto de los animales, y por ello puede utilizarlos en beneficio propio.

El lenguaje inclusivo

El lenguaje inclusivo es un tema controversial en la actualidad. Nadie disputa que el idioma debe ser inclusivo, sino cómo hacerlo. ¿Es necesario cambiar la morfología del idioma para cambiar nuestra mentalidad? ¿O se están imponiendo cambios innecesarios ya que en español los términos plurales masculinos incluyen a todas las personas? **¿Qué opinas tú?**

"Sean bienvenidxs todxs lxs visitantxs"

...¿Cómo se pronuncia?

Cambiar el idioma es dar el primer paso para pensar y actuar de manera diferente.

Ejemplos de lenguaje inclusivo, según algunas fuentes:

dirigente	dirigenta
gerente	gerenta
juez	jueza
presidente	presidenta

Entonces, ¿hay que inventar también palabras para no dejar de lado a los hombres?

atleta	atleto
policía	policía
machista	machisto

Para pensar

Si alguien se imagina solo a hombres cuando escucha la palabra "todos", ¿es el idioma lo que está mal, o más bien hay que crear una sociedad con suficiente representación de hombres y mujeres en todas las áreas? ¿Dónde está la verdadera igualdad?

Ejemplos de lenguaje incluyente a través de elección de palabras, no de cambios morfológicos en el idioma.

Uso convencional	Uso incluyente
La historia del hombre	La historia de la humanidad
Los alumnos	El alumnado
Los trabajadores	El personal
Los niños	La niñez

UNIDAD 10

La música y otras artes

Objetivos

Cultura

- o Aprenderás sobre varios estilos musicales y artistas populares en varios países hispanos y su importancia.
- o Explorarás la cultura a través de obras artísticas.

Lengua

- o Expresarás ideas hipotéticas
- o Ampliarás tus conocimientos sobre el uso del futuro y el condicional

Antes de leer

¿Qué música prefieres escuchar y por qué?

¿Es la misma música que escuchan tus padres?

¿Qué papel juega la música en tu vida?

La música: herencia cultural y propuesta de nuevas identidades

Hay antropólogos que sostienen que la música, de una forma u otra, existe en todas las culturas. De lo que no hay duda es de que se le encuentra en muchos momentos históricos. Se usaba en la guerra para alentar a los soldados o **intimidar** al enemigo. Se ha usado en ritos religiosos a lo largo de toda la historia. Se usa continuamente con fines **educativos**, como una manera de recordar información. De hecho, en siglos pasados era gracias a la música que las noticias iban de un lugar a otro en forma de canciones, mediante trovadores. En México es conocida la forma musical de los corridos, los que se usaron por mucho tiempo para narrar las hazañas de algunos héroes populares, particularmente durante la Revolución Mexicana.

La música también ha sido un instrumento de comunicación entre diferentes culturas del mundo. A través de sucesos históricos, nuevos instrumentos musicales llegaron a diferentes regiones del mundo, en donde fueron adoptados para crear **propuestas** musicales innovadoras. ¿Quién reconocería la música ranchera sin un acordeón, o un son jarocho sin un arpa? Ambos instrumentos llegaron al Nuevo Mundo procedentes de Europa, al igual que la guitarra española. El uso del arpa es tan antiguo que no se sabe **exactamente** su origen, pero el acordeón apareció en Europa en el siglo XIX. Muchos instrumentos de percusión vienen de África, aunque también los hay **oriundos** de América, como es el caso de las maracas, de origen taino. La marimba, por su parte, se originó en África, pero su versión más popular ahora nació en México tras ser adaptada a uno doble teclado en el siglo XIX. Así pasó a ser un instrumento autóctono, y la música que con ella se realiza es un producto cultural único de varios países del continente americano, entre ellos México, Panamá, Colombia y Ecuador.

Mientras que muchos géneros de música tradicional se mantienen como una forma de herencia cultural, muchos músicos **combinan** y experimentan con diferentes géneros como una nueva propuesta de su propia identidad cultural. ¿Qué música te representa a ti y a tu identidad cultural?

Comprensión

1. ¿Qué teoría tienen los antropólogos?

2. ¿Cuáles son dos ejemplos del uso de la música a través de la historia?

3. ¿Cuál es el origen del acordeón y quiénes lo usan en su música tradicional?

4. ¿En qué lugares se usa la marimba?

5. ¿Por qué crees que muchos músicos combinen diferentes géneros?

Conversación

1. ¿Qué es el arte? ¿Por qué la música debe considerarse un arte?

2. ¿Qué papel juega la música en tu vida?

3. ¿Qué música te representa a ti? ¿Por qué?

4. ¿Qué papel juegan en tu vida las artes en general? ¿Cuál es tu expresión artística favorita?

5. En tu experiencia, ¿tus maestros han usado la música para ayudar a sus estudiantes? ¿Cómo?

> ¿Por qué son importantes las artes?

Sinónimos

Substituye las palabras en negrita (de la lectura) con sinónimos.

Músicos en San Miguel de Allende. Foto de Unsplash, por Bernardo Ramonfaur

VOCABULARIO
La música y las artes

La música

álbum
apreciación
armonía
balada
canción
cantautor
canto
concierto
conservatorio
coreografía
coro
disco
disco compacto (CD)
ensayo
estribillo
éxito
género
gira
grabación
letra
orquesta
premio
público (sm/ adj)
el radio /la radio
serenata
sonido
voz

Las artes

el autorretrato

el bosquejo
la composición
el diseño
el dibujo
la escultura
la estética
la forma
el grabado
el lienzo
la naturaleza muerta
la obra
el óleo
el paisaje
el primer plano
el punto focal
el retrato

Tipos de música

el blues
el hip hop
el jazz
la música de banda
la música clásica
la música country
la música folclórica
la música industrial
la música norteña
la música pop
el rap
el reggaetón

Adjetivos

abstracto(a)
barroco(a)
brillante
complicado(a)
contemporáneo(a)
cubista
culto(a)
desafinado(a)
entonado(a)
exitoso(a)
intrincado(a)
impresionista
melodioso(a)
minimalista
pegajoso(a)
popular
realista
surrealista
vanguardista

Verbos

bosquejar
componer
dibujar
dirigir
ensayar
interpretar
presentarse
tararear
tocar

A practicar

a) **Incrementa tu vocabulario.** Completa la tabla usando tus conocimientos.

Verbo	Sustantivo	adjetivo
ensayar		
	escultura	
		cantado

b) **Identificaciones** Relaciona las definiciones con la palabra a la que se refieren. Elige de entre las palabras de la lista. No las necesitarás todas.

balada	barroco	bosquejo	cantautor	componer	desafinado	ensayar
estribillo	éxito	género	grabación	interpretar	lienzo	retrato	voz

1. Es el nombre del sonido que una persona hace cuando habla o canta. _____

2. Es un tipo de arte que se distingue por tener muchos elementos. _____

3. Es un cuadro que muestra un rostro. _____

4. Es el verbo para describir cuando un cantante canta una canción o la toca. _____

5. Es un ensayo, un dibujo preliminar. _____

6. Es un tipo de música de ritmo lento y con temas generalmente románticos. _____

7. Es la parte de una canción que se repite. _____

8. Es un material que se utiliza para pintar. _____

c) **Nuestros hábitos** ¿Hacen ustedes las siguientes actividades relacionadas con la música y el arte? Tomen notas para reportarle a la clase. Expliquen por qué hacen la actividad o no.

1. (no) tocar un instrumento musical (¿por qué?)

2. (no) escuchar música cuando maneja (¿por qué?)

3. (no) gustarle cuando tocan (cierto estilo musical) en las fiestas ... (¿por qué?)

4. (no) visitar exhibiciones de arte (¿por qué?)

5. (no) tener un artista favorito(a) (¿por qué?)

6. (no) tener interés en las artes (¿por qué?)

d) Músicos famosos La siguiente es una lista de músicos de Hispanoamérica y España. Trabajen en parejas para comentar lo que saben sobre ellos. Por ejemplo, su nacionalidad, el tipo de música que interpretan, si conocen alguna canción y si apoyan alguna causa social. / *Variación:* Cada estudiante deberá hacer una presentación frente a la clase de uno de los artistas, incluyendo una reseña sobre una de sus canciones.

Carlos Santana	Maná	Juan Gabriel
Enrique Iglesias	Los Tigres del Norte	Ana Gabriel
Pitbull	Miguel Bosé	Selena Quintanilla
Luis Fonsi	La oreja de Van Gogh	Alejandro Fernández
Plácido Domingo	Los abuelos de la nada	Celia Cruz
Marc Anthony	Marc Anthony	Gloria Estefan
Los Lonely Boys	Ricky Martin	Daddy Yankee
Los Lobos	Shakira	Thalia
Paulina Rubio	Chayanne	Ricardo Montaner

e) Los talentos de la clase Busca a compañeros diferentes que hagan o hayan hecho las actividades de la lista. Pídeles información adicional para reportársela a la clase.

1. Interpretar una canción frente a un público (¿cuándo? ¿dónde?)

2. Pintar, dibujar o tomar fotografías artísticas (¿con qué frecuencia?)

3. Visitar museos de arte (¿cuáles? ¿con qué frecuencia?)

4. Tocar un instrumento musical (¿cuál?)

5. Escuchar la misma música que sus padres (¿qué tipo?)

6. Considerarse creativo(a) (¿mediante qué actividades?)

7. Comprar música de autores de España o Latinoamérica (¿quiénes?)

8. Cantar karaoke (¿qué canciones?)

f) Citas sobre la música ¿Estás de acuerdo con las siguientes citas? Explica tu interpretación sobre las citas y por qué estás de acuerdo.

Quien canta, sus males espanta. *(Miguel De Cervantes Saavedra, escritor español, 1547–1616).*

La música es el arte más directo, entra por el oído y va al corazón. *(Magdalena Martínez, flautista española, 1963)*

Error funesto es decir que hay que comprender la música para gozar de ella. La música no se hace, ni debe jamás hacerse para que se comprenda, sino para que se sienta. *(Manuel De Falla, compositor español, 1876–1946)*

Cuando un pueblo trabaja, Dios lo respeta. Pero cuando un pueblo canta, Dios lo ama. *(Facundo Cabral, cantautor argentino, 1937–2011)*

g) Opiniones Trabajen en parejas o grupos para responder las preguntas.

1. ¿Qué características debe tener una pintura para considerarse "obra de arte"?

2. ¿Qué hace que algunos artistas sean reconocidos mundialmente y otros no?

3. ¿Cómo sería la vida sin arte?

4. ¿Qué significa en tu opinión "arte"?

h) Pinturas Usa el vocabulario sugerido para hablar del arte (y el vocabulario adicional que necesites) para describir las obras que se presentan. Búscalas en el Internet para apreciar los colores y los detalles.

Retrato de Picasso, por Juan Gris. (1912). *Dominio público*. Fuente: WebMuseum, Paris.

María Teresa de Borbón y Vallabriga, por Francisco de Goya y Lucientes (1783). *National*

Vista de Toledo, por El Greco. (1597) Museo Metropolitano de Arte Moderno, NY. *Dominio público*.

Las meninas, por Diego Velázquez (1656-7). Museo del Prado. *Dominio público*. Fuente: WebMuseum, Paris.

El Imperfecto del Subjuntivo

¿Ya lo sabes?

¿Cómo completarías las siguientes ideas?

Espero que me llames por teléfono hoy.

Ayer (yo) también **esperaba** que tú _____.

Es importante que estudiemos mucho para los exámenes.

En la preparatoria también **era** importante que _____.

¡**Sugiero** que tengamos una fiesta en clase!

El año pasado yo también **sugerí** que nosotros _____.

No es probable que un artista famoso enseña la clase de arte.

El semestre pasado no era probable que un artista famoso _____.

¿Todos en la clase respondieron de la misma manera?

Es posible que haya habido variaciones, pero las tres respuestas requieren del uso del imperfecto del subjuntivo: *Ayer (yo) esperaba que tú me llamaras hoy. / En la preparatoria era importante que estudiáramos mucho para los exámenes./ El año pasado yo también quería que nosotros tuviéramos una fiesta en clase./ El semestre pasado no era probable que un artista famoso enseñara la clase de arte.*

El imperfecto del subjuntivo es necesario en estos ejemplos porque la primera cláusula presenta una situación que está en el pasado y que requiere del subjuntivo. Basándote en lo que has aprendido sobre el subjuntivo en unidades anteriores, ¿cuál es la condición que se presenta en cada uno de los ejemplos que requiere de este modo?

El imperfecto del subjuntivo

La forma

Ejemplo *-ar*	
	cantar
yo	cant**ara**
tú	cant**aras**
él/ella/usted	cant**ara**
nosotros	cant**áramos**
vosotros	cant**arais**
ustedes/ ellos	cant**aran**

Ejemplo *-er*	
	beber
yo	beb**iera**
tú	beb**ieras**
él/ella/usted	beb**iera**
nosotros	beb**iéramos**
vosotros	beb**ierais**
ustedes/ ellos	beb**ieran**

Ejemplo *-ir*	
	vivir
yo	viv**iera**
tú	viv**ieras**
él/ella/usted	viv**iera**
nosotros	viv**iéramos**
vosotros	viv**ierais**
ustedes/ellos	viv**ieran**

Algo muy interesante acerca del imperfecto del subjuntivo es que es el único tiempo en español con una conjugación alternativa.

Ejemplo –ar			Ejemplo –er			Ejemplo –ir	
	cantar			**beber**			**vivir**
yo	cantase		yo	bebiese		yo	viviese
tú	cantases		tú	bebieses		tú	vivieses
él/ella/usted	cantase		él/ella/usted	bebiese		él/ella/usted	viviese
nosotros	cantásemos		nosotros	bebiésemos		nosotros	viviésemos
vosotros	cantaseis		vosotros	bebieseis		vosotros	vivieseis
ustedes/ellos	cantasen		ustedes/ellos	bebiesen		ustedes/ellos	viviesen

El significado de ambas conjugaciones es idéntico, pero es mucho más común el uso de las conjugaciones terminadas en -ara/ -era. Las conjugaciones con **-ese** pueden verse sobre todo en la literatura y la poesía, particularmente la de siglos anteriores.

Los verbos irregulares

Los verbos irregulares en el subjuntivo del imperfecto son exactamente los mismos que en el pretérito. Por lo tanto, para obtener la forma correcta de este tiempo. encuentra la raíz de la tercera persona plural del pretérito, elimina el "-ron", y substitúyelo con la conjugación final del subjuntivo del imperfecto.

Ejemplos

Ustedes perdie**ron** → que yo perdie**ra**, que tú perdie**ras**, que perdié**ramos**, que perdie**ran**

Ustedes vinie**ron** → que yo vinie**ra**, que vinie**ras**, que vinie**ra**, que vinié**ramos**, que vinie**ran**.

El imperfecto del subjuntivo del verbo **haber** es **hubiera.** Como en todos los otros tiempos, solamente hay una conjugación para este verbo (excepto si funciona como auxiliar).

No creía que **hubiera** tantas personas.

Algunos ejemplos de verbos irregulares son los siguientes. Escribe la conjugación del imperfecto del subjuntivo para cada uno en la primera persona del singular (yo).

conducir	(yo) _____	poner	_____
dormir	_____	saber	_____
estar	_____	tener	_____
ir	_____	traducir	_____
poder	_____	venir	_____

El uso

1. Como se ve en los ejemplos al inicio de esta sección, si la primera cláusula presenta uno de los siguientes contextos en el pasado, la cláusula dependiente va a requerir del imperfecto del subjuntivo. Lee los ejemplos y escribe una oración adicional para cada caso.

Verbos de deseo

*Queríamos que la exhibición **viniera** a nuestra ciudad.*

*Picasso no deseaba que su obra Guernica **volviera** a España mientras Franco **estuviera** en el poder.*

→_____

Verbos de influencia

*Los dueños del edificio le pidieron al artista que **diseñara** un mural.*

*Sus amigos le sugirieron que **estudiara** arte.*

→_____

Duda o negación

*El artista dudaba que los críticos **entendieran** su obra.*

No creíamos que la escultura que heredó de su abuela valiera tanto dinero.

→_____

Expresiones impersonales

*Fue sorprendente que nadie **fuera** al concierto.*

*Era interesante que no **hubiera** nadie que hablara español.*

→_____

Reacciones emocionales

*Me **encantó** que al final el cantautor **regresara** a interpretar otra canción.*

Nos molestaba que los cantantes del coro llegaran tarde a todos los ensayos.

→_____

2. **Situaciones hipotéticas (imaginarias)** Se requiere del imperfecto del subjuntivo cuando hacemos afirmaciones hipotéticas que se oponen a la realidad (lo que en inglés se llama *contrary-to-fact*). Los siguientes son algunos ejemplos:

Si cantara mejor, participaría en un concurso.

Si mi amigo pintara bien, le pediría un retrato.

Observa que en los ejemplos anteriores se usa el imperfecto del subjuntivo la cláusula que contiene el _si_, pero en la cláusula dependiente se necesita el condicional. **El condicional se forma usando el verbo completo más la terminación _-ía_. Aprenderás más sobre el condicional en la siguiente sección de esta unidad.**

3. El imperfecto del subjuntivo también puede usarse para hablar de deseos a través de las palabras **ojalá** y el verbo **querer**:

> Ojalá yo **fuera** presidente.
> **Quisiera** volar.

A PRACTICAR

a) Las conjugaciones Completa con el imperfecto del subjuntivo. ¡Atención! Muchos de los verbos son irregulares o tienen cambio en el radical.

1. Cuando vi a mi cantante favorito, le pedí que _____ (darme) un autógrafo.

2. Me sorprendió que el concierto _____ (empezar) tarde.

3. Cuando era un niño mis padres querían que yo _____ (aprender) a tocar la guitarra.

4. Ojalá _____ (tener, yo) todos los álbumes de mi grupo favorito.

5. Queríamos que ustedes _____ (venir) con nosotros al evento musical.

6. Era importante que nosotros _____ (entender) la letra de las canciones para el recital.

7. Les enojó que el ensayo de la orquesta _____ (ser) cancelado.

8. Nos pareció interesante que _____ (haber) tantos aficionados a la música rap.

b) Antes y ahora Completa las oraciones de manera lógica según tus experiencias. Después compártelas con un compañero de la clase.

1. Cuando era niña mi madre quería que yo _____

   Ahora soy yo quien insiste en que mi hijo _____

2. De niño me obligaban a _____

   Ahora nadie me obliga a que_____

3. En la primaria mis maestras esperaban que yo _____

   Ahora mis profesores quieren que yo _____

4. Antes los maestros ordenaban que sus estudiantes no _____,

   pero hoy en día desean que los alumnos _____

5. En general los padres ahora prohíben que sus hijos _____

   Antes los padres prohibían que sus hijos _____

c) Cuando teníamos ocho años Trabajen en parejas para responder las preguntas y hablar de sus experiencias de niños.

1. ¿Qué querían tus padres/abuelos que tú hicieras?

2. ¿Qué comida preferías que preparara tu madre?

3. ¿Qué esperaban tus amigos de ti?

4. ¿Qué esperabas tú de tus amigos?

5. ¿Hacías algo que les molestara a tus hermanos?

6. ¿Qué querías que tu familia hiciera los fines de semana/en las vacaciones/ en Navidad?

d) La primera cita Una chica de 15 años tuvo su primera cita con un chico de su escuela. Adivina lo que quería cada una de las personas antes de la cita.

1. El padre deseaba que el muchacho...

2. El padre no quería que su hija...

3. La chica esperaba que el muchacho ...

4. A la chica no le gustó que su padre...

5. El muchacho deseaba que la chica...

6. Al muchacho le molestó que la chica...

e) Antes y ahora Lee con atención las oraciones y completa con el presente o el pretérito del subjuntivo, según sea necesario.

1. De niño, mis padres insistían en que yo _____ (aprender) español. Ahora yo también insisto en que mis hijos _____ (practicar) su español.

2. Cuando era niño, mis maestras me recomendaban que _____ (leer) 30 minutos todas las noches. Ahora, yo les recomiendo a mis sobrinos que _____ (leer).

3. De niño era necesario que mis hermanos y yo _____ (tomar, yo) el autobús a la escuela, pero ahora es necesario que nosotros _____ (conducir) a la universidad.

4. Antes las maestras insistían en que los estudiantes no _____ (hablar) nunca en clase. Ahora las maestras esperan que los alumnos _____ (participar) mucho en clase.

5. Antes los padres prohibían que sus niños _____ (ver) la tele por muchas horas. Ahora los padres les prohíben a sus niños que _____ (jugar) muchas horas en la computadora.

La redundancia

La redundancia se define como el uso de palabras innecesarias para expresar una idea que ya está clara. Algunas ideas pueden no ser redundantes en inglés, pero al tratar de traducirlas al español palabra por palabra se vuelven redundantes. Exploremos algunos de estos casos.

Salir para afuera   *To go out*

En inglés tiene sentido porque la idea de salir se comunica a través del verbo *to go* y la preposición. En español la preposición es parte del significado del verbo.

Entrar para adentro   *To go in*

Igual que en el ejemplo anterior, el idioma español emplea un verbo específico. El inglés comunica el significado a través de una preposición cuyo significado está implícito en el verbo español.

Subir arriba/bajar abajo   *To go up/down*

Es este un tercer ejemplo de redundancia producida por la preposición en inglés.

Comer comida   *To eat food*

¿Qué más se puede comer? Sin embargo, se puede usar esta expresión si se modifica de alguna manera la palabra comida: Comió <u>su</u> comida. En otras circunstancias es una aclaración inútil: Comió la comida rápidamente → comió rápidamente.

Me lavé mis manos   *I washed my hands*

Esta redundancia es más sutil. En las primeras unidades de este curso aprendiste lo que es un verbo reflexivo y su significado: que la persona hace una acción a sí mismo. Por esta razón, cuando se emplea un verbo reflexivo es inútil usar los pronombres posesivos: si la persona se lo está haciendo a sí misma, tienen que ser sus manos/dientes/ pelo, etc. En suma, no se deben usar los adjetivos posesivos cuando se trate de verbos reflexivos.

Otros ejemplos de redundancias

casualidad imprevista	nunca jamás	ver con sus propios ojos
colaborar juntos	opinión personal	volar en el aire
erradicar totalmente	pero sin embargo	volver a insistir
guardería infantil	redundancia repetitiva	
muchacho joven	requisito imprescindible	

Muchas de estas expresiones se usan de manera coloquial al hablar, pero es mejor evitarlas al escribir.

¿Tienes madera de héroe?

Elige la respuesta que mejor describa lo que harías en cada una de las siguientes situaciones. ¡Puedes escribir tu propia respuesta!

1. Si viera un incendio en una casa en la casa de mis vecinos, yo...

    a) entraría a la casa para salvar a los ocupantes.
    b) llamaría a los bomberos.
    c) buscaría una manguera.
    d) tomaría una foto y la compartiría en las redes sociales.
    e) ¿?

2. Si fuera testigo de una situación de discriminación, yo...

    a) probablemente no diría nada para no meterme en problemas.
    b) diría algo inmediatamente porque no soporto las injusticias.
    c) llamaría a la policía.
    d) tomaría video y esperaría que se hiciera viral.
    e) ¿?

3. Si estuviera en el banco en el momento de un robo...
    a) perseguiría a los ladrones.
    b) anotaría el número de las placas del coche de los asaltantes.
    c) me marcharía del banco sin que nadie se diera cuenta.
    d) llamaría a la policía discretamente.
    e) ¿?

4. Si viera un accidente automovilístico...

    a) me detendría para ayudar a las personas.
    b) llamaría al servicio de emergencias.
    c) seguiría mi camino porque generalmente voy tarde.
    d) tomaría fotos y las subiría a Instagram o a Facebook.
    e) ¿?

Trabajen en parejas para comentar sus respuestas. ¿Alguien tiene madera de héroe? ¿Alguien está obsesionado con las redes sociales?

El condicional

En la prueba para saber si eres un héroe, las opciones para las respuestas están en el condicional. Este tiempo se utiliza en combinación con el subjuntivo del imperfecto cuando presentamos ideas hipotéticas. El subjuntivo se usa para plantear la situación hipotética, y el condicional se usa en la cláusula dependiente.

    *Si tuviera talento **estudiaría** artes.*

    ***Cantaría** en la televisión si consiguiera un contrato.*

El uso del condicional

El condicional es un tiempo del indicativo que nos permite especular sobre circunstancias no existentes en un momento dado. Sirve para hablar de acciones posibles o resultantes. Generalmente aparece en una cláusula subordinada a otra.

> Yo en tu lugar no **tomaría** la clase de historia.

La forma

1. Todos los grupos de verbos (**-ar**, **-er** e **-ir**) tienen las mismas conjugaciones. Para encontrarlas, usa el infinitivo del verbo y agrega el nuevo final (**-ía**)

Ejemplo -ar

	hablar
yo	hablaría
tú	hablarías
él/ella/usted	hablaría
nosotros	hablaríamos
vosotros	hablaríais
ustedes/ellos	hablarían

Ejemplo -er

	comer
yo	comería
tú	comerías
él/ella/usted	comería
nosotros	comeríamos
vosotros	comeríais
ustedes/ellos	comerían

Ejemplo -ir

	vivir
yo	viviría
tú	vivirías
él/ella/usted	viviría
nosotros	viviríamos
vosotros	viviríais
ustedes/ellos	vivirían

2. Los siguientes son verbos irregulares.

		ejemplo de conjugación
decir	**dir-**	yo diría
hacer	**har-**	tú harías
poder	**podr-**	él podría
poner	**pondr-**	ella pondría
salir	**saldr-**	usted saldría
tener	**tendr-**	nosotros tendríamos
venir	**vendr-**	vosotros vendríais
querer	**querr-**	ellos querrían
saber	**sabr-**	ellas sabrían

3. Aunque el condicional se traduce como *would*, observa que en español solo se usa para especulaciones y <u>nunca para hablar del pasado</u>.

> *Every weekend, **he would read** the paper in his kitchen.*

> Cada fin de semana, (él) <u>leía</u> el periódico en su cocina.   (solo se puede usar el imperfecto en español)

4. El condicional de **haber** es **habría.** Como en otros tiempos, es la única conjugación que existe (a menos que se use como auxiliar).

> Pensé que **habría** más gente en el concierto.

5. El condicional puede usarse para especular acerca del <u>pasado</u>.

> ¿Por qué **no firmaría** el contrato?

6. El condicional se usa también para hacer peticiones cortésmente.

> ¿**Irías** al recital conmigo?

A practicar

a) ¿Qué harían? Trabajen en parejas para preguntarse lo que harían en las siguientes circunstancias. Luego repórtenle a la clase sus respuestas.

Modelo   <u>Cantas</u> muy bien, pero eres tímido.
Si cantara muy bien grabaría un disco aunque fuera tímido.
Si fuera tímida no cantaría más que en la ducha.

1. Tienes un trabajo que no te gusta, pero que paga muy bien.

2. Tus amigos van a salir a bailar el sábado, pero tú tienes que trabajar ese día.

3. Por tu cumpleaños recibes un retrato horrible que pintó tu tío, quien es un artista aficionado.

4. Vas a una exhibición de arte, te tropiezas y rompes una escultura valiosa.

5. Un amigo te sugiere que concursen en un programa de televisión que busca nuevos talentos para la música.

6. Vas a tener un examen importante, pero tienes que trabajar toda la noche.

b) Situaciones hipotéticas Trabaja con un compañero(a). Imaginen que están en las siguientes situaciones. ¿Qué harían?

1. Estás comiendo en un restaurante y ves a uno de tus cantantes favoritos cenando allí.

2. Hay una fiesta en tu trabajo y traen una máquina de karaoke.

3. Tu hermanito te pide que poses para un cuadro que va a exhibir en su clase de arte de la secundaria.

4. Tus amigos te retan a que hagas algo loco.

5. Tu artista favorito va a dar un concierto en tu ciudad, pero no tienes dinero para ir.

6. Shakira te invita a ti y a tus amigos a bailar con ella.

7. Te piden en la clase de español que escribas una poesía y le pongas música.

8. [Sugiérele una situación a tu compañero(a)].

c) Si el mundo fuera un pueblito Hace varios años, David J. Smith publicó un libro llamado "Si el mundo fuera un pueblito" (*If the world was a village of 100*). Se trata de un estudio estadístico de nuestro mundo. Las siguientes afirmaciones se basan en esa idea original de un pueblo que represente estadísticamente a nuestro planeta.

Lee las afirmaciones, complétalas con el condicional y después decide si son ciertas o falsas (estadísticamente). Busca en el Internet para saber qué afirmaciones son ciertas y corrige las falsas. ¿Qué les sorprende y por qué?

Si el mundo fuera un pueblito de 100 habitantes...

Nacionalidades

1. 61 de los 100 habitantes _____ (ser) de Asia.

2. Solamente _____ (vivir) aquí dos personas de los Estados Unidos.

3. _____ (haber) ocho personas de Latinoamérica (incluyendo a México y el Caribe)

Idiomas

4. La mitad de los habitantes del pueblito _____ (hablar) sólo ocho idiomas.

5. De las cien personas, 22 _____ (comunicarse) en chino y 20 en inglés.

6. Siete personas _____ (usar) el español para hablar.

Edades

7. Más de la mitad de la población _____ (tener) menos de 19 años.

8. Solamente una persona _____ (ser) mayor de 79 años.

Religiones

9. En esta comunidad, cincuenta personas _____ (practicar) el cristianismo.

10. Diecinueve de los pobladores _____ (considerarse) musulmanes, y uno judío.

11. Quince pobladores no _____ (profesar) ninguna religión.

Alfabetismo

12. De las 71 personas en edad de saber leer y escribir, 17 no _____ (saber) leer. La mayoría de los analfabetas _____ (ser) mujeres.

Nuestro futuro

¿Eres optimista acerca de la vida en el futuro? ¿Cómo será la vida en el año 2060? Lee las predicciones que aparecen a continuación, y decide si son imposibles, posibles, o si definitivamente será así.

	imposible	posible	seguro
1. El desempleo será terrible. Más del 50% de la población no tendrá trabajo.	o	o	o
2. La gente hablará un idioma universal y todos los otros idiomas desaparecerán.	o	o	o
3. Ya no habrá leones, ni tigres ni elefantes.	o	o	o
4. El gobierno sabrá todo acerca de los ciudadanos gracias al espionaje en el Internet.	o	o	o
5. El océano cubrirá muchas ciudades debido al cambio climático.	o	o	o
6. Se agotará el petróleo y el agua será escasa.	o	o	o
7. Existirán nuevas enfermedades, peores que el cáncer y que el SIDA.	o	o	o
8. Habrá más de 800 millones de habitantes en los Estados Unidos.	o	o	o
9. Las personas tendrán una computadora instalada en el cerebro para tener acceso a información inmediata.	o	o	o
10. Solamente se podrá esquiar en el agua, no existirá la nieve natural.	o	o	o
11. Regresará la moda de los años 80's.	o	o	o
12. En general, la gente será menos feliz que en la actualidad.	o	o	o

Resultados

Compara tus respuestas con un compañero de la clase. Basados en sus respuestas, ¿son ustedes optimistas o pesimistas acerca del futuro?

Hagan otras dos predicciones acerca del año 2060.

EL FUTURO SIMPLE

En español hay dos tiempos verbales para hablar acerca del futuro:

Voy a comprar música.

Compraré música.

1. El primer ejemplo recibe el nombre de **futuro perifrástico** y se usa para hablar de un futuro cercano. Es más común usarlo en conversaciones informales. El segundo ejemplo muestra el **futuro simple**, el cual se usa de manera más formal y para hablar de eventos percibidos como más lejanos.

2. Como en el caso del condicional, en el futuro simple los tres grupos de verbos *(-ar, -er, -ir)* tienen exactamente las mismas terminaciones. En ambos tiempos se necesita usar el verbo entero y añadir las nuevas terminaciones.

La forma

Ejemplo -ar

	hablar
yo	hablar**é**
tú	hablar**ás**
él/ella/usted	hablar**á**
nosotros	hablar**emos**
vosotros	hablar**éis**
ustedes/ellos	hablar**án**

Ejemplo -er

	comer
yo	comer**é**
tú	comer**ás**
él/ella/usted	comer**á**
nosotros	comer**emos**
vosotros	comer**éis**
ustedes/ellos	comer**án**

Ejemplo -ir

	vivir
yo	vivir**é**
tú	vivir**ás**
él/ella/usted	vivir**á**
nosotros	vivir**emos**
vosotros	vivir**éis**
ustedes/ellos	vivir**án**

Los siguientes son verbos irregulares. Observa que la irregularidad está en la raíz y que son los mismos verbos que son irregulares en el condicional. Estos no son los únicos verbos irregulares, pero son los más frecuentes.

decir	**dir-**	poner	**pondr-**	querer	**querr-**
haber	**habr-**	salir	**saldr-**	saber	**sabr-**
hacer	**har-**	tener	**tendr-**		
poder	**podr-**	venir	**vendr-**		

Otros usos del futuro simple

El futuro simple se usa para expresar posibilidad o para especular acerca de condiciones presentes.
Para especular sobre el presente, en general se usan solamente los siguientes verbos: **estar, haber** y **tener.**

*Marta no está aquí...¿**estará** enferma?*

*¿Cuántos años tiene Shakira? --No sé, **tendrá** unos treinta y cinco años.*

Para especular acerca de <u>acciones</u> se usa el futuro de estar con un gerundio:

-- ¿Qué está haciendo tu hermana?

*-- No sé, **<u>estará oyendo</u>** música en su cuarto.*

A practicar

a) Planes Completa con la forma necesaria del futuro simple del verbo que aparece al final de cada idea.

1. Al final del mes, _____ suficiente dinero para comprar un violín. [tener]

2. Ricardo _____ crear su propio grupo musical tan pronto pueda. [querer]

3. El nuevo álbum del grupo _____ a la venta el próximo mes. [salir]

b) Conversación Hablen sobre sus planes para el futuro usando las siguientes preguntas como guía.

El futuro cercano

1. ¿Adónde vas a ir para divertirte este fin de semana? ¿Con quién vas a salir? ¿Qué van a hacer?

2. ¿Adónde vas a viajar en verano? ¿Por qué? ¿Con quién vas a viajar?

3. ¿Qué vas a hacer al final del curso? ¿Van a seguir estudiando en el verano?

El futuro más lejano

4. ¿Qué _____ (hacer) cuando termines de estudiar? ¿ Qué tipo de trabajo _____ (buscar)?

5. ¿_____ (casarse) y _____ (tener) una familia? ¿Cómo _____ (ser)?

6. ¿Dónde _____ (vivir) en tu vejez? ¿Por qué?

c) El futuro Hablen del futuro de los siguientes temas. Hagan predicciones y expliquen por qué creen que será(a) así.

1) la educación

2) el gobierno de los Estados Unidos

3) la música y el entretenimiento

4) las casas

5) el medio ambiente

6) la manera de pagar y el dinero

7) la ropa

8) los deportes

9) los cines

10) la salud

d) Las explicaciones Encuentra una explicación lógica para los siguientes escenarios. Usa el futuro de especulación para imaginar lo que ocurre.

        Modelo   El profesor no vino a clase. → Estará enfermo

1. No hay autos en el estacionamiento de la escuela.

2. La comida de la cafetería hoy está horrible.

3. Esta mañana tu automóvil no arrancó.

4. Son las doce del día y tu mejor amigo está en cama.

5. Tus compañeros de la clase de español no han dicho nada el día de hoy.

6. Tu mascota no quiere comer nada.

7. Hay un hombre que no conoces en la sala de tu casa.

8. Todos los canales de TV están en español.

Grandes pintores hispanos

A continuación te presentamos una lista muy breve de pintores de países hispanos. Elige uno(a), investiga su obra y su estilo. Preséntale la información a la clase, incluyendo su biografía, las características principales de su arte, y un comentario personal.

Argentina
Xul Solar (Óscar Agustín
Alejandro Schultz Solari)
Prilidiano Pueyrredón

Bolivia
María Luisa Pacheco
Arturo Borda

Chile
Roberto Matta
José Perotti

Colombia
Fernando Botero
Alejandro Obregón
Lucy Tejada

Cuba
Pedro Pablo Oliva
Antonia Eiriz
Wilfredo Lam

Ecuador
Oswaldo Guayasamín
Camilo Egas

España
Salvador Dalí
Francisco Goya
El Greco
Pablo Picasso
Diego Velázquez

El Salvador
Salvador Salazar Arrué
Mario Salvador Sánchez

Estados Unidos (*artistas hispanos*)
Carlos Almaraz
Carmen Lomas Garza

Guatemala
Efraín Recinos
Carlos Mérida

México
Dr. Atl
Leonora Carrington
Frida Kahlo
Diego Rivera
Rufino Tamayo
Remedios Varo

Nicaragua
Alejandro Arostegui
Manuel García Moia

Panamá
Alfredo Sinclair
Julio Zachrisson

Perú
Fernando de Szyszlo
Claudia Coca

Puerto Rico
Francisco Oller y Cestero
Olga Albizu

República Dominicana
Cándido Bidó
Juan Medina

Uruguay
Pedro Figari
Joaquín Torres García

Venezuela
Arturo Michelena
Martín Tovar y Tovar

Detalle de un mural de Diego Rivera

Música y arte para pensar

El arte se ha usado para comunicar ideas y emociones a lo largo de la historia, pero también se ha usado para lograr cambios. Hay ejemplos de artistas en todos los campos que luchan por lograr una mejor sociedad: Proyectos como el de la fotógrafa brasileña Raquel Brutt, quien intentó sacar la fotografía de las galerías y usarla para cambiar la relación de los conductores con su ciudad. Otro ejemplo es el de los fotógrafos alemanes Julian Röder y André Lützen, quienes hicieron reflexionar sobre las verdaderas fronteras de Europa a través de su proyecto *"Mission and Task"*.

En varias ocasiones la sociedad reaccionó violentamente a estas ideas; en otras ocasiones se sembró una semilla para el cambio. Para muchos músicos latinoamericanos y del mundo entero, la música constituye una manera de influenciar a la sociedad. Es común que las letras de sus canciones lleven mensajes sociales. Por si fuera poco, muchos artistas han creado fundaciones para ayudar económicamente a quienes consideran que necesitan ayuda para progresar. También son muchos los ejemplos de artistas que han participado en eventos para ayudar a poblaciones vulnerables, como es el caso de los conciertos a beneficio de los damnificados por el huracán María, en Puerto Rico, o los terremotos del 19 de septiembre (1985 y 2017) de la Ciudad de México. Aquí abordaremos el trabajo de varios músicos de países hispanos para fomentar la justicia social. A continuación te presentamos varios ejemplos de autores comprometidos con la sociedad.

Julieta Venegas: Esta joven artista mexicana ha participado en múltiples eventos para apoyar causas sociales. Por ejemplo, en 2007 Venegas participó en una campaña de ayuda a los damnificados por un terremoto en Perú. También se unió a la campaña "Di no a la violencia contra las mujeres" patrocinada por las Naciones Unidas. En Costa Rica se unió a la causa "Engánchate al Cole" para que los niños no abandonen su educación. En México ha participado en campañas para fomentar la lectura y contra la violencia juvenil. También ha donado su trabajo para ayudar a damnificados de Haití y Japón tras catástrofes en estos países. La lista de sus labores humanitarias es muy larga y, además, Venegas ha fungido como embajadora de la UNICEF.

Fotografía de Harry Wad
De Photo: Harry Wad, CC BY 2.5,
https://commons.wikimedia.org/
w/index.php?curid=5567241

Manu Chao: La familia de este músico tuvo que emigrar a de España a Francia durante los años de la dictadura de Franco en España. Curiosamente, Manu inició su carrera como músico callejero. Posteriormente logró la fama como integrante del grupo que fundó junto con su hermano y un primo: Mano Negra. Sus canciones estaban escritas en idiomas como el francés como el español y el inglés. El grupo Mano Negra desapareció en 1995. A partir de entonces Manu desarrolló una exitosa carrera como solista, siempre solidarizándose con muchas causas, entre las que sobresalen defensa de la libertad. En sus canciones también habla de temas como la inmigración, los derechos indígenas y la antiglobalización. Chao participa ocasionalmente en conciertos para favorecer las causas que apoya.

Maná: Esta banda mexicana de rock en español ha sido ganadora de múltiples reconocimientos, incluyendo varios Grammys. La banda se originó en la ciudad de Guadalajara, Guadalajara, con el nombre de Sombrero Verde. El grupo se hizo muy popular tras firmar un importante contrato en la década de los 80 y cambiar su nombre a Maná. Aunque esta banda ha apoyado muchas causas sociales y ha participado en conciertos para ayudar a personas de varios países, quizás su causa más querida sea el activismo ambiental. Maná creó una fundación llamada Selva Negra mediante la cual financia múltiples proyectos para proteger el medio ambiente. De estos proyectos, quizás el más conocido sea el de salvar a las tortugas en la costa del océano Pacífico. Algunas de las letras de sus canciones también muestran esta preocupación.

Otras fundaciones: Particularmente famosa es las fundación de **Shakira**, Pies descalzos, la cual defiende la educación como un derecho fundamental y busca darles esta oportunidad a todos los niños de Colombia. También en este país, Colombia, **Juanes** busca la paz social y la seguridad de los niños a través de su fundación Mi Sangre. La cantante **Anahí**, a través de la fundación Sálvame, busca ayudar a los niños que sufren de acoso y violencia en el estado mexicano de Chiapas. **Juan Luis Guerra**, el cantante dominicano más famoso, creó la Fundación Juan Luis Guerra para ayudar a la población más necesitada de su país. En Estados Unidos **Carlos Santana** estableció la fundación Milagro para apoyar a todos los niños en situación vulnerable, en cualquier parte del mundo, en las áreas de educación, salud y arte. Por su parte, Ricky Martin también aboga por los niños a través de la fundación que lleva su nombre. La lista de artistas comprometidos con la sociedad es muy larga.

Después de leer

1. ¿Qué otros artistas conoces que estén comprometidos con el cambio social?

2. ¿Qué causas defienden y cómo lo hacen?

Conversación

1. De las causas que apoyan estos artistas, ¿con cuál te identificas más y por qué?

2. ¿Alguna vez una canción ha cambiado tu punto de vista sobre algo, o te ha hecho actuar?

3. ¿Alguna vez has boicoteado a algún artista porque se opone a tu punto de vista? Explica.

4. Si fueras famoso, ¿crearías una fundación? ¿Cuál sería su misión?

La equis (<u>x</u>)

La letra equis es una de las complicadas en el idioma español ya que tiene muchos sonidos diferentes, dependiendo de su entorno. Debido a varios cambios de ortografía dictados por la RAE, existen algunas palabras en español que se pueden escribir de dos maneras diferentes. El caso más evidente es el nombre de México, el cual ningún mexicano escribiría con la letra jota por cuestiones históricas. Sin embargo, durante casi 200 años la RAE quiso imponer la versión escrita con la jota. México se opuso ferozmente y, finalmente, en 1992, la RAE admitió que se podrían usar las dos ortografías, pero prefiriendo la jota como la mejor opción. Sin embargo, en el año 2001 la RAE cambió su posición, estableciendo la versión con «x» como la más recomendable.

Al igual que en otras palabras, la confusión con la jota y la equis surgió en el siglo XVII, a partir de que se hicieron algunas reformas fonéticas y se acordó que la «x» dejaría de pronunciarse como "sh" y se pronunciaría como la jota, aunque se escribiera con equis. Hay algunos otros ejemplos de palabras que aceptan las dos grafías, pero que se pronuncian como jota: Javier / Xavier; Tejas / Texas; Quijote / Quixote.

Además del sonido de la jota, la letra equis también puede representar un sonido doble, como /ks/, semejante al afecto de palabras que se escriben con dos «c».

En algunos casos la equis ha cambiado su sonido y se pronuncia como /s/, lo cual genera también dudas ortográficas. En general, si la equis está entre vocales o al final de una palabra, se pronuncia como /ks/.

Ejemplos

se pronuncia como «j»	se pronuncia como /ks/	se pronuncia como /sh/ o como /s/ (común en palabras de origen náhuatl).
Oaxaca	axioma	Xochimilco
Ximena	boxear	Xola
Xalapa	éxito	mixiote
Mexía	tórax	axiote

Las siguientes son algunas reglas para entender mejor cuándo se requiere emplear la equis.

1. Se escriben con «x» las palabras que comienzan con el prefijo ex, seguido de las consonantes "pr":

    expresar   *exprés*   *exprimir*

2. Se escriben con «x» las palabras que inician con los prefijos *ex, extra-* y *exh-*.

    expresidente   *exánime*   *exhausto*   *extraordinario*

3. Se escriben con «x» las palabras que comienzan con xeno- (extranjero), xero- (árido) y xilo- (madera):

xenófobo   *xilófago*   *xilófono*

4. El prefijo hexa- (seis) también requiere el uso de la equis.

hexagonal   *hexacordo*   *hexagrama*

5. Los sustantivos que se crean a partir de palabras terminadas en -je, -jo o -xo se escriben con equis:

anexo → anexión   *reflejo→ reflexión*

6. Se usa comúnmente antes de las consonantes **c**, **p**, **t.**

exceso   *excepción*   *explicación*

Excepciones: *esplendor, espléndido*

7. Las palabras que comienzan por: exa, exe, exi, exo y exu;

examen   *exilio*   *exuberante*

8. Las palabras que empiezan con el afijo sex-:

sexista   *sexenio*   *sexualidad*

9. Otras palabras que se escriben con equis:

auxilio   exiguo   flexible

10. Las siguientes palabras no son homófonos, pero si usas la grafía equivocada, el significado de la palabra es diferente.

esotérico (oculto, secreto)
exotérico (accesible, fácil de entender)

estática (leyes del equilibrio de los cuerpos)
extática (que experimenta un estado de éxtasis)

escoria (desecho metálico)
excoria (conjugación del verbo excoriar, lesionar la piel)

estirpe (linaje)
extirpe (conjugación del verbo extirpar)

espiar (observar en secreto)
expiar (sufrir un castigo, purificar)

cesto (recipiente)
sexto (del número seis)

Fuentes: RAE, HayFestivalQuerétaro@BBC,

El diccionario: tu mejor aliado

La tecnología no ha invalidado el uso de los diccionarios, simplemente los ha trasladado al Internet. Para escribir mejor, aprovecha la gran variedad de diccionarios a los que se puede acceder gratuitamente. No hagas búsquedas en Google, el cual ofrece información muy limitada y frecuentemente equivocada.

Toma el tiempo para explorar varios diccionarios haciendo búsquedas complicadas, y evalúa sus respuestas. Considera también que hay diccionarios diferentes, y muy probablemente los necesites todos:

> diccionario inglés-español; español-inglés
> diccionario de la lengua
> diccionario de sinónimos y antónimos
> diccionario etimológico
> diccionario de dudas

Estos diccionarios te ayudarán a entender un concepto cuando la palabra es completamente nueva para ti, o a encontrar la palabra necesaria aún si no existe una traducción exacta. Te ayudarás a evitar repeticiones a través del uso de sinónimos. Te ayudarán a crear conexiones a otras palabras y expandir tu vocabulario.

Si no usas los diccionarios y te conformas con lis resultados de Google, es muy probable que los resultados sean incorrectos porque Google interpretó textualmente algo que no lo es: *you have a green thumb*→ tienes un pulgar verde. Otra fuente de error ocurre porque Google da solamente uno o dos posibles significados. Si quieres traducir *"You don't get me"*, de acuerdo con Google esto sería "No me obtienes/llegas/consigues".

Sin embargo, el mejor diccionario no nos va a servir si no sabemos usarlo. Algunos errores de estudiantes de idiomas se han hecho famosos gracias a las combinaciones casi surrealistas que producen. En un ejemplo muy conocido, la frase *I can fly* se convirtió en "yo lata mosca". Las computadoras hacen este tipo de errores con frecuencia. Para usar el diccionario correctamente, debemos saber qué parte del idioma estamos buscando (sustantivo, verbo, adjetivo, etc). Por ejemplo, en el ejemplo anterior, hay que saber que *fly* es un verbo, no un sustantivo.

El silencio de un diccionario también habla: Si no encontramos el vocablo, es probable que no esté aceptado o que la ortografía esté equivocada. En este sentido, el diccionario de la RAE es interesante, pues incluye términos que se escuchan entre los hablantes, y los lista como desaconsejables. Un famoso ejemplo de esto es la inclusión de palabras como "almóndiga". La explicación indica que está en desuso y que se considera vulgar. En este caso, Google no tiene nada que decir.

Para ver cómo el uso de un buen diccionario es crucial, usarás uno para completar los siguientes retos.

Reto 1

De los siguientes pares de palabras, averigua cuál es la versión correcta, si las dos se aceptan, o si tienen significados diferentes:

a) antediluviano/antediluviano

b) dentífrico / dentrifrico

c) copiar / copiar

d) creatura / criatura

e) color anaranjado / color naranja

f) remangar / arremangar

Reto 2

¿Cuál es la forma femenina de las siguientes palabras?

a) alcalde

b) juez

c) gerente

Reto 3

Encuentra el plural de las siguientes palabras:

a) champú
b) bluyín
c) Óscar (premio cinematográfico)
d) menú
e) maniquí

Reto 4

¿Cómo se traduce del español al inglés?

a) comadre   c) (plática de) sobremesa

b) ralentizar   d) empalagarse

Reto 5

Averigua cuál de las siguientes expresiones utiliza las preposiciones correctamente.

a) en base a / con base en

b) de acuerdo con / de acuerdo a

c) bajo este punto de vista / desde este punto de vista

d) morarse al espejo / mirarse en el espejo

e) disparar a / disparar contra

f) autorizado a faltar / autorizado para faltar

Reto 6

Traduce las siguientes expresiones.

a) tener mano dura

b) ser la mano derecha

c) estar a mano

Reto 7

¿Cuál es el origen de las siguientes palabras?

a) siesta

b) telequinesis

c) cuchara

Y ahora… ¿ya encontraste los diccionarios que más te ayudarán en tu aventura con el idioma español?

Ser bilingüe en las artes

Hablar otro idioma proporciona ventajas claras en varias profesiones relacionadas con el arte.

Música: ¿Puedes imaginarte a un(a) cantante de ópera que no hable italiano? Aunque esté familiarizado(a) con la pronunciación, ¿cómo va a darle el sentimiento adecuado si no entiende lo que canta?

Además, hablar otro idioma les abre mercado a los intérpretes. Se habla mucho del avance a otros mercados (el *crossover*), un momento clave en la vida de cualquier artista para expandir el alcance de su música. Shakira es un buen ejemplo de esto. Esta artista colombiana obtuvo un gran éxito al empezar a cantar en inglés. De la misma manera, otros artistas cuya lengua materna no es el español se han beneficiado mucho al producir en este idioma, ya que el mercado hispano es enorme. Ejemplos de algunos artistas

> ¿Sabías que el Gordo y el Flaco (*Oliver and Hardy*) grababan sus películas en cuatro idiomas?
>
> Estos famosos cómicos del siglo pasado tenían que actuar cada escena de sus películas cuatro veces, cada una en un idioma diferente, para completar sus producciones en inglés, alemán, español e italiano.

que se han animado a cantar en español son Beyoncé, Christina Aguilera, Kylie Minogue, Bon Jovi, Michael Jackson, Laura Pausini y Andrea Bocelli.

Actuación: Al igual que en la música, el dominio de otro idioma les puede dar papeles en películas y series de televisión, además de internacionalizarlos. Una breve lista de actores famosos que dominan el español incluye a Matthew McConaughey, Gwyneth Paltrow, Ben Affleck, Matt Damon, Lupita Nyong'o, Will Smith y Viggo Mortensen. Por supuesto muchos actores de raíces latinas en los Estados Unidos han aprovechado su conocimiento de la lengua (como Michelle Rodríguez, Eva Mendes y Zoe Saldaña), aunque otros nunca se han interesado en aprender español (por ejemplo Jessica Alba y Selena Gómez).

Otras áreas de trabajo: Para los apasionados de cualquier tipo de museo, hablar otro idioma ofrece la posibilidad de dar visitas guiadas a turistas. Participar en el doblaje de series de televisión y películas es otra carrera relacionada con las artes. Hacer una búsqueda en el internet también arroja múltiples resultados en los que se solicitan educadores de arte bilingües, coordinadores de proyectos culturales y hasta terapistas (mediante el arte) bilingües.

Ensayo argumentativo sobre el arte

En esta unidad has explorado la importancia del arte y de la música en nuestra sociedad.

Ahora vas a escribir tus ideas en una composición argumentativa, es decir, un ensayo en el que quieres probar una tesis mediante argumentos convincentes. Un ensayo argumentativo parte de una opinión que se quiere probar como cierta o falsa. La estructura de un ensayo argumentativo típicamente consiste en tres partes:

La tesis: Es la opinión fundamental sobre la que se va a reflexionar. Generalmente aparece al principio, en la introducción al ensayo.

La argumentación: Una vez que se ha planteado la tesis, se comenzará la argumentación en el siguiente párrafo dando ejemplos y evidencia para refutarla o apoyarla. Es común también presentar argumentos a favor y en contra. El estilo personal puede aportar mucho en esta parte del ensayo. Por ejemplo, se puede usar el sentido del humor, la ironía o el sarcasmo para recalcar un punto.

La conclusión: Se finaliza con la comprobación o el rechazo de la tesis a partir de los argumentos que se han presentado. La conclusión tiene que ser coherente con toda la evidencia que se ha presentado y, por lo general, no aporta información nueva.

Las siguientes son algunas ideas que podrías discutir en tu ensayo argumentativo:

o (no) se debe obligar a los estudiantes en las universidades/ preparatorias a tomar clases de arte.
o (no) se debe cobrar la entrada a los museos.
o (no) es absurdo que muchas ciudades dediquen un porcentaje de su presupuesto al arte, cuando hay muchas otras necesidades básicas que no cubren.
o no se debe censurar el arte en ningún caso.
o el grafiti (no) es arte.

Diego Rivera y Frida Kahlo

Probablemente la pareja de artistas más famosa de la historia sea la conformada por Frida Kahlo y Diego Rivera, una pareja rodeada de controversias y con una historia de amor tumultuosa.

Diego Rivera

Diego Rivera nació en 1886 en la ciudad de Guanajuato. Estudió artes en la afamada Academia de San Carlos, de la Ciudad de México. Gracias a varias becas, Rivera viajó a Europa, donde vivió varios años estudiando el trabajo de los clásicos. Vivió en España, Italia y Francia. Además de su entrenamiento clásico, Rivera ser acercó a otras corrientes artísticas europeas, en particular al cubismo.

A su regreso a México, José Vasconcelos (el Secretario de Educación) invitó a Rivera a participar en una campaña patrocinada por el gobierno, y así Rivera empezó a pintar sus grandiosos murales en varios edificios de la Ciudad de México. Antes de comenzar los murales, Rivera se embarcó en un viaje por diversas partes de México, para así redescubrir a su gente, su historia y su cultura. Los murales de Rivera se enfocaron precisamente en estos temas. Diego comenzó su primer gran mural en 1922, *La Creación*, cuyo tema central era la formación de los mexicanos. Posteriormente incorporaría también el tema de los trabajadores. Diego Rivera fue invitado a pintar varios murales en los Estados Unidos, país en donde su obra inspiró el programa del presidente Roosevelt Federal Art Project. En los Estados Unidos destaca sus murales del Instituto de Arte de San Francisco y del Instituto de Arte de Detroit. Sin embargo,

Detalle de la Casa-Museo de Diego Rivera, en Guanajuato, México.

es más famoso por el mural que no pudo completar en el Centro Rockefeller, ya que Rivera se negó a eliminar la figura de Lenin de su mural, por lo que se le obligó a abandonar su trabajo y el mural, que casi se había completado, fue destruido.

La obra de Rivera encabezó el movimiento muralista latinoamericano, y sigue influenciando a muchos artistas hoy en día. Además, su arte contribuyó a que los mexicanos se revaloraran a sí mismos, y en sacar al arte de los museos y las colecciones particulares, y presentárselo a la gente común.

Frida Kahlo

Frida Kahlo (1907-1954) fue hija de una madre mexicana y un fotógrafo alemán que emigró a México en su juventud. La vida de Frida estuvo llena de dificultades. Siendo una niña, sufrió de poliomielitis, la cual le dejó secuelas negativas que la acompañaron toda su vida. Debido a su enfermedad pasó mucho tiempo en cama, recluida.

En 1922 Frida ingresó a la Escuela Nacional Preparatoria, donde se unió a un grupo de jóvenes que después se destacarían entre los intelectuales y artistas mexicanos de la época. Sin embargo, en 1925 Frida sufrió un horrendo accidente cuando viajaba en un tranvía en la Ciudad de México. A consecuencia de este accidente, su columna vertical quedó fracturada en tres partes, sufrió múltiples fracturas y un pasamanos la perforó, lesión debido a la cual nunca pudo tener hijos. Kahlo sufrió más de treinta operaciones quirúrgicas a lo largo de su vida y como consecuencia de este accidente.

A raíz de este percance, Kahlo tuvo que pasar mucho tiempo en cama. Es por ello que empieza a pintar, como una distracción, y la pintura tomó un puesto central en su vida. Usando un espejo, Frida pintó numerosos autorretratos.

Alrededor de 1928 ocurrió "el otro gran accidente" de su vida, en sus propias palabras: conocer a Diego Rivera. Aunque lo había visto en persona en 1922, mientras Diego pintaba, en 1928 comenzaron a interactuar. Los artistas se casaron en 1929. Aunque se divorciaron en 1939, volvieron a casarse posteriormente. Su relación fue extremadamente complicada, pero ambos se alimentaron el uno de la otra como artistas. Frida adoptó una moda muy mexicana a base de rebozos para complacer los gustos por lo mexicano de Rivera.

La obra de Kahlo no fue creada para tener una gran función social como la de Rivera, sino cono su instrumento terapéutico. Prácticamente toda su obra consiste en autorretratos, y es indudable que muchos de ellos revelan un gran sufrimiento.

Conversación

1. En su opinión, ¿qué elementos de la biografía de Rivera y Kahlo sobresalen?

2. Busquen en Internet varias de las obras de estos artistas. ¿Cómo se pueden describir sus estilos?

3. ¿Qué obra les gusta más: la de Rivera o la de Kahlo? ¿Por qué?

> **Si te interesa…**
> La actriz Salma Hayek dirigió una película sobre la vida de Frida Kahlo: **Frida** (2002).
>
> También hay numerosos documentales acerca de la vida de Diego Rivera.

Ejemplos de arte tradicional mexicano

Para gozar del arte, no hay más que mirar a nuestro alrededor. ¿Conoces las siguientes artesanías?

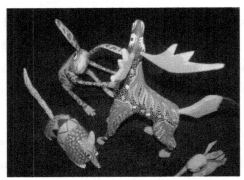

Alebrijes

Los alebrijes son animales fantásticos con elementos de varios animales diferentes. Estas artesanías mexicanas son relativamente modernas. Aunque los primeros alebrijes se hacían con materiales como papel y alambre, al llegar a Oaxaca algunos artesanos locales comenzaron a hacerlos con madera de copal, que es una madera muy ligera. La creación de estas piezas es muy importante para varios poblados de este estado, y los artesanos firman cada pieza para corroborar su autenticidad. Cada alebrije es una pieza única e irrepetible.

A investigar
Busca artesanías típicas de otro país y preséntaselas a la clase.

El papel amate

Este papel es originario de las culturas mesoamericanas y se hace con la corteza de un árbol. Las civilizaciones precolombinas lo utilizaban primordialmente para hacer códices. Hoy en día se puede encontrar en todo el país, pero es especialmente importante en el estado de Puebla. Aunque se usa en rituales religiosos y se le atribuyen propiedades mágicas, en la mayor parte del país se vende con escenas de la vida cotidiana de estas comunidades.

Detalle de un papel amate.

Exvotos

Los exvotos, también conocidos como retablos, son pinturas artísticas hechas sobre una placa de hojalata que relatan una historia sobre un milagro que le fue concedido a una persona. Fueron introducidos al Nuevo Mundo en el siglo XVI, y todavía hoy en día se siguen elaborando como un agradecimiento a un santo milagroso.

Generalmente se le encargaban a algún artista, y muchos cuentan la historia sin preocuparse de la ortografía. En México hay varias iglesias que tienen una colección considerable de estas muestras de agradecimiento, entre ellas la Basílica de Guadalupe.

De acuerdo con la revista México Desconocido, probablemente el exvoto más antiguo del Nuevo Mundo fue el que mandó a hacer Hernán Cortés a la Virgen de Guadalupe de Extremadura por salvarle la vida después de haber sido picado por un alacrán. El exvoto desapareció en el siglo XI.

Citas sobre el arte

Lee las siguientes citas sobre la música o el arte y habla con un compañero sobre lo que significan. ¿Están ustedes de acuerdo?

El arte es la expresión de los más profundos pensamientos por el camino más sencillo».

Albert Einstein

«El arte me parece, sobre todo, un estado del alma».

Marc Chagall

«El arte no reproduce aquello que es visible sino que hace visible aquello que no siempre lo es».

Paul Klee

«Lo ideal, sentido con profundidad y expresado con belleza: he ahí el arte».

Emilio Castelar

«Los espejos se emplean para verse la cara; el arte para verse el alma».

George Bernard Shaw

«El arte es la mentira que nos acerca a la verdad.»

Pablo Picasso

«El hombre a quien no conmueve el acorde de los sonidos armoniosos, es capaz de toda clase de traiciones, estratagemas y depravaciones.»

William Shakespeare

« Sin arte la vida sería un error. »

Friedrich Nietzsche

UNIDAD 11

Nuestro presente, pasado y futuro

Objetivos

Cultura

- o   Aprender sobre eventos históricos importantes en el desarrollo de las culturas hispanas.
- o   Analizar la problemática actual de nuestras culturas

Lengua

- o   Usar los tiempos perfectos para hablar con precisión acerca de eventos históricos.
- o   Hablar de situaciones hipotéticas

Antes de leer

1. En general, ¿te interesa la historia? ¿Por qué?

2. ¿Qué acontecimiento(s) de la historia influye(n) directamente en tu vida? ¿Por qué?

Antes y después de la Conquista

Si hay un evento que cambió radicalmente la vida para los habitantes de todo el mundo, ese evento es el *descubrimiento* del continente americano y su subsecuente conquista.

El historiador Noble David Cook calcula que a consecuencia de la Conquista murieron más del 90% de los habitantes del Nuevo Mundo. Aunque no existe un consenso acerca de cuántos habitantes había en América en el momento del descubrimiento, la mayoría de los estudiosos cita un número entre 50 y 90 millones, lo que significa que murieron entre 45 y 90 millones de personas. Sin embargo, aunque haya sido una conquista violenta y sangrienta, la mayor parte de las personas no murió por las guerras, sino a consecuencia de enfermedades contagiosas traídas por los europeos, y para los cuales los indígenas no tenían defensas. Otra causa de la muerte masiva de los indígenas fue su esclavización a través de un

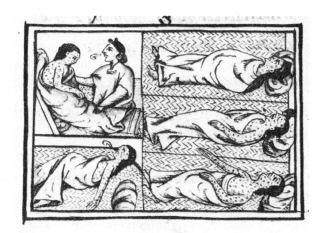

Imagen del Códice Florentino que muestra a la población azteca sufriendo por el contagio de viruela. *Dominio público.*

sistema llamado *encomienda*, mediante el cual se le "encomendaban" a un español para que los convirtiera al catolicismo y les enseñara a vivir de acuerdo a esta religión. A cambio de esta guía y protección, los indígenas debían trabajar para la persona a la que fueran encomendados. La encomienda fue básicamente una forma de esclavitud que también acabó con la vida de muchos.

¿Qué ocurrió con la población sobreviviente? Se necesitarían varios libros para relatarlo. Grupos diferentes tuvieron suertes distintas. Sin embargo, lo que siguió para la mayoría fueron siglos de opresión que en muchos casos todavía continúan.

Si consideramos que la mayoría de 300 mil españoles que llegaron tras la conquista eran hombres, se entenderá el fenómeno del mestizaje: muchas mujeres indígenas tuvieron hijos con estos españoles, apareciendo así una nueva casta, la de los mestizos. También los esclavos traídos de África para trabajar como esclavos se mezclaron. Comenzaron a aparecer más grupos o castas, unos tratados peor que otros.

Ahora, más de quinientos años después de la Conquista de América, muchas de las culturas originales sobreviven, aunque la mayoría en condiciones marginadas. La población indígena de Latinoamérica es el 8% del total de los habitantes de la región, pero los indígenas son más del 15% de las personas que viven en la pobreza en estos países. En México la población indígena es de aproximadamente 25 millones de personas (21% de la población). Curiosamente, menos de un 7% habla una lengua indígena a pesar de que México es una de las naciones más ricas lingüísticamente hablando, con unas 280 lenguas (*Ethnologue*).

En Bolivia las cifras son contradictorias. En 2009 un 62% de la población se autoidentificó como indígena, pero en 2012 este número había caído al 40%. Quizás la identidad indígena se esté mezclando con la identidad mestiza. Por su parte, Guatemala y Ecuador cuentan con una población indígena de más del 35%.

Considerarse indígena no es una identidad ligada al tono de la piel, sino a su cultura. Muchos mestizos probablemente pertenecen a grupos indígenas genéticamente hablando, pero su identidad ha cambiado. Aun cuando la cultura de una persona ya no sea la indígena, muchas personas sufren discriminación por su aspecto físico. Mientras más rasgos indígenas tengan, es más probable que encuentren más obstáculos. De acuerdo con

> ### Declaración de las Naciones Unidas sobre los derechos de los pueblos indígenas (2007)
>
> Los siguientes son los primeros siete artículos de esta declaración:
>
> **Artículo 1** Los indígenas tienen derecho, como pueblos o como individuos, al disfrute pleno de todos los derechos humanos y las libertades fundamentales reconocidos en la Carta de las Naciones Unidas, la Declaración Universal de Derechos Humanos y las normas internacionales de derechos humanos.
> **Artículo 2** Los pueblos y los individuos indígenas son libres e iguales a todos los demás pueblos y personas y tienen derecho a no ser objeto de ningún tipo de discriminación en el ejercicio de sus derechos, en particular la fundada en su origen o identidad indígenas.
> **Artículo 3** Los pueblos indígenas tienen derecho a la libre determinación. En virtud de ese derecho determinan libremente su condición política y persiguen libremente su desarrollo económico, social y cultural.
> **Artículo 4** Los pueblos indígenas, en ejercicio de su derecho a la libre determinación, tienen derecho a la autonomía o al autogobierno en las cuestiones relacionadas con sus asuntos internos y locales, así como a disponer de medios para financiar sus funciones autónomas.
> **Artículo 5** Los pueblos indígenas tienen derecho a conservar y reforzar sus propias instituciones políticas, jurídicas, económicas, sociales y culturales, manteniendo a la vez su derecho a participar plenamente, si lo desean, en la vida política, económica, social y cultural del Estado.
> **Artículo 6** Toda persona indígena tiene derecho a una nacionalidad.

worldbank.org, en Latinoamérica es tres veces más probable que una persona sea pobre si es de una cultura indígena. De acuerdo con la misma fuente, la esperanza de vida de una persona indígena es de hasta 20 años menos que otras personas.

Aunque en los últimos veinte años se han reconocido los derechos de más grupos indígenas, muchos continúan peleando por derechos básicos como el de conservar sus tierras, su cultura ancestral y su idioma. En este sentido, las Naciones Unidas dieron un paso muy importante al redactar su declaración sobre los derechos de los pueblos indígenas, en el año 2007. Sin embargo, hay mucho que hacer para lograr la verdadera igualdad de los pueblos indígenas.

Comprensión

a) **Resumen** Explica en menos de 50 palabras las ideas más importantes del artículo.

b) **¿Cierto o falso?** Decide si las ideas son ciertas o falsas según el artículo, y corrige las falsas.

1. A consecuencia de la Conquista, murieron 50 millones de personas.

2. Las enfermedades contagiosas fueron una de las causas más importantes en el declive de la población

3. La encomienda fue un sistema usado por los indígenas para conseguir trabajo.

4. En Latinoamérica, el 40% de la población es indígena.

5. México es el país latinoamericano con la mayor proporción de población indígena.

6. La esperanza de vida de los pueblos indígenas es menor que la de otros grupos.

Conversación

1. ¿De qué grupos indígenas has oído hablar?

2. ¿Qué sabes sobre sus culturas?

3. En tu opinión, ¿qué semejanzas y diferencias hay entre los Pueblos Originarios de los Estados Unidos y las comunidades indígenas de Latinoamérica?

4. En tu opinión, ¿se cumple en la actualidad con los seis artículos de la Declaración de las Naciones Unidas sobre los derechos de los pueblos indígenas? (Nota: La Declaración tiene más de seis artículos. Busquen el resto de esta Declaración y comenten cuáles son posibles consecuencias para los indígenas cuando no se respetan estos derechos).

Cuenca, Ecuador. Fotografía de Luis M Casas.

Nuestro presente, pasado y futuro

Vocabulario básico

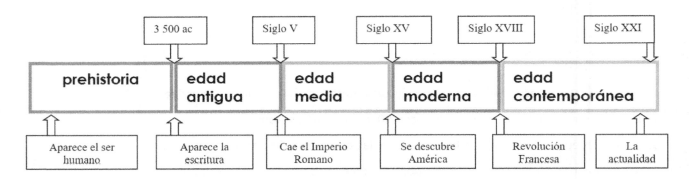

AC	Guerra Mundial	revolución
acontecimientos	(primera/segunda)	vanguardia
ataque	Ilustración	
colonia	imperio	**Religiones**
colonización	Inquisición	cristiano
contemporáneo	invasión	judío
conquista	medieval	musulmán
cronología	mestizaje	
DC	milenio	**Verbos**
edad media	obscurantismo	aliarse
época	período	convertirse
edad de piedra	persecución	perseguir
era	prehistoria	quemar
exploración	saqueo	saquear
exterminio	siglo	
florecimiento	suceso	

Verbo	Sustantivo	adjetivo
perseguir		
	persecución	
		aliado
quemar		

a) **Relaciones** Trabajen en parejas para explicar cuál es la relación entre cada par de palabras.

1. siglo   década
2. AC   DC
3. imperio   colonia
4. persecución   exterminio
5. prehistoria   historia
6. contemporáneo   vanguardista

b) **¿Qué palabra se necesita?** Usa la lista de palabras de abajo para ayudarte a encontrar la palabra necesaria para completar las ideas. **¡Atención!** Es posible que tengas que convertir la palabra a otra parte gramatical.

Modelo: exploración

Cristóbal Colón les pidió dinero a los Reyes Católicos para __*explorar*__ una nueva ruta a las Indias.

| ataque | colonización | cronología | prehistoria | musulmán |

1. Muchos pueblos de las Américas fueron _____ por los europeos.

2. En la religión _____ se siguen las enseñanzas del profeta Mahoma.

3. Los piratas _____ frecuentemente ciudades como Panamá y Cartagena.

4. En España se han encontrado algunos de los más viejos jeroglíficos _____.

5. Este diagrama pone en orden _____ todos los eventos importantes de la Edad Media.

c) **Nuestros conocimientos** Habla con un compañero(a) y compartan lo que saben sobre cada uno de los sucesos históricos de la lista. Después decidan si este suceso histórico los afecta de alguna manera y cómo.

1. La guerra entre México y Estados Unidos

2. La Guerra entre España y Estados Unidos

3. La Segunda Guerra Mundial

4. La Inquisición

5. La expulsión de los judíos de España

6. El ataque terrorista del 11 de septiembre

Verbos similares con significados diferentes (parte 2)

Los siguientes grupos de verbos a veces crean confusión porque son semejantes en español, o porque en inglés solo hay una palabra para referirse a ambos.

acordar → Decidir algo junto con otra persona

acordarse (de) → recordar (uno mismo), cuando algo viene a la mente

recordar → Venir a la memoria, (no es pronominal: no se usa el pronombre ni la preposición).

1. Mis amigos y yo _____ reunirnos todos los días para estudiar juntos.

2. (Yo) no _____ del nombre del presidente de Colombia, ¿y tú?

3. (Yo) _____ muy bien mi primer día de clases en esta universidad.

4. ¿(Tú) _____ de mi número de teléfono?

5. Cada vez que hay un problema, mi familia _____ reunirse para discutirlo.

comer → Consumir alimentos masticándolos (nota: Recuerda que "comer comida" es redundante).

tragar → Engullir. Comer con voracidad, pasar los alimentos sin masticarlos. No es sinónimo de comer.

1. Tenían mucha hambre y _____ la comida en un instante.

2. Los comensales _____ lentamente, disfrutando de la conversación.

3. No _____ nada porque no tuvimos tiempo.

4. Por favor, _____ (*tú, mandato*) esta píldora.

ganar (dinero) → obtener un pago.

ahorrar (dinero) → conservar una parte del dinero que se tiene.

hacer dinero → emitir moneda, fabricar dinero.

salvar → poner a salvo a una persona, darle seguridad.

1. Es recomendable _____ parte de nuestro sueldo.

2. Es importante _____ un sueldo que nos permita cubrir nuestras necesidades.

3. _____ a una persona en peligro es una cuestión moral.

4. _____ dinero es ilegal, solamente el gobierno tiene ese derecho.

5. Felicia no _____ nada en ese trabajo porque lo hace como voluntaria.

tomar → Sujetar con las manos. Hacer uso de un medio de transporte. Beber.

agarrar → asir fuertemente.

coger → tomar, sujetar. Es de uso frecuente en España, pero tiene un significado sexual en varios países de Hispanoamérica, particularmente en México. En España también tiene otros significados. Por ejemplo, coger un resfriado, coger un autobús, etc.

1. En la película, el hombre _____ a la mujer del brazo con violencia, y ella empezó a gritar.

2. Los alumnos _____ los libros y los pusieron en el estante.

3. No pudimos _____ el metro porque lo habían cerrado.

funcionar → Una máquina desempeña sus funciones correctamente.

trabajar → Una persona ejecuta una labor necesaria o a cambio de un pago.

servir → funcionar (un aparato).

1. Traté de sacar dinero del banco usando el cajero automático, pero no _____.

2. El internet no _____ bien. Debemos llamar a un técnico.

3. Si _____ con la computadora terminarás más rápidamente.

romperse → un objeto se parte en dos o más partes.

descomponerse → una máquina deja de trabajar.

1. Mi auto _____ . Voy a tener que llevarlo a un taller mecánico.

2. A Raúl se le _____ los pantalones… ¡Qué vergüenza pasó!

3. El avión _____ en dos partes tras el impacto.

Traducciones

¿Cómo se traducen al español las siguientes oraciones?

1. We must start saving more for our retirement. _____

2. The TV is not working properly. _____

3. How much does he make per month? _____

4. Do you agree to see a doctor? _____

5. I don't recall her name. _____

¿Qué sabes de la historia mundial?

Para cada par de oraciones, indica cuál es cierta (o si ambas son ciertas y significan lo mismo).

1.

a) La Segunda Guerra Mundial ya había terminado cuando empezó la Guerra Civil Española.

b) La Segunda Guerra Mundial terminó cuando empezó la Guerra Civil Española.

2.

a) La sociedad maya declinó cuando llegaron los europeos.

b) La sociedad maya ya había declinado cuando llegaron los europeos.

3.

a) Estados Unidos ya se había hecho un país independiente cuando México obtuvo su independencia.

b) Estados Unidos se hizo un país independiente cuando México obtuvo su independencia.

4.

a) Los europeos ya habían conocido el chocolate antes de que Colón llegara a América.

b) Los europeos conocieron el chocolate cuando Colón llegó a América.

El pluscuamperfecto

En los ejemplos anteriores se usaron dos tiempos para hablar del pasado, pero su significado es ligeramente diferente. El pluscuamperfecto (*había terminado, habían conocido*) se usa para hablar de una acción que se completó antes que otra acción en el pasado. Se puede usar este tiempo solamente si existe este contexto. En los ejemplos de arriba, cuando se substituye el pluscuamperfecto por el pretérito, indica una secuencia de eventos en ese orden. Es posible que en algunos casos signifique lo mismo, pero no en todos.

La forma

Ejemplo de conjugación con un verbo -*ar*.

	auxiliar	participio
yo	había	estudiado
tú	habías	estudiado
él/ ella/ usted	había	estudiado
nosotros	habíamos	estudiado
vosotros	habíais	estudiado
ustedes	habían	estudiado
ellos/ ellas	habían	estudiado

Notas adicionales

Los mismos verbos que son irregulares en otros tiempos perfectos lo son en el pluscuamperfecto (también llamado *pasado perfecto*). Algunas palabras que tienden a usarse junto con este tiempo son **ya** y **todavía no**.

A practicar

a) ¿Qué había ocurrido ya? Escribe cuatro oraciones sobre lo que había o no había ocurrido antes de otro momento en el pasado.

1492	**1520**	**1521**	**1539**
⇑	⇑	⇑	⇑
Colón encuentra América	Muere Moctezuma	Cortés conquista a los aztecas	Pedro de Valdivia inicia la conquista de Chile.

1. _____

2. _____

3. _____

4. _____

b) ¿Qué había pasado? Combina los eventos en una oración indicando su relación temporal y usando el pretérito y el pluscuamperfecto. No uses las fechas sino los tiempos para establecer qué ocurrió primero.

Modelo   31 de marzo de 1492: Se expulsa a los judíos de España

12 de octubre de 1492: Colón llega a América

→ *Cuando Colón **llegó** a América, la Corona española **ya había expulsado** a los judíos.*

1. Antonio de Nebrija publica la primera gramática española en 1492. La primera gramática francesa se publica en 1530.

_____

2. México consigue su independencia en 1821. Argentina declara su independencia en 1816.

_____

3. La misión espacial Apolo llega a la Luna en 1969. Los rusos lanzan Sputnik a la órbita en 1957 (el primer satélite artificial de la historia).

_____

El condicional perfecto

Observa la siguiente conversación y completa el espacio en blanco:

- ¿Te gustó la exhibición?

- Pues… habría preferido ir al cine porque en realidad no me gusta mucho el arte moderno.

- De saber que no te gusta el arte moderno, yo no _____ (invitarte) a la exhibición.

La forma

Se debe conjugar el auxiliar **_haber_** en el condicional, y usar el verbo principal en participio, como se ve en el siguiente ejemplo de la conjugación del verbo caminar en el condicional perfecto.

auxiliar	participio	
yo	habría	caminado
tú	habrías	caminado
él/ ella/ usted	habría	caminado
nosotros	habríamos	caminado
vosotros	habríais	caminado
ustedes	habrían	caminado
ellos/ ellas	habrían	caminado

El uso

1) Se usa para expresar <u>probabilidad</u> o <u>conjeturas</u> sobre el pasado.

> *¿No fuiste a la exhibición? Creo que te habría gustado.*

> *Creo que no les gustó la película. Quizás habrían preferido quedarse en casa.*

2) Se usa para expresar una acción _contraria a la realidad_ (hipotética) acerca del pasado. En otras palabras, expresa lo que fue una posibilidad en su momento, pero no sucedió.

> *Sin ustedes, la obra habría sido un fracaso.*

> *De saber que ibas a venir, te habría hecho un pastel.*

> *Yo, en tu lugar, les habría pedido ayuda a los vecinos.*

A practicar

a) **Todo está mal** Imagínate que eres una persona muy crítica y siempre crees que tú habrías hecho algo mejor. Explica cómo habrías hecho diferentes las siguientes actividades.

Modelo El final de la película es demasiado triste. *Yo...* ___ *habría producido un final con más esperanza* .

1. El gobierno ayudó a los indígenas con víveres. Yo _____

2. La comunidad abrió una cooperativa para vender sus artesanías. Yo _____

3. Los jóvenes no querían hablar su lengua materna. Yo _____

4. La película mostró a los indígenas desde el punto de vista occidental. Yo _____

5. El libro de historia no publicó toda la verdad. Yo _____

b) **Fiesta para los jóvenes** Unos jóvenes activistas decidieron hacer una fiesta para recaudar fondos para su comunidad. Sin embargo, todo les salió mal. Conversa con un(a) compañero(a): ¿Qué habrían hecho ustedes diferente?

Modelo   Cobraron solo cinco pesos por la entrada → *Yo habría cobrado cincuenta pesos.*

1)   Solamente había papas fritas y cacahuates para comer.

2)   Se les acabó la comida muy pronto.

3)   Se les descompuso el equipo de estéreo y se acabó la música.

4)   No había lugares para sentarse.

5)   Los invitados empezaron a irse temprano.

6)   Había mucha gente aburrida.

7)   Llegó la policía porque los vecinos se quejaron del ruido.

8)   La abuelita del anfitrión estaba vigilando que nadie se besara ni se tomara de la mano.

¿Ya lo sabías?

Elige la idea te suena mejor en cada caso.

1. a) Si Cristóbal Colón no hubiera descubierto América, no habría chocolate en Europa.

    b) Si Cristóbal Colón no hubiera descubierto América, no hubiera chocolate en Europa .

2. a) Yo te habría invitado si hubiera sabido que te gustaban las películas históricas.

    b) Yo te hubiera invitado si habría sabido que te gustaban las películas históricas.

3. a) La historia de Argentina habría sido diferente si Eva Perón no hubiera sido tan popular.

    b) La historia de Argentina hubiera sido diferente si Eva Perón no habría sido tan popular.

El tiempo usado dos veces en 1-b se llama *subjuntivo del pluscuamperfecto*. Es correcto usarlo en ambas cláusulas. Sin embargo, no se puede usar el condicional en la cláusula que contiene el "si". Por la tanto, las oraciones 2.-b) y 3.-b) son incorrectas.

El subjuntivo del pluscuamperfecto

El subjuntivo del pluscuamperfecto, al ideal que el condicional perfecto, sirve para hablar de ideas hipotéticas (contrarias a la realidad) en el pasado. Si la idea se presenta con la palabra «**si**», se debe usar el subjuntivo en la cláusula principal (la que contiene el "*si*"). La cláusula subordinada puede estar en el condicional o el condicional perfecto. En Latinoamérica es aceptable usar el subjuntivo del pluscuamperfecto en las dos cláusulas.

Cláusula principal	Cláusula subordinada (consecuencia)

*Si no **hubiera ocurrido** la Guerra Civil española, mis abuelos no **habrían inmigrado** .*

*Si no **hubiera ocurrido** la Guerra Civil española, mis abuelos no **hubieran inmigrado**.*

El ejemplo anterior requiere de tiempos perfectos porque todas las acciones han concluido, pero si las consecuencias afectaran todavía en el presente, se usaría el condicional:

Cláusula principal	Cláusula subordinada (consecuencia)

*Si no **hubiera ocurrido** la Guerra Civil española, mis abuelos no **vivirían** (ahora) en Argentina.*

Si se **hubiera declarado** al alemán como el idioma oficial de los Estados Unidos, **hablaríamos** alemán ahora.

En todos estos casos es posible invertir el orden de las cláusulas. Es decir, se puede empezar con cualquiera de las dos.

El subjuntivo del pluscuamperfecto

A practicar

a) Acontecimientos históricos Piensen en cómo sería diferente nuestro mundo si no hubieran ocurrido los siguientes eventos históricos. Usen el subjuntivo del pluscuamperfecto, como en el modelo.

Modelo	Estudiante 1:	¿Qué habría pasado si los aztecas **hubieran conquistado** a los españoles?
	Estudiante 2:	Probablemente en España se **hablaría** náhuatl./ Los españoles **no hubieran construido** iglesias en Latinoamérica.

1. Cristóbal Colón / llegar directamente a Nueva York.
2. Los franceses/ no regalar la estatua de la libertad a N.Y.
3. Declararse el alemán como la lengua oficial de Estados Unidos.
4. México/ perder la Batalla del Cinco de Mayo
5. La electricidad/ no descubrirse
6. Colón/ no encontrar América.
7. No haber una pandemia en 2020-21
8. ¿? (menciona otro evento histórico)

b) ¿Cómo habría sido tu vida diferente si...? Piensa en dos consecuencias para cada una y coméntalas con un(a) compañero(a).

1. no hablar español
2. no tener hermanos
3. (tú) nacer en Finlandia
4. no aprender a leer ni escribir

5. nacer en 1800
6. medir dos metros
7. conocer a Hernán Cortés o a Francisco Pizarro
8. ¿? (menciona otra idea hipotética)

c) Un día fatal En parejas, túrnense para imaginar que les sucedieron los eventos de la lista. Su compañero(a) va a reaccionar usando el subjuntivo del pluscuamperfecto, como en el modelo.

Modelo	Ayer/ ir de compras... la tienda cerrar
	Estudiante 1 → Ayer fui de compras, pero cuando llegué a la tienda, **ya había cerrado**.
	Estudiante 2: →¡**Qué lástima** que la tienda ya hubiera cerrado!

Expresiones útiles: Qué lástima   qué horror   qué interesante   qué bueno/malo   qué mala suerte

1. José/querer abrir una cuenta de ahorros con el dinero de los impuestos... su esposa gastar el dinero
2. Mis amigos querer hacer un pastel... acabarse los huevos
3. Yo/ invitar a mi novia al cine.... ella/ ver la película
4. Nosotros planear/ ver una película en el cine... las entradas agotarse
5. Yo/ ir al veterinario... mi mascota morir

Otras cláusulas hipotéticas

¿Ya lo sabías?

Decide cuál de las siguientes oraciones suena mejor. **¡Atención!** En los ejemplos hay dos posibilidades correctas y una incorrecta.

1. a) Si ustedes no entienden la explicación le preguntaran al profesor

    b) Si ustedes no entienden la explicación le preguntan al profesor

    c) Si ustedes no entienden la explicación pregúntenle al profesor

2. a) Si estoy enfermo me quedo en casa

    b) Si estoy enfermo me quedaba en casa

    c) Si estoy enfermo me quedaré en casa

3. a) Si te operan este fin de semana te visitaré

    b) Si te operan este fin de semana te visitara

    c) Si me operan este fin de semana visítame

Observa que en todos los ejemplos anteriores estamos hablando de situaciones hipotéticas posibles.
Algo que también tienen en común todos los ejemplos es que el verbo en la cláusula que contiene el "si" está en el presente. Cuando el verbo de la cláusula con el "si" (cláusula principal) está en presente, hay tres posibilidades lógicas para el verbo en la cláusula dependiente: presente (rutina), mandato, o futuro. El uso del condicional en la cláusula dependiente no se considera correcto.

Ejemplos

Si **tienes dudas** sobre el examen **hablas** con tu profesor.   (rutina, siempre hago esto).

Si **tienes dudas** sobre el examen **habla** con tu profesor.   (mandato/recomendación)

Si **tienes dudas** sobre el examen **hablarás/vas a hablar** con tu profesor. (futuro, consecuencia)

A practicar

a) Ideas incompletas Completa las siguientes oraciones de forma lógica.

1. Si quiero saber más sobre la historia...

2. Si falto a clase...

3. Si voy al museo...

4. Si debemos escribir un ensayo...

5. Si te interesan los derechos humanos...

Cláusulas con *si*

a) Situaciones comunes ¿Cómo reaccionas tú generalmente a las siguientes situaciones? Las sugerencias en la lista son para darte ideas, pero puedes responder con cualquier verbo. Usa el presente.

Modelo   Si estoy cansado

→ Si estoy cansado, me pongo de mal humor o encuentro la manera de tomar una siesta.

dormir comer chocolates hacer dieta fumar hacer ejercicio ir de compras mirar tele tomar una copa

1. Si estoy muy feliz…

2. Si estoy aburrido(a)…

3. Si estoy agobiado(a) por mis clases…

4. Si me falta tiempo…

5. Si me sobra tiempo…

6. Si no me queda mi ropa…

b) Los favores Trabaja con un(a) compañero(a) y túrnense para completar las oraciones con un <u>mandato</u>.

1. Si encuentras mis llaves...

2. Si te pido ayuda para estudiar...

3. Si ganas la lotería...

4. Si vas al supermercado...

5. Si tienes tiempo libre esta tarde...

6. Si horneas un postre delicioso...

c) El tiempo lógico Elige el tiempo/modo más lógico para completar las oraciones (presente, futuro o mandatos).

1. Si Elisa me visita esta tarde, _____ (ir, nosotros) al cine.

2. Si tienes suficiente dinero, _____ (pagar, tú) la cena en el restaurante.

3. Cada fin de semana yo _____ (hacer) ejercicio si me levanto temprano.

4. La guerra _____ (terminar) si no hay más dinero para pagarla.

5. La próxima semana _____ (haber) un examen si terminamos el capítulo 5.

6. Si estás a dieta, no _____ (traer, tú) comida chatarra.

7. Mi familia _____ (viajar) a la playa si mañana hace micho calor.

8. No _____ (comprar, yo) un refrigerador nuevo si no recibo un aumento de sueldo.

9. Los domingos _____ (ir, ustedes) al parque si no llueve.

10. Estudiaré esta noche si _____ (tener, yo) tiempo.

d) El futuro Trabaja con un(a) compañero(a) y completen las ideas sobre lo que harán si ocurren las siguientes condiciones.

1. Si paso todas mis clases con "A" este trimestre, (yo)...

2. Si compro un auto nuevo...

3. Si voy de vacaciones a México el próximo año...

4. Si encuentro un buen trabajo en el verano...

5. Si mis amigos y yo...

6. Si la economía empeora...

7. Si nieva esta noche...

8. ¿?

Situaciones hipotéticas posibles y contrarias a la realidad

En los siguientes ejercicios vas a practicar todas las situaciones hipotéticas mezcladas. Si es necesario, regresa a las páginas con ejemplos del subjuntivo del pluscuamperfecto y del condicional perfecto para leer las explicaciones.

a) Combinaciones Combina la primera columna con la segunda para crear oraciones lógicas y gramaticales.

1. Si te veo en la fiesta...	a) te hubiera saludado
2. Si te viera en la fiesta...	b) te saludaría
3. Si te hubiera visto en la fiesta...	c) te saludo
	d) te saludaré
	e) Salúdame
	f) te saludara
	g) te habría saludado

c) El error Encuentra el error (o los errores) en cada una de las siguientes oraciones y corrígelo(s).

1. Si tendríamos más tiempo, nuestra presentación fuera mejor. _____

2. Te habría invitado a mi fiesta si encontrara tu número de teléfono. _____

3. Yo fuera de viaje si pudiera ahorrar un poco más. _____

4. Por favor, enciendan las luces si no llegaríamos a las ocho de la noche. _____

5. Si yo sería tú, no volviera a hablarle a esa persona. _____

d) El tiempo lógico Lee con atención las siguientes ideas y complétalas con el tiempo más lógico del verbo entre paréntesis.

1. Viajaría por todo el mundo si _____ (ser, yo) piloto de avión.

2. Mis hermanos _____ (tener) más interés en la escuela si _____ (leer) más.

3. Habríamos estudiado más si _____ (tener) un maestro exigente el semestre pasado.

4. Si _____ (sentirte) mal, siéntate.

5. Gritaríamos de felicidad si _____ (conseguir) excelentes calificaciones en todas nuestras clases.

6. Si el presidente _____ (querer) mi opinión, _____ (dársela).

7. Te habría llamado si tú_____ (necesitar) ayuda.

8. Si hubiéramos escuchado antes sobre los derechos humanos, _____ (escribir) el ensayo sobre ese tema.

9. Los historiadores escribirían más libros si _____ (tener) más tiempo.

10. Tendríamos un mejor sistema de educación si el gobierno _____ (invertir) más recursos.

f) La historia ¿Cómo habría sido diferente la historia si las condiciones hubieran sido las que se describen abajo?

1. Si Cristóbal Colón no hubiera encontrado América...

2. Si los Estados Unidos no hubiera comprado gran parte del territorio mexicano...

3. Si no hubiera habido ataques terroristas el 11 de septiembre

4. Si no se hubieran inventado los aviones

5. Si España no hubiera expulsado a los árabes ni a los judíos

6. Si los Estados Unidos se hubiera dividido en dos después de la Guerra Civil

7. Si el idioma oficial de los Estados Unidos fuera el español…

8. Si los aztecas hubieran derrotado a los europeos…

Los pueblos indígenas y sus derechos

a) Proyecto 1 : Biografías

Elige una de las siguientes personas e investígala. Después vas a hablarle a la clase de la importancia histórica (o actual) de esta persona. Recuerda presentar un contexto apropiado.

Fray Bartolomé de las Casas	Luis Macas
Antonio de Montesinos	Evo Morales
Francisco de Vitoria	Herminia Aburto Colihueque
Toribio de Benavente	Subcomandante Marcos
Rigoberta Menchú	Ruth Zenaida Buendía
Eduardo Galeano	Marcelina Bautista Bautista

b) Proyecto 2: Películas y documentales

Elige una de las películas. Toma notas mientras la ves para después reportarle a la clase la historia que se narra. Recuerda incluir los antecedentes necesarios para entender la situación. Investiga también si ha cambiado en algo la situación.

- o   También la lluvia (2010)
- o   Al abrazo de la serpiente (Argentina y Venezuela, 2015)
- o   El maíz en tiempos de Guerra
- o   Riu, lo que cuentan los campos (documental, México)
- o   La abogada del pueblo (documental, México)
- o   Aj ral Choj (documental, Guatemala)
- o   Mujeres amazónicas caminan por la vida (documental, Ecuador)
- o   El mineral o la vida (documental, México)
- o   Katary (documental, Venezuela)
- o   El sueño de Sonia (documental, Perú)
- o   Casorio indígena (documental, Colombia)
- o   Berta Vive (documental, Honduras)
- o   El camino es largo (ficción, Guatemala)
- o   Malla malla Pewenche (documental, Chile)
- o   Sangre de Cóndor (1969, película estadounidense sobre Los Cuerpos de Paz en Bolivia)
- o   Huicholes, los últimos guardianes del peyote (2014)
- o   Ixcanul (Guatemala, 2015)

Palabras de origen náhuatl, taino, guaraní y quechua

La lengua es un reflejo de la cultura, y la cultura a su vez está influenciada por su lengua. Muchos conceptos culturales no tienen un equivalente en otro idioma, a veces porque se trata de un producto o comida que no existían en la otra cultura, pero a veces es un concepto para explicar valores y prácticas culturales. Al entrar en contacto dos culturas, puede ser que ambas intercambien palabras y que los dos idiomas se enriquezcan. De esa manera, varias palabras de lenguas indígenas se integraron al idioma español, y en algunos casos hasta al idioma inglés.

Taino

Es el idioma original de las islas del Caribe que hoy constituyen el territorio de Puerto Rico, Cuba, la República Dominicana y otras islas de las Antillas.

Palabras de origen taino

barbacoa	boricua	caimán	hamaca
huracán	iguana	guanábana	papaya

> ¿Cuáles de estás palabras pasaron después al idioma inglés?

Náhuatl

Es el idioma que hablaban los aztecas. Todavía hoy en día lo hablan casi dos millones de personas como su lengua materna.

Palabras de origen náhuatl

apapachar	aguacate	cacahuate	canica
chamaco	chicle	chocolate	comal
elote	mapache	nopal	popote
tianguis	tlapalería	tomate	zacate

> ¿Conoces el significado de todas estas palabras?

Guaraní

El guaraní es una lengua originaria de un territorio que hoy día comprende el territorio de Paraguay y partes de Brasil, Argentina y Bolivia. Hay cerca de cinco millones de personas que lo hablan como lengua materna, y unos 12 millones que lo hablan. En Paraguay, gracias a las misiones jesuitas, este idioma continuó usándose, y a partir de la Constitución de 1992, se considera uno de los dos idiomas oficiales del país. Aunque la población indígena de Paraguay es solamente un 2%, casi el 90% de la población habla guaraní.

Palabras de origen guaraní

ananá	chipá	jaguar	mandioca
maraca	paca	piraña	ñandú

> Si desconoces el significado de alguna palabra, búscala en el diccionario.

Quechua

El idioma quechua era le lengua del imperio Inca. Se ha hablado por siglos en región sudamericana que hoy constituye Bolivia, Ecuador, Perú y parte de Chile y Argentina.

Palabras de origen quechua

cancha	carpa	choclo	coca
cóndor	cura	gaucho	guanaco
guano	llama	morocho	papa
poncho	quena	vicuña	

Fotografía de un cóndor en el Cañón del Colca, Perú. Crédito: Unsplash, fotografía de Jean Vella.

Después de leer

Ahora que sabes un poco más sobre la contribución de varios idiomas americanos al español, investiga la contribución del árabe a esta lengua. Antes de investigar....¿sabes de alguna palabra de origen árabe?

La _G_ y la _J_

En realidad, no existe confusión alguna para distinguir si se debe escribir **g** o **_j_** cuando la letra que sigue es una de las siguientes vocales: **_a_**, **_o_** y **_u_**. Esto se debe a que el sonido de _ga_, _go_, y _gu_ es suave, en tanto que la combinación _ge_ y _gi_ produce un sonido fuerte, idéntico al de _je_ y _ji_ (y de cualquier combinación de la jota con una vocal). Las siguientes consideraciones te ayudarán a recordar cuál es la grafía necesaria en cada caso.

Se escriben con g

1. Las palabras que comienzan con el prefijo griego _geo-_ (que significa Tierra):

> geografía   geología   geometría

2. La terminación _-gen_

> aborigen   imagen   margen

3. Las conjugaciones de los verbos terminados en _-ger_ y _-gir_:

> corregir   dirigir   escoger   recoger

> **Excepciones**: crujir y tejer

4. Las palabras terminadas en _-gélico_, _-genario_, _-géneo_, _-génito_, y _-gésimo_ y sus plurales:

> fotogénico   octogenario   primogénito   vigésimo

5. Las palabras terminadas en -gía(o), -gión, -gional, -gionario y -gioso

> legión   legionario   religión   religioso

Se escriben con j

1. Las conjugaciones de los verbos cuyo infinitivo se escribe con la letra jota.
> crujir   trabajar   tejer

2. La terminación -jería
> mensajería   conserjería

3. Las conjugaciones de los verbos cuyos infinitivos no llevan ni **g** ni **_j_**, pero en la conjugación incluyen el sonido _je_ o _ji_. Esto ocurre generalmente con los verbos terminados en _-cir_ y algunos otros.

> conducir → conduje, condujera; traducir → tradujeron;   traer → trajeron;   decir → dijeron

Fuente: www.fundeu.es (Asesorada por la RAE)

Tu opinión

Trabaja con un(a) compañero(a) y comparen los diferentes párrafos acerca de dos temas diferentes. Lean las cuatro versiones y decidan cuál de los textos (de cada grupo) es mejor. Indiquen exactamente qué es lo que lo hace mejor que los otros.

Para decidir, consideren los siguientes puntos:

- o ¿Es directo?
- o ¿Se proporciona evidencia o algún ejemplo?
- o ¿Es redundante?
- o ¿Las oraciones son claras?
- o ¿es rebuscado?
- o ¿es ambiguo?
- o ¿se usa la puntuación correctamente?

I) Ensayo de opinión

a) El líder político de ese país no es bueno. Es un hombre malo, horrible, injusto, negativo y egoísta. No me agrada.

b) El líder político del país ha tenido conflictos con varios sectores de la sociedad debido a las huelgas que reprimió con violencia, y a consecuencia de las cuales se encarceló a varios líderes de la oposición, razones por las cuales parece ser un hombre injusto.

c) En mi opinión personal, yo creo que tal vez el líder político de ese país podría ser mejor, pero no sé mucho de este tema y es solamente lo que pienso porque a lo mejor es un poco injusto.

d) Aunque llegó con nuevas ideas para mejorar su país y cambiarlo y hacerlo más justo, terminó siendo un mal líder porque este político ha encarcelado injustamente a varios opositores que se le opusieron.

II) Ensayo argumentativo

a) Algo que debe preocuparnos a todos porque todos vivimos en este planeta y lo necesitamos para vivir es que el problema del calentamiento global es un problema grave que nos afecta aunque algunos piensen que no existe.

b) El calentamiento global es un tema controversial y de actualidad, ya que algunos piensan que si no actuamos hoy para detenerlo, ya no se podrá hacer nada, en tanto que otros niegan que exista. En realidad, hay una gran cantidad de documentación que muestra la tendencia del planeta a ir aumentando su temperatura. Estos cambios se han ido traduciendo en la extinción de especies que también afectan la experiencia de los humanos.

c) Es obvio que el cambio climático existe porque todos podemos sentir que hace más calor, pero también es cierto que los inviernos son más fríos en muchas partes, entonces hay controversia por este tema.

d) El cambio climático, también conocido como calentamiento global o afecto invernadero es algo que nos afecta a todos. Es posible que muchas especies de animales desaparezcan del planeta a causa del calentamiento, y esto es muy triste.

La entrevista

Esta unidad ha tratado sobre el pasado y el futuro, y ahora vas a escribir una composición basada en una entrevista a una persona mayor. Por ejemplo, podrías entrevistar a uno de tus abuelos, o a algún abuelo(a) de un amigo, o un vecino.

Planeación

Una vez que decidas a quién entrevistar y antes de entrevistar a la persona, haz una lista de preguntas que te interesen, pensando en un tema central. En todos los casos deberás preguntar la información básica de una biografía, como el nombre de la persona, dónde nació y algunas ocupaciones o eventos importantes de su vida.

Por ejemplo…

Tema principal	Ideas para preguntar
Los ancestros	Averigua sobre el origen de su familia, quiénes eran y sus tradiciones.
La inmigración	Cuándo llegó, por qué, las dificultades, el futuro, lo que extraña
Diferencias culturales	Sus tradiciones más importantes, valores, cómo ha cambiado su vida

Planea tus preguntas para que la persona te dé mucha información. Procura no hacer preguntas que se respondan con "sí" o "no" y haz cuestionamientos interesantes que puedan despertar el interés de quienes leerán la entrevista.

Entrevista

Una vez que tengas un número adecuado de preguntas, haz una cita con la persona. Sé respetuoso en todo momento, toma notas y, si la persona te da su consentimiento, haz una grabación para que te puedas referir a ella posteriormente. No hagas preguntas demasiado personales y usa las formas de «usted».

La redacción

Tu entrevista **no** debe ser una transcripción de la conversación. Escribe una introducción con la información general de la persona, y el tema central de la entrevista. Recuerda aprovechar la introducción para "enganchar" a los lectores.

Al reportar, si usas palabras textuales de la entrevista, usa comillas. No escribas preguntas y respuestas textuales. Es aceptable incluir también algunas observaciones personales acerca de la persona o la entrevista, con el objetivo de mostrar un detalle de la personalidad de la persona entrevistada. Por último, finaliza la entrevista con una conclusión personal.

De cine, clasismo, traducciones, doblajes y controversias

Cuando el director mexicano Alfonso Cuarón dirigió la película Roma, probablemente su intención era hacerle un homenaje a Cleo, una empleada doméstica que trabajó para su familia cuando Cuarón era un niño y que, como en muchos casos, se hizo parte de la familia.

Esta película, filmada en blanco y negro, ha sido motivo de más de una controversia. Para empezar, no a todos los mexicanos les ha agradado que una mujer indígena, la actriz Yalitzia Aparicio, quien actuó como Cleo, haya conseguido acaparar la atención del mundo.

Además de las controversias ligadas al clasismo y racismo que subsisten en la sociedad mexicana, se abrió otra controversia cuando en España decidieron subtitular una película que estaba en español, y ponerle subtítulos «traduciendo» la película, como si las personas en España fueran incapaces de entender algunas variantes léxicas.

Ejemplos de las "traducciones" que aparecen en los subtítulos para España de la película Roma:

Diálogo en la película	Subtítulos para España
¡Vengan!	Venid
checar	mirar
está bien suave	está tranquila
¿me va a correr?	¿me va a despedir?
Se enoja el soldado	El soldado se enfada
mamá	madre
gansito	ganchito

El director mexicano reaccionó rápidamente y declaró que estos subtítulos le parecían ridículos, y Netflix rápidamente los retiró (quienes quieran ver la película por este medio, pueden elegir la opción de subtítulos, pero ahora son un fiel reflejo del diálogo en la película).

Por supuesto, no es la primera vez que un producto mexicano llega a España. Como Villoro lo hace notar, desde los años setenta llegaron programas como los de Chespirito, así como un sinfín de telenovelas que no fueron traducidos, sino que ayudaron a entender las variantes lingüísticas y las variaciones del español de España y de México. ¿Por qué ahora se pretende que hay que traducir los "mexicanismos"?

Cabe preguntarse si este tipo de traducciones tienen una motivación social o política, como considerar una variante del español como inferior a otra, ignorando el verdadero mensaje de una película. En este caso resulta evidente que los espectadores españoles habrían podido entender el diálogo.

Si bien la idea de traducir una película del español al español parezca absurda, el concepto de qué variante del español usar para traducir de otro idioma ha sido un concepto importante en la industria del doblaje. Muchos programas doblados del inglés tienen más de una variante, en general se ofrece una versión latinoamericana, y una española.

La industria del doblaje está muy desarrollada tanto en España como en México. En el caso de México, el doblaje como una industria comenzó con las primeras películas de Walt Disney, en particular gracias al doblaje de la Cenicienta. Anteriormente se había tratado de hacer doblajes usando voces de actores de diferentes países y con acentos diversos, pero este modelo no arrojó buenos resultados. A partir de los años 90 Disney encarga doblajes para sus películas en dos versiones: una llamada latinoamericana, y una española.

> Para comparar un ejemplo de doblaje español y mexicano, busca en YouTube usando las palabras clave "Los Simpson", "doblaje", "México y España".

Aunque en Latinoamérica México ha sido el centro más importante, ahora otros países están compitiendo, en particular Colombia y Argentina. No es económicamente viable hacer doblajes de las series y películas en inglés a todos los acentos. Por lo mismo, la industria del doblaje al español prefiere producir teniendo a todo el mercado latinoamericano en la mira, por lo que se buscan primero traducciones con expresiones neutras que se entiendan en todos los países, y después se busca usar actores y actrices con una excelente dicción y un acento neutro. Esto puede ser particularmente difícil en el momento de doblar personajes que tienen un acento particular en la serie original.

Si te interesa la actuación y la industria del doblaje, aunque no es un campo en el que sea fácil triunfar, es sin duda una industria muy interesante.

Fuentes: BBC Mundo, "Roma" de Cuarón: 5 traducciones "ridículas" de los subtítulos en España de la aclamada película mexicana, por Beatriz Díez
Duelos y quebrantos, por Juan Villoro, El País
Tele13: ¿Quién es quién? La sorprendente industria del doblaje en Latinoamérica

Para conversar

1. El título de este artículo es "**De cine, clasismo, traducciones, doblajes y controversias**". ¿Qué se dice en este artículo de cada uno de estos temas?

2. ¿Cuáles crees que sean algunos de los retos para trabajar en el doblaje de series y de películas?

3. ¿Se puede justificar la "traducción" del español de la película Roma? Explica tu respuesta.

Lempira y Cuauhtémoc

Lempira

En la época de la Conquista, en el territorio que hoy es parte de Honduras y El Salvador, vivía un grupo llamado los lencas, quienes se resistían a los europeos. Lempira fue un guerrero de los lencas. Según el historiador Jorge Lardé y Larín, este nombre significa "señor de la sierra". A él se le encargó ser parte de la resistencia y logró unificar a los pobladores de la zona y reunir un ejército significativo para oponerse a los españoles, a pesar de los problemas que había entre ellos mismos. Ante el ejemplo de Lempira y su ejército, otros grupos cercanos también se levantaron en armas para defenderse de la dominación española.

Hay diferentes versiones acerca de la muerte de Lempira. El cronista español Antonio de Herrera y Tordesillas afirmó que la muerte de Lempira fue un acto de traición y que lo asesinaron durante unas negociaciones de paz. Sin embargo, en la década de 1980, apareció en México un documento histórico llamado Probanza de Méritos, el conquistador Rodrigo Ruiz escribió que Lempira murió en un combate contra él, y que él mismo le cortó la cabeza. Aunque el documento tenía el propósito de probar el servicio que Ruíz había hecho para la Corona española, y así cobrar una pensión, esta versión de los hechos parece coincidir con la leyenda que ha sobrevivido sobre Lempira a través de la tradición oral.

Cualquiera que sea la verdad, Lempira se convirtió en una leyenda y es considerado un héroe en Honduras. La moneda que se usa en esta nación lleva su nombre. Además, el 20 de julio se le conmemora.

Cuauhtémoc

Antes de que Cuauhtémoc se convirtiera en el último emperador azteca, ocurrieron cosas muy graves en este imperio. Moctezuma (1398—1469), su antecesor, asumió la responsabilidad de manejar el ejército azteca con tan solo 19 años. En 1440 se convirtió en el noveno emperador de los aztecas. Con este evento, y con su dominio del ejército, comenzó una notable expansión del imperio azteca, quienes conquistaron a muchos pueblos vecinos. A pesar de su poder, en esos tiempos ocurrieron varias catástrofes naturales que devastaron a la población y trajeron hambrunas. Para apaciguar a los dioses, los aztecas iniciaron una ola de sacrificios humanos. Para ello, iniciaron las llamadas Guerras Floridas, cuyo objetivo era capturar prisioneros para sacrificarlos.

Se piensa que una de las razones por las que los españoles pudieron vencer a los aztecas fue por el odio que muchas otras culturas le tenían a ese imperio, debido a su crueldad. Aunque Moctezuma hizo de Tenochtitlán una ciudad muy poderosa, una vez que llegaron los europeos no hizo mucho por defender a su gente. De hecho, facilitó la entrega de oro y otras riquezas a los españoles, pensando que regalarles riqueza era una mejor estrategia que una guerra. Fue tomado prisionero por Hernán Cortés, y cuando salió a pedirle a su gente que ayudaran a los españoles, fue apedreado. Los historiadores españoles dicen que murió a causa de las heridas que recibió en este evento, pero otras versiones dicen que Moctezuma fue ejecutado ya que no tenía más uso para los conquistadores.

Es en este contexto que aparece Cuauhtémoc. En 1520, poco después de la muerte de Moctezuma y de su hermano (quien lo sucedió como emperador), Cuauhtémoc se convirtió en el siguiente emperador azteca. El joven emperador tendría apenas unos 25 años, y su ejército había sido decimado, además de que la población de Tenochtitlán estaba sufriendo de una epidemia devastadora de viruela. Para defender la ciudad de Tenochtitlán, Cuauhtémoc la sitió por tres meses (López de Gómara, *Historia de la Conquista de México*), pero para entonces a los aztecas ya casi no les quedaban aliados. En 1521, la capital azteca fue conquistada y Cuauhtémoc fue hecho prisionero. El emperador reconoció su derrota y le pidió a Cortés que lo matara, pero Cortés tenía otros planes. Hernán Cortés esperaba conquistar un gran botín de oro y plata como resultado de la toma de Tenochtitlán, pero lo que recaudaron fue mucho menos de lo que esperaban. Pensando que les estaban ocultando el oro, Cortés procedió a quemarle los pies a Cuauhtémoc como una

La captura de Cuauhtémoc. Siglo XVII. Dominio público.
Fuente: Wikipedia/ https://www.kislakfoundation.org

forma de tortura, para que confesara dónde estaba todo el oro. El emperador se rehusó a hablar. Sin embargo, sobrevivió a la tortura. Según el historiador Restall, en 1525 Cortés se llevó a Cuauhtémoc en una expedición para conquistar Honduras, temiendo que se rebelara si lo dejaba solo en Tenochtitlán. El emperador nunca regresó, pues al estar en territorio maya, Cortés lo mandó ejecutar acusándolo de conspirar para asesinarlo. Según varios historiadores, incluyendo la versión del cronista español Bernal Díaz del Castillo, esta acusación fue falsa e injusta.

Cuauhtémoc se ha considerado siempre como un héroe de la historia por su valentía, sus principios y por haberse rehusado a hablar a pesar de la tortura. Son numerosos los monumentos en su honor por todo México. Además, la efigie de Cuauhtémoc ha aparecido tanto en monedas como billetes de México.

Comprensión

1. Describe en tus palabras los hechos más relevantes de la vida de Lempira y la de Cuauhtémoc.

Conversación

1. Tanto Lempira como Cuauhtémoc se convirtieron en figuras heroicas. ¿Qué rasgos tuvieron en común?

2. ¿Qué otras figuras históricas indígenas conoces? ¿Cuál es su papel en la historia?

3. Se menciona que hay muchas estatuas de Cuauhtémoc en México. En contraste, no existe ninguna de Hernán Cortés, aun a pesar de la identidad mexicana como país mestizo. ¿Cómo se puede explicar esto?

El bilingüismo en el mundo

De acuerdo con *ilanguages.org*, este es el porcentaje de personas en el mundo que hablan una, dos o más lenguas

Monolingüe	40%
Bilingües	43%
Trilingüe	13%
Multilingüe	3%
Políglota	1%

Para ser considerado poliglota, una persona debe hablar más de cinco idiomas a un alto nivel.
Como se puede ver, la mayoría de las personas en el mundo habla dos a más idiomas.
Casi el 60% de los europeos son bilingües, pero en los Estados Unidos se calcula que sola entre el 15 y el 20% de la población habla dos idiomas.

Las ventajas de hablar más de un idioma

La idea de ser bilingüe no es siempre visto como una cualidad en los Estados Unidos. Hay quienes piensan que usar únicamente inglés equivale a asimilarse a los Estados Unidos y ser patrióticos. La enseñanza bilingüe ha sido atacada en varios estados. Sin embargo, hay muchas razones por las que hablar fluidamente más de una lengua es más que una herramienta para encontrar un trabajo: es una habilidad que nos enriquece como personas.

Para ser fluido en otro idioma, se debe entender la cultura de la gente que lo habla. Entender otras culturas nos permite entender a "los otros", disminuyendo nuestro etnocentrismo y nuestra habilidad para convivir.

Investigadores también han descubierto que los niños bilingües obtienen mayores puntuaciones en pruebas de inteligencia (verbales y no verbales).

La lengua y nuestro crecimiento como personas

En los últimos años se han hecho descubiertos fascinantes acerca de cómo hablar más de un idioma nos cambia. ¿Alguna vez has sentido como que eres otra persona cuando hablas inglés que cuando hablas español? ¿Respondes lo mismo si te preguntan en inglés cuál es tu platillo favorito, que si te lo preguntan en español? ¿Qué pasa cuando no hay una palabra para describir una emoción en una de las dos lenguas? ¿O cuando uno de los dos idiomas enfatiza un aspecto, a diferencia del otro?

En un experimento de la psicolingüista Susan Ervin-Tripp en 1950, se encontró era mucho más probable que los sujetos completaran ciertas frases de una manera diferente cuando cambiaban de idioma (todos los participantes hablaban japonés e inglés). Por ejemplo, la idea de "En tiempos de conflicto con mi familia" en japonés era completada con la idea de "es un tiempo de infelicidad". En cambio, en inglés se completaba con ideas como "hago lo que yo quiero". Otro ejemplo: "Los verdaderos amigos...", "se ayudan" en japonés, o "se hablan con franqueza" en inglés (bbc.com, *The amazing benefits of being bilingual.*

Las siguientes notas sobre las lenguas aparecieron en las redes sociales. En tu opinión, ¿son relevantes? ¿Por qué? ¿Cómo puedes participar tú en las causas que te parecen relevantes?

21 de febrero: Día Internacional de las lenguas maternas

Un día para hacer conciencia sobre la diversidad cultural y lingüística en nuestro planeta.

El negacionismo de las lenguas

Se conoce como negacionismo de las lenguas a la práctica de negarles el estatus de lengua a algunos idiomas, implicando que son de alguna manera inferiores.

6 000 idiomas

En la actualidad existen todavía más de seis mil idiomas en el mundo, pero se calcula que más de la mitad habrán desaparecido en menos de cien años. De acuerdo con cálculos del lingüista Gerald Roche, más de veinticinco lenguas mueren cada año. Algunos investigadores piensan que las lenguas con menos de cien mil hablantes se encuentran en peligro.

La asociación *Hablamos español* iniciará una campaña de recogida de firmas el 8 de septiembre para proteger el castellano

Este encabezado apareció en varios diarios de España en agosto del 2018. ¿De qué crees que haya que defender al idioma español en España?

2019: Año internacional de las lenguas indígenas

La ONU designó 2019 como el Año internacional de las lenguas indígenas y, a través de Twitter, varios activistas latinoamericanos contarán con un lugar para difundir historias sobre la importancia de sus lenguas, y tratar de revitalizarlas.

Twitter para aprender lenguas indígenas

El escritor y traductor estadounidense David Bowles está difundiendo su obra, así como algunas lenguas indígenas mexicanas, a través de Twitter. Bowles incluye dentro de sus escritos muchas frases en el idioma náhuatl y en maya yucateco.
Bowles, quien se identifica como escritor chicano dijo en una entrevista que "Las lenguas indígenas se van perdiendo cada año. [...] Hay que equilibrar nuestra identidad rescatando lo indígena. Si negamos esas raíces, nos traicionamos a nosotros mismos. Nos hacemos daño profundo".

Fuente: Mexico.com

Camila: Música y el idioma zapoteco

El grupo de música mexicano Camila incorporó a uno de sus álbumes una bella canción escrita en zapoteco, un idioma que se habla en el estado de Oaxaca. Aunque su intención fue buena, los hablantes de zapoteco han criticado la pronunciación del cantante. ¿Piensas que pronunciar mal acaba con las buenas intenciones del grupo? Escucha la canción en el internet. Solo busca *Nanga ti feo*.

UNIDAD 12

La salud

Objetivos

Cultura

- o Aprenderás acerca de la medicina tradicional.
- o Aprenderás sobre opciones de trabajo o voluntariado con organismos internacionales.

Lengua

- o Ampliarás tu vocabulario para hablar sobre la salud en general y sobre innovaciones hechas por hispanos
- o Te familiarizarás con el uso de la voz pasiva en contextos apropiados.
- o Continuarás familiarizándote con la ortografía del español.

Antes de leer

¿Cuáles son las ventajas de estudiar una carrera en el campo de la medicina?

¿Cuáles son las desventajas?

El futuro de las carreras de la salud

Se pronostica que en el futuro muchas profesiones desaparecerán debido a la automatización que hacen posible las nuevas tecnologías y las computadoras. Sin embargo, no se cree que la mayoría de las carreras relacionadas con la salud no estén en peligro. En los Estados Unidos una población considerable -la de los llamados *babyboomers*, está llegando a la tercera edad y requiere cada vez más de profesionales de la salud que los atiendan. Por esta razón, además de la demanda que siempre ha existido por estos servicios, se espera que la demanda continúe aumentando. De acuerdo con *Explore Medical Careers*, una de cada ocho estadounidenses trabaja en el campo de la salud.

Cuando la demanda por una profesión aumenta, esto tiende a generar mejores sueldos y condiciones de empleo. Por si fuera poco, también están surgiendo nuevas carreras relacionadas con la salud. Las siguientes son tres de estas carreras en el campo de la medicina, según *Universia España*:

Diseñador de piezas humanas

Se piensa que la esperanza de vida continuará aumentando, pero con ella también aumentará la demanda por prótesis. Gracias a las tecnologías para imprimir en 3D (tres dimensiones), la calidad y el realismo de muchas de estas partes avanzará notablemente.

Médico fetal

Se calcula que para el año 2025 este campo se desarrolle y permita curar muchas patologías incluso antes del nacimiento de un bebé. Aunque en la actualidad ya se pueden tratar algunas enfermedades desde el mismo vientre de la madre, se espera que el desarrollo de este campo reduzca la mortalidad infantil.

Terapeuta tecnológico

¿Conoces a alguien que padezca de una adicción a su teléfono o a los videojuegos? Quizás pronto puedas estudiar la opción profesional para «desintoxicar» a quienes sufren problemas de adicción a productos tecnológicos.

Por supuesto, no es necesario esperar a que alguna universidad ofrezca oficialmente estos programas. Los estudiantes pueden comenzar desde ya una carrera técnica o una licenciatura que los acerque a sus intereses. Entre los programas más populares de la medicina se cuentan los siguientes.

Ciencias Biomédicas
Ciencias de la Actividad Física y del Deporte
Enfermería
Farmacia
Fisioterapia
Logopedia
Medicina
Nutrición Humana y Dietética

Odontología
Óptica y Optometría
Podología
Psicología
Radiología
Terapia Ocupacional
Veterinaria

> ¿Sabes en dónde trabajan los egresados de estas especialidades, qué hacen exactamente, y cuál es su sueldo anual medio?

Si uno no tiene el carácter necesario para trabajar directamente en el área médica, también se puede laborar como intérprete médico. De acuerdo con la empresa *Parkland* (en Texas), la capacitación para el trabajo de intérprete médico lleva de entre dos a cinco años, y conlleva un salario anual inicial de $45 mil dólares anuales. Aprender terminología médica es básicamente como aprender otro idioma, pero tus conocimientos sobre los afijos griegos y latinos te ayudarán mucho.

Comprensión

1. ¿Por qué no están en peligro de desaparecer muchas carreras relacionadas con la salud?

2. ¿En qué consiste la especialización de un médico fetal?

3. ¿Cuánto tiempo se necesita para trabajar como intérprete médico?

Conversación

1. ¿Qué características de la personalidad son necesarias para estudiar una carrera en el área de salud? ¿Qué características lo dificultarían?

2. ¿Estás de acuerdo en que la adicción a la tecnología va a requerir una especialización profesional?

3. De las quince especialidades mencionadas, ¿cuál es la que más te interesaría seguir y por qué?

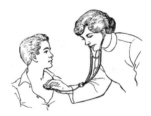

Author: Papapishu, Openclipart.

Vocabulario básico

Los síntomas

alergia	diarrea	fiebre	náusea
cansancio	dolor	hinchazón	sarpullido
cortada	espasmos	insomnio	presión alta/baja
desmayo	estreñimiento	mareos	punzadas

Medicamentos, utensilios y procedimientos

análisis de sangre	cirugía	jarabe	silla de rueda
antibiótico	cita	muletas	vacuna
antidepresivo	curita	pastilla	vendaje
antihistamínico	gotas	quimioterapia	yeso
aspirina	inyección	receta	

Enfermedades

anemia	anorexia	aneurisma	artritis
asma	demencia	infarto	resfriado
bulimia	diabetes	influenza	obesidad
cáncer	gripe	insomnio	SIDA
colitis	hipertensión	hepatitis	viruela

Otras palabras útiles

condición crónica	estudio clínico	sanitario	seguro médico	patología
placebo	síntoma	virus		

Verbos

aplicar	fracturarse	inyectar	recuperarse
auscultar	erradicar	operarse	sentir
desmayarse	estornudar	padecer	torcerse
doler	investigar	recetar	vomitar

Verbo	Sustantivo	adjetivo
operarse		
	receta	
	yeso	
		mareado(a)

Las partes del cuerpo

a) **Partes del cuerpo** Indica todas las partes del cuerpo que reconozcas.

b) **Los órganos** Indica el nombre de cada órgano

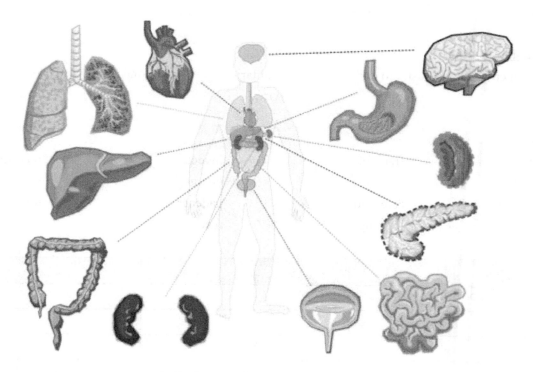

Public domain. Author: mothsart. openclipart.com

Vocabulario sobre la salud

a) Cita con un médico Trabaja con un compañero para hacer una lista de preguntas generales que un médico le haría a una persona en una revisión médica anual de salud.

1.

2.

3.

4.

5.

6.

> **Palabras coloquiales**
> Los niños aprenden las siguientes palabras, pero no son las más adecuadas para un profesional. ¿Qué palabra se usaría?
>
> el cachete
> la choya
> las nalgas
> la panza

b) Pacientes Túrnense para imaginar que son médicos y pacientes. Tengan un breve diálogo con preguntas y respuestas. El médico deberá darle recomendaciones a cada paciente. ¡**Atención!** Usen mandatos o el subjuntivo para hacer recomendaciones formales.

Modelo	Dolor de cabeza	
	Paciente	Me duele la cabeza todo el tiempo.
	Médico(a)	¿Cuándo empezó el problema? ¿Qué parte de la cabeza le duele?
	Paciente	Hace más o menos dos semanas. Me duele la parte izquierda.
	Médico(a)	¿Ha estado estresado últimamente?
	Paciente	Sí, tengo mucho estrés en el trabajo.
	Médico(a)	Le recomiendo que haga ejercicio para relajarse y que…

Pacientes para el estudiante A

1. Tiene náuseas por las mañanas

2. Se pegó en una rodilla y cada día le duele más

3. Está mareado todo el tiempo

4. Tiene la influenza

5. A veces ve luces o relámpagos, aun con los ojos cerrados

Pacientes para el estudiante B

1. Le duele el estómago constantemente

2. Ha adelgazado diez kilos sin hacer dieta

3. Tiene los pies muy inflamados

4. Sufre palpitaciones y dolor en el pecho

5. Padece alopecia.

El _se_ impersonal y pasivo

¿Ya lo sabes?

Lee los siguientes ejemplos y decide cuál te suena mejor.

---

1. a) En algunos países no se cobra por la atención médica.

    b) En algunos países la atención médica no es cobrada.

2. a) En este local se hacen pruebas gratuitas de la vista.

    b) En este local son hechas pruebas gratuitas de la vista.

En los casos anteriores todas las oraciones son gramaticalmente correctas, pero una es mucho más directa (y preferible) en cada caso: la versión _a)_. En español se emplea el "_se_" impersonal o pasivo cuando no es importante mencionar quién hace la acción, sino lo que se hace.

Observa que al usar el _se_ impersonal el verbo debe concordar con el objeto directo. Si no hay un objeto directo, el verbo se usa en la tercera persona del singular.

En muchos países latinoamericanos **se come** con la familia y los amigos. _(No hay un objeto directo)_

En muchos países latinoamericanos **se comen** platillos hechos con maíz. _(El objeto directo es plural.)_

A practicar

a) Culturas diferentes Decide cómo completar las oraciones con el _se_ pasivo/impersonal.

Modelo: En Cuba __**se usa**__ una pirámide nutricional diferente a la de los EE. UU. [usar]

1. En los Estados Unidos _____ que "el tiempo es oro". [pensar]

2. En México _____ pasar tiempo con la familia y los amigos. [preferir]

3. En Argentina _____ más que en otros países hispanos. [leer]

4. Uruguay, Nicaragua y Chile _____ como tierra de poetas. [conocer]

5. En Uruguay _____ más carne que en cualquier otro país. [comer]

6. En Chile _____ muy buenos vinos. [producir]

7. En toda Latinoamérica _____ muchas lenguas autóctonas. [hablar]

a) Preguntas Responde las preguntas usando el ***se impersonal*** *en vez de "la gente" o "las personas" (el sujeto no es importante)*. Después indica cuál es una consecuencia médica (positiva o negativa).

Modelo   ¿Cuándo come comida chatarra la gente?

→ Se come comida chatarra cuando se ve la televisión. Desafortunadamente, esto ocasiona que haya mucha obesidad en la población.

1. ¿Por qué bebe mucho alcohol la gente?
2. ¿Dónde escucha la gente música a todo volumen?
3. ¿Por qué beben alcohol en exceso las personas?
4. ¿Qué asocia la gente con el ejercicio?
5. ¿Cuándo debe cuidar su dieta la gente?
6. ¿Por qué consume la gente muchos alimentos con sal o azúcar?

b) Etiqueta ¿Cuáles son reglas de etiqueta de lo que se debe hacer en estos lugares? Usa el ***se impersonal/pasivo*** para dar tres reglas de etiqueta para cada lugar. Piensa en función de la salud.

Modelo   Un salón de clases

→ No se asiste a clase si se está resfriado./ Se cubre la cara con el antebrazo si se estornuda.

1. Un hospital	3. Un cine	5. La cocina de un restaurante
2. Una sala de operaciones	4. Un gimnasio	6. Un supermercado

c) Instrucciones Trabaja con un(a) compañero(a). Elijan <u>**uno**</u> de los siguientes objetivos y expliquen **siete** (7) pasos para lograrlo.

Modelo: Conseguir una "A" en la clase de español

→ Para tener una "A" en español se hace la tarea todos los días. Se viene a clase y se participa activamente. Se practica con otros estudiantes. También se compran chocolates para la profesora. (etc.).

1. Para ser un cantante muy famoso.
2. Para tener una buena relación con los vecinos.
3. Para conquistar el corazón de una persona.
4. Para planear un buen viaje a Europa/ Latinoamérica.
5. Para hablar *Espanglish*.
6. Para terminar la carrera de medicina.
7. Para tener una salud perfecta.

La voz pasiva

¿Cuál es la diferencia entre las siguientes dos ideas?

> La operación fue realizada por un equipo de especialistas.
>
> Un equipo de especialistas realizó la operación.

¿En cuál de las dos oraciones te parece que tiene más importancia la operación?

La voz pasiva

Aunque no es muy común en español y es desaconsejable usarla, la voz pasiva ocurre particularmente al hablar de eventos históricos, cuando es más importante señalar lo que ocurrió que quién lo hizo. Si el sujeto simplemente no es muy importante o es la gente en general, entonces se prefiere el uso del *se impersonal* o pasivo, del cual hablamos en la sección anterior.

Casos en los que <u>no</u> se usa la voz pasiva

- o Si es una acción que hace la gente en general, o los empleados en un negocio, etc.

    English is spoken in the U.S.　　　→ Se habla inglés en Estados Unidos.

- o Si se trata de un mandato

    Smoking [is] prohibited　　　→ Se prohibe fumar

    No parking　　　→ No se estacione

La forma

Primero se menciona **el objeto** del que se habla + **ser** + **pasado participio**. Observa que el verbo *ser* puede estar en cualquier tiempo.

> Los cirujanos **fueron** <u>criticados</u> duramente por los familiares del paciente.
>
> El tratamiento **será** <u>autorizado</u> por el hospital.
>
> Estas medicinas naturales **han sido** <u>ignoradas</u> por los médicos de hoy en día.

Como puede verse en los ejemplos de arriba, el participio debe concordar con el sujeto del que se

habla:　　　　　los cirujanos→ criticados

　　　　　　　　el tratamiento → autorizado

　　　　　　　　estas medicinas → ignoradas

A practicar

a) La medicina Escribe oraciones con la voz pasiva usando los elementos de la lista.

Modelo virus/ fotografiar/ 1950/primera vez→ El virus fue fotografiado en 1950 por primera vez.

1. viruela /erradicar/ 1980 _____

2. la penicilina/ descubrir/ Alexander Fleming _____

3. los rayos equis/ usarse por primera vez/ 1895 _____

4. el primer hospital de la historia/ fundar/ los romanos _____

5. nuevos virus / encontrar/ en el futuro _____

6. ahora /pacientes / tratar/ por especialistas _____

b) Las artes Túrnate con un(a) compañero(a) para decir algo sobre los siguientes temas usando la voz pasiva.

1. Frida Kahlo/ reconocerse _____

2. Guernica / exhibirse _____

3. El Quijote/ escribir _____

4. La Mona Lisa/ pintar _____

5. Los libros/ censurarse _____

6. "Roma" / filmarse _____

c) La historia Trabaja con un(a) compañero(a) y pregúntense si saben cuándo, dónde o cómo ocurrieron los siguientes eventos históricos.

Modelo el teléfono / inventarse

¿Sabes cuándo fue inventado el teléfono? / ¿Sabes por quién fue inventado...? ¿dónde...?

Creo que fue inventado en 1876 por Alejandro Graham Bell...

1. América/ descubrir

2. Los aztecas / conquistar

3. Los árabes/ expulsar (de España)

4. México/ independizarse

5. Las pirámides / construir

6. Los árabes/ expulsar de España

7. La televisión a color/inventada

8. Hiroshima/ bombardear

9. Abraham Lincoln / asesinar

8. Esta universidad/ inaugurar

El futuro perfecto

Lee las oraciones y después organiza todos los eventos en la vida de esta persona en orden cronológico.

a) Habré tenido dos hijos cuando cumpla treinta años.

b) Habré terminado la carrera de medicina cuando me case.

c) Me habré mudado a California antes de terminar la preparatoria

d) Habré abierto mi propio consultorio antes de tener hijos.

El futuro perfecto

1) Se usa para describir acciones anteriores a un hecho en el futuro (el contexto es el futuro).

*Cuando regresemos de Europa ya **habremos visitado** el Louvre y El Prado.*

*A finales de junio, Ana Paola **se habrá titulado** de la universidad.*

2) Igual que el futuro, puede usarse para imaginarnos el resultado de acciones que ya han comenzado.

*Imagino que usted ya les **habrá escrito** a los críticos, ¿verdad? = ¿Ya les **escribió** a los críticos?.*

*Son las seis. Me pregunto si la galería ya **habrá cerrado**. = Me pregunto si la galería ya **cerró**.*

*¿**Habrá sido** un éxito la presentación? = ¿Crees que **fue** un éxito la presentación?*

La forma

Como en el caso de todos los tiempos perfectos del español, se requiere del auxiliar haber y del participio. En este caso, el auxiliar debe estar en el futuro simple. Observa la conjugación del verbo ***caminar*** en este tiempo.

	auxiliar	participio
yo	habré	caminado
tú	habrás	caminado
él/ ella/ usted	habrá	caminado
nosotros	habremos	caminado
vosotros	habréis	caminado
ustedes	habrán	caminado
ellos/ ellas	habrán	caminado

A practicar

a) ¿Es lógico? ¿Cuáles de las siguientes ideas **NO** son coherentes? *Corrige las ideas incoherentes.*

1. Cuando llegué la doctora me habrá auscultado. _____

2. El paciente habrá cenado cuando se someta a la cirugía. _____

3. Cuando acabe la dieta habré adelgazado. _____

4. Cuando terminó la semana, habré consultado a mi doctor. _____

5. Cuando adelgace habré dejado la dieta. _____

b) Razones Imagina una razón por la que ocurrieron los siguientes hechos. Usa el futuro perfecto para imaginar la causa.

Modelo El anestesiólogo no llegó a la operación → *Habrá tenido un accidente.*

1. El deportista está en el hospital. _____

2. La enfermera decidió jubilarse. _____

3. El paciente se fue corriendo. _____

4. El nutriólogo decidió cenar pizza. _____

5. Los especialistas están confundidos. _____

6. La clínica está cerrada. _____

c) El futuro Hablen sobre lo que ya habrán hecho en los siguientes momentos. Usen los verbos sugeridos.

Modelo El próximo fin de semana (ir, dormir, comer) → Cuando termine el próximo fin de semana habré ido a la costa con un amigo y habremos dormido en la playa. Pienso que habremos comido muchos mariscos. ¿Y tú?

a)   Cuando termine la universidad (vivir, trabajar, aprender)

b)   Cuando cumpla 40 años (conocer, comprar, poder, adoptar)

c)   Cuando tenga 50 años (descubrir, viajar, probar)

d)   Cuando me jubile (hacer, gustar, ir, experimentar)

Los falsos amigos en el campo de la medicina

Ability No se traduce como habilidad, pues esta palabra se refiere a un conocimiento más técnico de cómo hacer algo. La traducción correcta es capacidad.

Abstract Esta palabra debe ser traducida como **resumen** y no como **abstracto**.

Abuse En inglés se usa con el sentido de maltratar. La palabra abuso del español se refiere a la acción de aprovecharse de alguien.

Actual/Actually La traducción correcta es real, en realidad, o realmente. Por ejemplo, "the actual problema was an obstruction" → El problema *en realidad* era una obstrucción.

Admission Se traduce como **ingreso**, no como "admisión". Por ejemplo, "hospital admission" se diría *ingreso al hospital*, no "admisión hospitalaria".

Arrest En el campo de la criminología quizás sea un arresto, pero en el de la medicina es un **paro**. El ejemplo más común es el de un *paro cardiaco* ("cardiac arrest").

Asylum En inglés esta palabra se refiere a un manicomio, un lugar para personas con problemas mentales. En cambio, un asilo es un hogar para las personas de la tercera edad.

Attack Nuevamente, en otros campos podría tratarse de un "ataque", pero en el campo de la medicina es probable que sea una **crisis**: "asthma-attack" es una *crisis asmática*.

Colored Si se usan las palabras "colorado" o "coloreado", solo se conseguirá una gran confusión. Si el objetivo es describir el color de la piel de una persona o su raza, debe decirse precisamente eso: moreno claro, moreno obscuro, de piel negra, etc.

Comprehensive En español "comprensivo" significa que es una persona que nos comprende. En el campo de la medicina el adjetivo se refiere a un examen o revisión **exhaustiva**, completa.

Constipated Constipado o acatarrado no es una traducción adecuada, pues se refiere a la dificultad para respirar, un atascamiento del sistema pulmonar. En inglés el problema que se describe es digestivo, por lo que la mejor traducción es **estreñido**.

Dilation En español el término dilación es un retraso. En medicina se usa la palabra dilatación para referirse a un agrandamiento. Por ejemplo, la especialista tuvo que *hacer una dilatación* de las pupilas al paciente.

Discharge La idea de "descargar" a un paciente es, sin duda, extraña. En español, se da de alta al paciente.

Disorder Aunque en otros campos es posible que la traducción sea "desorden", en el campo de la medicina se usan los términos *alteración, trastorno,* o *enfermedad.*

Parent En español un pariente es cualquier persona de una familia: primos, cuñados, hermanos, etc. La traducción de *parent* debe ser padre o madre.

Pinch La traducción es simplemente **pellizcar,** en tanto que la palabra **pinchar** es como perforar, como en el caso de una inyección: clavar un objeto punzante.

Remove En español esta palabra significa **quitar**. Si se usa el cognado falso de remover, podría ocasionarle un gran daño al paciente, ya que esa orden es equivalente a revolver, mezclar.

Fuentes:
Nash Fernandez, Anna Lisa, "Intuitive intrepreting" (diccionario médico para intérpretes profesionales).
Infomed: https://temas.sld.cu/traducciones/2017/09/06/los-falsos-amigos-en-medicina/

DAVID MARTÍNEZ-RAMOS, MD, PhD
https://encolombia.com/medicina/revistas-medicas/cirugia/volc-2503/sobreladiversiondelosfalsosamigos/

Un diálogo entre médicos

Trabaja con un(a) compañero(a) para inventar un diálogo en español en el que usen al menos ocho de las palabras del artículo anterior.

Openclipart. Author: The Martin.

Debates y reflexiones sobre la salud

En internet

Los siguientes videos están relacionados con temas sobre la salud. Búscalos en el Internet a través de una búsqueda en YouTube (o en otras plataformas) y preséntale un resumen a la clase agregando información sobre si estás de acuerdo o no, y por qué. Alternativamente, puedes escribir una reacción que incluya la información básica y tu opinión. Incluye una reflexión sobre la credibilidad del orador, el mensaje que desea transmitir y sus motivaciones.

1) El debate sobre La herbolaria mexicana.

2) Todo lo que sabes de nutrición podría ser mentira (Tedx).

3) Meditación y estrés (*Tedx*, Daniel López Rosetti)

4) 11 señales de problemas con la salud escritas en tu cara

Literatura

Los siguientes síndromes recibieron nombres inspirados en la literatura. Investiga en qué consiste cada síndrome y cuál es la trama de los libros en los que se inspiran, así como os autores de estos libros.

- Síndrome de Dorian Gray
- Síndrome de Münchausen
- Síndrome de Ofelia
- Síndrome de Rapunzel
- Síndrome de Huckleberry Finn
- Síndrome de Otelo
- Síndrome de Pollyanna

Enfermedades comunes entre los hispanos

La siguiente es una lista de las enfermedades más comunes en la población hispana de los Estados Unidos. Prepara una pequeña investigación acerca de cuáles son las causas de que la población hispana sufra de esta enfermedad y las estadísticas correspondientes, así como posibles soluciones.

Ansiedad y depresión (puertorriqueños).
Alzheimer
Diabetes

Presión arterial alta
Cirrosis del hígado
Obesidad

La medicina tradicional: patrimonio inmaterial

En muchas de nuestras sociedades existen varios sistemas de salud que interactúan entre ellos. Está, por un lado, la medicina alopática (también conocida como medicina occidental o moderna), la medicina casera (remedios simples que se hacen en casa), y la medicina tradicional (OMS), heredada de nuestros ancestros, quienes tenían conocimientos profundos acerca del uso de plantas para el uso medicinal. En la actualidad existen algunos proyectos para preservar el conocimiento que queda. Por ejemplo, en México se publicó en 1994 la Biblioteca de la medicina tradicional mexicana, publicada por el Instituto Nacional Indigenista. Así mismo, La Universidad Nacional Autónoma de México ha publicado la Biblioteca Digital de la Medicina Tradicional Mexicana, un proyecto de consulta al alcance de todos, con millones de archivos que incluye millones de archivos con información sobre plantas medicinales.

Aunque se conozca como medicina tradicional indígena, esto no quiere decir que no haya cambiado a través del tiempo, pues ha debido adaptarse a cambios en el medio ambiente, a nuevas circunstancias, al contacto con otras culturas, a nuevas enfermedades y a cambios de la sociedad. La medicina tradicional indígena representa una cosmovisión del mundo, y refleja no solo las prácticas, sino también las creencias de una comunidad. Todos estos elementos son dinámicos, se transforman.

La mayoría de los practicantes de la medicina tradicional son personas mayores que han acumulado sus conocimientos a lo largo de su vida, y que representan su cultura y cosmovisión en sus prácticas. En las ciudades conocemos a algunos de ellos como curanderos, hueseros y parteras.

Tienda comercializadora de productos herbolarios en Guadalajara, México.

Se calcula que en el mundo existen unas 25 mil plantas medicinales. En México se usan alrededor de 5 mil.

De acuerdo con Erik Estrada, presidente de la Sociedad Latinoamericana de Medicina Natural y Tradicional, la cifra de mexicanos que usa medicina natural en algún momento es de hasta el 80% de la población. No es difícil imaginarlo. ¿Quién no ha probado un té de yerbabuena o de manzanilla para aliviar un dolor de estómago? Sin embargo, aunque muchos remedios caseros caigan dentro de la categoría de medicina tradicional, en necesario recordar que la medicina tradicional es mucho más que uno o mil remedios: es una cosmovisión.

Justamente en México, en la ciudad de Cuernavaca, en donde antiguamente estaban los jardines de la casa de descanso del Emperador Maximiliano de Habsburgo, se alberga en la actualidad el jardín de herbolaria más grande de Latinoamérica, con más de mil especies vivas. Aquí llegan personas conocedoras a compartir su conocimiento sobre distintas propiedades curativas de las plantas.

La medicina tradicional está viviendo un resurgimiento, y la medicina alópata se sigue alimentando de ella, aunque sea para experimentar con los remedios de nuestros ancestros y venderlos en capsulitas.

> **Propiedades curativas de algunas plantas**
> **Albahaca:** digestión, mareos, fatiga, ansiedad, asma, alergias, diabetes, hipertensión y colesterol.
> **Jicama:** Se usa para dolor de riñón, gota, fiebre e inflamación muscular.
> **Epazote:** Se usa en caso de parasitosis, dolor estomacal, diarreas, vómitos y cólicos.
> **Pingüica:** Ayuda con la tos, fiebre, reumatismo, inflamaciones, prostatitis o uretritis.
> **Cuachalalate:** antibiótico, analgésico útil con el dolor de muelas, infecciones intestinales, llagas, síntomas del cáncer de estómago y gastritis.

Fuentes: Arqueología Mexicana, La medicina tradicional indígena en el México actual.
México desconocido, www.mexico.mx, Diccionario de plantas medicinales, Barcelona, España.

Conversación

1. ¿Alguna vez has usado tú, o alguien que conozcas, medicina tradicional? ¿Obtuvieron buenos resultados?

2. ¿Cuáles son ventajas y desventajas de usar medicina alópata? ¿y medicina tradicional?

3. ¿Cuál es la conclusión de este artículo? ¿Estás de acuerdo con los autores? Explica.

La letra hache

La letra hache es muda en español, lo que quiere decir que no se pronuncia. En general, la hache se encuentra en palabras que empiezan con ciertos sufijos, como se verá más adelante.

A pesar de ser una letra muda, la hache debe pronunciarse en algunas palabras que han entrado al español recientemente, como las palabras *hadware* o *hámster*, en cuyos casos se pronuncia como una "j" suave.

Palabras que se escriben con H

1. Todas las conjugaciones de los verbos cuyo infinitivo se escribe con h.

> **Ejemplos:** haber, hablar, habitar, hallar

2. Las palabras que empiezan con el prefijo hum-.

> **Ejemplos:** humano, humilde, humor
>
> **Excepciones:** umbilical, umbral y umbría.

3. Las palabras que empiezan con hecto- (cien), helio- (sol), hetero- (distinto), hepta- (siete), hexa- (seis), homo- (igual).

> **Ejemplos:** heterogéneo, hexagonal, homófono.

4. Las palabras que comienzan por herb-, herm-, hist-, holg-, horm-, horr-, hosp- y host-.

> **Ejemplos:** herbicida, hermano, historia, holgazán, hormiga, horrible, hospital, hostelería.
>
> **Excepciones:** erbio, ermita, ermitaño, istmo, ostentar (y sus derivados), ostra (y sus derivados).

5. Las palabras que empiezan por hemi-, hidr-, hiper-, hipo-.

> **Ejemplos:** hemiciclo, hipérbole, hipopótamo, hidrógeno
>
> **Excepciones:** emigrar y sus derivados, eminencia, emitir y sus derivados.

6. Las palabras que empiezan por los diptongos hia-, hie-, hue-, hui-, y sus derivados.

> **Ejemplos:** hiato, hielo, hueco, huir

> **Excepciones:** oquedad (de hueco), orfandad y orfanato (de huérfano), osamenta, osario, óseo y osificar (de hueso), oval, ovario, ovíparo, ovoide y óvulo (de huevo).

7. Las palabras que empiezan por mo- y za- seguidas de vocal.

> **Ejemplos:** mohín, moho, zaherir, zahón.

> **Excepciones:** Moisés y zaino.

Homófonos

La siguiente es una lista de homófonos muy comunes que cambian su significado según se escriban con o sin la hache. Trabaja con un(a) compañero(a) y túrnense para explicarse cuál es el significado de los siguientes pares de palabras.

a	honda
ah	onda
asta	horca
hasta	orca
errar	hora
herrar	ora
hojear	oh
ojear	o
hola	desecho
ola	deshecho

Resumen con los consejos más importantes

A lo largo de este curso has leído múltiples consejos para escribir mejor. Es esta última unidad haremos una recopilación algunos de los puntos más importantes.

1. **Planear** Antes de empezar a escribir, haz un plan: ¿Qué quieres decir? ¿Qué información debes incluir para demostrarlo? Escribe sobre los temas que conoces y, si se trata de una investigación, lee todos los documentos antes de empezar a escribir, para que tengas una idea clara de a dónde quieres llegar.

2. **Puntuar** ¡Usa la puntuación! Las oraciones largas confunden y tienden a incluir ideas que no son fundamentales, o que deberían mencionarse en una oración separada.

3. **Ir al grano** Es importante ser conciso, así que evita llenar tus oraciones de adjetivos, a menos que estés escribiendo literatura. Aunque hay que evitar "la paja" al escribir, también es importante no asumir que tu público es experto en el tema, así que mantén a tu audiencia en mente mientras escribes.

4. **No repetir** Evita repetir información o usar frases redundantes como "en mi opinión personal". También trata de no usar las mismas palabras una y otra vez. Puedes aprovechar la riqueza de nuestro idioma y emplear sinónimos.

5. **Editar** Siempre lee nuevamente tu texto al terminar de escribir. Esto te ayudará a detectar repeticiones o ideas expresadas ambiguamente. Si lees en voz alta, también te probarás la eficacia de tu puntuación.

Además de estos consejos básicos, recuerda que Roma no se construyó en un día. Si quieres ser un buen escritor tienes que practicar. Escribe frecuentemente. Otra actividad importante para quienes desean escribir bien es leer mucho. Al leer podemos ampliar nuestro vocabulario, observar el orden en el que se exponen las ideas y darnos cuenta de cuáles son estrategias que ayudan a comunicarnos, y cuáles son usos que interfieren negativamente.

Openclipart. Author: enolynn

Tu carrera y el mundo

Las carreras de la salud son necesarias en todas partes del mundo. Si estás estudiando una carrera en esta área, seguramente tendrás muchas oportunidades de empleo. Además, en este campo también hay demanda en varias partes del mundo para conseguir voluntarios, o bien, oportunidades para completar pasantías. Estas experiencias no solamente harán que tu *Curriculum Vitae* se destaque, sino que te harán crecer como persona. A continuación te presentamos algunas opciones para trabajar en organizaciones internacionales relacionadas con el campo de la salud.

Médicos sin fronteras

Esta organización internacional tiene proyectos en muchas partes del mundo, incluyendo la mayoría de los países hispanos. Esta organización ofrece oportunidades de empleo sanitarias y no sanitarias. Como logistas en diversas áreas, oficiales, administradores y coordinadores. También puedes colaborar con ellos de manera voluntaria. Más de cinco millones de personas en el mundo lo hacen. Si buscas empleo remunerado, puedes comenzar por buscar en su página de internet de España:
https://www.msf.es/trabaja/ofertas

Unicef

La Unicef es una organización de las Naciones Unidas cuyo objetivo principal es proteger los derechos de los niños y ayudar a satisfacer sus necesidades básicas. Frecuentemente esto se traduce en acciones sanitarias de emergencia en múltiples países. Al igual que Médicos sin Fronteras, la Unicef contrata a voluntarios en diversas áreas. Para quienes viven en los Estados Unidos esto se hace a través del Fondo de los Estados Unidos en pro de la Unicef. Esta organización cuenta con oportunidades dentro y fuera de los Estados Unidos.

Organización Mundial de la Salud

La OMS (WHO, por sus siglas en inglés) es una organización internacional que emplea a más de 7 mil personas en 150 países diferentes con el fin de promover prácticas de salud y ayudar a la población vulnerable. La OMS ofrece pasantías, así como oportunidades de empleo locales e internacionales para profesionales de la salud que han conseguido su título.
https://www.who.int/careers/en/

Estas son solamente tres posibilidades para buscar oportunidades internacionales de pasantías, de empleo, o de experiencia como voluntario. Por supuesto, hay muchísimas otras posibilidades, y no son solamente para estudiantes en el área de salud. Para ayudarte a iniciar una búsqueda para cualquier otra carrera, considera las siguientes organizaciones:

Naciones Unidas: OIM Migración https://www.iom.int/es/oportunidades-para-efectuar-pasantias

Naciones Unidas: Derechos humanos

https://www.ohchr.org/sp/aboutus/pages/internshipprogramme.aspx

Organización de los Estados Americanos (OEA) Pasantías no remuneradas en el área jurídica.

http://www.oas.org/es/saf/drh/pasantias/

Volunteer Latin America Oportunidades para ser voluntarios en varias partes de Latinoamérica (de bajo costo). https://www.volunteerlatinamerica.com/

¡Suerte con todos tus proyectos profesionales!

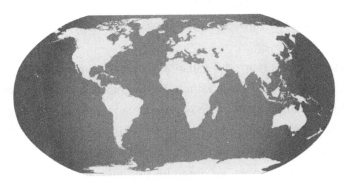

Openclipart. Author: neocreo

Médicos latinoamericanos que han ganado el premio Nobel

Esta sección se ha centrado en dar biografías de hispanos relevantes en diversas áreas, La lista de contribuciones de médicos hispanos al mundo el larguísima y se requeriría de una enciclopedia para listarlos a todos. Por la brevedad de este espacio, hablaremos solamente de tres médicos hispanoamericanos sobresalientes, quienes se destacaron por sus aportes en el campo de la salud y por haber recibido el premio Nobel de Medicina.

Bernardo Houssay

Bernardo Houssay (1887-1971). Este médico y fisiólogo argentino ganó el premio Nobel de Medicina por sus descubrimientos acerca del papel que juegan las hormonas de la glándula pituitaria en la regulación de la glucosa en el torrente sanguíneo de los animales. Estos estudios hicieron posibles grandes avances en el tratamiento de la diabetes.

Houssay entró a estudiar en la Facultad de Farmacología de la Universidad de Buenos Aires a la asombrosa edad de 14 años. Antes de terminar sus estudios ya había asegurado un puesto de trabajo en la Facultad de Fisiología de la misma universidad.

Otros estudios importantes del Dr. Houssay incluyeron las áreas de circulación del cuerpo humano, así como el sistema de respiración. Fue autor de más de 500 ensayos médicos, y siempre impulsó el progreso de la educación médica en Argentina.

Baruj Benacerraf

Baruj Benacerraf (1920-2011). Fue un médico venezolano que ganó el premio Nobel de Medicina por sus descubrimientos en el área de estructuras genéticamente determinadas en la superficie de las células que regulan las reacciones inmunológicas. Sus estudios incluyeron reacciones inmunológicas para entender mejor y superar la barrera de una reacción inmunológica tras un trasplante de órgano. Sus estudios lo llevaron a identificar el que sería el primer leucocito antígeno humano (HLA, por sus siglas en inglés). Gracias a los estudios de múltiples médicos a nivel mundial, hoy se sabe que los genes HLA son muy variables y específicos a un individuo, como una especia de huella digital a nivel celular, y que son una variable muy importante para evitar un rechazo inmunológico (nobelprize.org).

Baruj nació en Venezuela, de padre marroquí-español, y de madre argelina-francesa. Cuando tenía cinco años su familia se mudó a Paris, Francia, en donde la familia residió hasta 1939. Su educación en París influenció de manera importante a Baruj. Sin embargo, el inicio de la guerra hizo que la familia regresara a Venezuela, aunque poco tiempo después decidieron mudarse a los Estados Unidos para que Baruj cursara allí sus estudios universitarios. Aunque el plan era que Benacerraf continuara con el negocio de la familia, completó sus estudios de estudios generales en la Universidad de Columbia, así como los prerequisitos para estudiar medicina. Solicitó ingresó a numerosas escuelas médicas, sin sospechar lo difícil que sería para un extranjero con su herencia étnica (según relató en su autobiografía para recibir el premio Nobel). Se le negó la admisión a numerosas instituciones y, según dijo el mismo Baruj, de no ser por el apoyo de George W. Bakeman, no habría podido asistir a la Facultad de Medicina de la Universidad de Virginia en Richmond.

César Milstein

César Milstein (1927-2002) fue un médico argentino que ganó el premio Nobel de Medicina en 1984 por sus teorías acerca del desarrollo y control del sistema inmunológico y por el descubrimiento de los principios de la producción de anticuerpos monoclonales.

César fue hijo de un inmigrante judío que llegó a la Argentina a los 15 años. Su madre también fue hija de una familia inmigrante. Ella se desempeñó profesionalmente como maestra y, de acuerdo a Milstein, fueron los sacrificios de su madre los que hicieron posible que él y sus dos hermanos asistieran a la universidad.

César se casó muy joven y él y su esposa se fueron de luna de miel a Europa, en una aventura de más de un año, recorriendo Europa con una mochila y pidiendo "aventones" para ir de un lugar a otro. A su regreso a Argentina comenzó un doctorado en Química por la Universidad de Buenos Aires. Al terminarlo se fue a trabajar a la Universidad de Cambridge, en el departamento de Bioquímica. A partir de entonces trabajó en varias universidades, cambió su área de interés a la inmunología, y recibió una larga lista de premios y reconocimientos por sus investigaciones.

Menciones honorarias

Aunque los siguientes doctores no ganaron el premio Nobel, vale la pena mencionar sus aportaciones.

Eloísa Díaz (1866- 1950) Chilena. Eloísa fue la primera médica cirujana chilena (y latinoamericana) en obtener el título de doctora, en el año 1887. Ingresó a la Facultad de Medicina con tan solo 15 años de edad. A lo largo de su carrera se dedicó también a promover la medicina social en Chile a través de acciones como la creación de jardines infantiles y consultorios, así como la promoción de vacunas para escolares.

José María Vértiz y Delgado (1812-1876). Mexicano. Primer oftalmólogo en operar cataratas.

Rubén Argüero Sánchez (1935-). Mexicano. Cirujano cardiotorácico. Egresado de la Facultad de Medicina de la Universidad Nacional Autónoma de México, con estudios de especialización en Stanford. Realizó el primer trasplante de corazón en México y es pionero en el mundo en el implante de células cardiacas.

Ignacio Madrazo Navarro (1942-). Mexicano. Neurocirujano, investigador y académico mundialmente reconocido por efectuar el primer trasplante experimental de células nerviosas extraídas de un embrión humano.

Fuentes:
https://www.saludiario.com/3-medicos-mexicanos-que-estan-haciendo-historia/
Biografías y vidas: https://www.biografiasyvidas.com/biografia/h/houssay.htm
www.nobelprize.org: www.nobelprize.org/prizes/medicine/1947/houssay/biographical/
www.uchile.cl

Opciones de carreras en el área de salud

Entre las carreras de la salud, hay muchas especialidades diferentes que tienen gran demanda en la actualidad. Esta es una lista breve. Para cada una de estas profesiones, averigua cuáles serían los pasos educativos que tendrías que dar para trabajar en esta área, y cuánto gana en promedio una persona que trabaja en esa profesión.

Dietistas y nutricionistas

Para ejercer cualquiera de estas dos profesiones se necesita tener un buen conocimiento de la nutrición humana. Ambas especialidades ayudan a sus pacientes a mejorar su salud mediante una dieta saludable. Para ejercer en estas profesiones se debe obtener una licenciatura en este campo. Los dietistas y nutricionistas tienen oportunidades de trabajo en hospitales, escuelas, clínicas, asilos de ancianos y prácticas privadas.

Fonoaudiólogos y Audiólogos

Los fonoaudiólogos diagnostican y ofrecen tratamientos para los trastornos del habla, ya sean congénitos o consecuencia de enfermedades o accidentes. Por su parte, la especialidad de los audiólogos son los problemas relacionados con la audición. Estos profesionales típicamente trabajan en centros de rehabilitación, hospitales y clínicas. Por lo general se requiere de una maestría para ejercer como audiólogo o fonoaudiólogo.

Higienista dental

Generalmente los higienistas trabajan con dentistas. Entre las responsabilidades de esta ocupación se cuentan la limpieza dental y la realización de exámenes bucales. Para ejercer en este campo, se debe estudiar la carrera técnica de dos años.

Terapista físico/ocupacional

Los terapistas físicos y ocupacionales ayudan a sus pacientes a recuperarse después de una enfermedad, patología o un accidente que los ha afectado de alguna manera. Por un lado, los terapeutas ocupacionales están entrenados para ayudar a sus pacientes a adaptarse a la vida cotidiana y/o a su trabajo, mientras que los terapistas físicos ayudan a los pacientes a recuperar el movimiento y manejar el dolor. En casi todo el país de requiere una maestría para ejercer como terapeuta ocupacional, y un doctorado para ejercer como fisioterapeutas necesitan un grado doctoral.

Técnicos médicos en diagnóstico

Como es de esperarse, el uso de la tecnología en las diversas áreas de salud es cada vez más importante. Por lo mismo, hay necesidad de más técnicos que puedan diagnosticar enfermedades a través de estas herramientas. Hay varias especialidades de técnicos médicos, entre las que se cuentan la de técnico en imágenes médicas. Para laborar en esta área por lo general se necesita estudiar una carrera técnica de dos años, pero también hay estudios a nivel licenciatura. En varios estados lo que se requiere es una certificación.

Psiquiatra

Los psiquiatras son los profesionales que diagnostican y tratan las enfermedades y dolencias relacionadas con la mente. Generalmente laboran en hospitales y clínicas. Muchas personas confunden la profesión de psiquiatra con la de psicólogo ya que ambos trabajan en el campo de la mente, pero son carreras muy diferentes. Para ser psicólogo se debe completar una licenciatura en Psicología (cuatro años). Para ser psiquiatra se debe completar la escuela de medicina (seis años) y después hacer una residencia. Los psiquiatras pueden recetar medicinas, los psicólogos no..

Conversación

1) ¿Qué cualidades crees que necesite una persona para estudiar cada uno de los trabajos descritos arriba? ¿Crees que tú tengas madera para trabajar en una de estas profesiones? Explica por qué.

2) Después trabaja con un compañero para general una lista de vocabulario básico para tres de estas profesiones.

Chistes sobre la medicina que circulan en la red. ¿Sabes algún otro chiste relacionado con la salud?

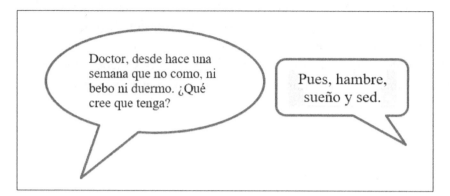

Doctor, desde hace una semana que no como, ni bebo ni duermo. ¿Qué cree que tenga?

Pues, hambre, sueño y sed.

Doctor, me siento mal.

¡Pues siéntese bien!

¿Y desde cuándo cree usted que es un perro?

Desde cachorrito, doctora.

- Doctor, fíjese que veo elefantes rosas por todos lados. Mire a donde mire, lo único que veo son elefantes rosas.

- ¿Ha visto usted ya a un psicólogo?

- No, doctor, ¡le digo que solo elefantes rosas!

Openclipart. Author: rdevries

¡Doctor! Tengo pelos **por todos lados**. en las manos, debajo de las uñas, en el pecho, mire estas lanas en las piernas, no hay lugar que no tenga pelos. Dígame, ¿qué padezco? ¿¿¿Qué padezco???

- Padece un osito.

Apéndice A

Reglas generales de acentuación

Palabras agudas: Se acentúan si terminan en vocal, o en las consonantes **n** o **s**.

        pantalón   patín   pincel   pared   José   .

Palabras llanas o graves: Se acentúan si terminan en consonante, exceptuando la **n** y la **s**.

        regla   Cádiz   moda   perla   Pérez

Palabras esdrújulas: Se acentúan en todos los casos.

        patético   mérito   pretérito   pérdida   básico

Palabras sobreesdrújulas: Siempre se acentúan.

        permítemelo   escóndeselo   termínatelo

Diptongos

Un diptongo es la combinación de una vocal fuerte (**a**, **e**, **o**) y una débil (**i** y **u**) en cualquier orden, o de dos vocales débiles. Los diptongos no se separan al dividir en sílabas.

Vocal fuerte más débil:	*leucemia*	*auge*	*cauto*
Vocal débil más fuerte:	*fuente*	*fiera*	*guapo*

Hiato

Un hiato es una secuencia de dos vocales que pertenecen a sílabas diferentes, y por lo tanto no constituyen un diptongo. La secuencia de vocales puede ser de dos vocales fuertes (mu-se-o), de dos vocales iguales (le-er, zo-ó-lo-go), o de una vocal débil y una fuerte, en cuyo caso el acento escrito recae sobre la vocal débil:

    an-to-lo-gí-a   *ba-úl*   *paí-ses*

En las sílabas *gue*, *gui*, *que* y *qui* no hay diptongos porque la *u* no se pronuncia.

Triptongos

Un triptongo es una combinación de tres vocales en este orden: débil + fuerte + débil.

Los triptongos no se separan, sino que son parte de la misma sílaba.

Apéndice B

Actividades multimodales (OER)

Español para hablantes de herencia: Recursos OER
(https://moodle.linnbenton.edu/course/view.php?id=13582)

Actividades en Quia

Todas las actividades están listadas en la página de **"español_como_herencia"** de quia.com
(**https://www.quia.com/pages/mcasas/page104**). Si no se cuenta con una subscripción a Quia, se les puede pedir a los estudiantes una captura de pantalla con los resultados de cada actividad que se haya asignado (el acceso para los estudiantes es gratuito).

Unidad 1: Nuestra identidad

Actividad	Tipo de actividad	Fecha de entrega
SPN 214-Unidad 1_Mayúsculas y minúsculas http://www.quia.com/quiz/6445585.html	Quiz. Self-graded	
SPN 214-Unidad 1_Nuestra identidad http://www.quia.com/quiz/6445552.html	Quiz. Instructor graded	
SPN 214-Unidad 1_Ortografía de números http://www.quia.com/quiz/6022278.html	Quiz. Auto-graded	
SPN 214-Unidad 1_Ortografía -la interferencia del inglés http://www.quia.com/quiz/5520389.html	Quiz. Auto-graded.	
SPN 214. Unidad 1: Sílabas (1) http://www.quia.com/quiz/6445499.html	Quia. Auto-graded	
SPN 214. Unidad 1: Pluralización http://www.quia.com/quiz/6445562.html	Quiz. Auto-graded	
SPN 214. Unidad 1: División en sílabas (2) http://www.quia.com/quiz/6022282.html	Quiz. Auto-graded.	
SPN 214. Unidad 1: Ortografía (ph/tion/qua y consonantes dobles). http://www.quia.com/quiz/6445605.html	Quiz. Auto-graded.	
SPN 214: Unidad 1. Ortografía: Traducciones de cognados, diferencias ortográficas. http://www.quia.com/quiz/5624336.html	Quiz Auto-graded.	
SPN 214: Unidad 1. Ortografía→ los números http://www.quia.com/quiz/5624321.html	Quia Auto-graded.	
SPN 214. Unidad 1. Género y número. **http://www.quia.com/quiz/6445555.html**	Quiz Auto-graded	
SPN 214. Unidad 1. Partes del idioma http://www.quia.com/pop/686700.html	Pop Auto-graded	
SPN 214. Unidad 1. El género y el número de las palabras. http://www.quia.com/quiz/7221383.html	Quiz Auto-graded	
Cultura General: Las capitales http://www.quia.com/jg/519701.html	JG	

UNIDAD 2: Raíces hispanas y el idioma español

Actividad	Tipo de actividad	Fecha de entrega
SPN 214. Unidad 2: Conceptos de la lengua, el idioma y la identidad. http://www.quia.com/quiz/6450928.html	Quiz. Auto-graded.	

SPN 214. Unidad 2: Falsos cognados   Quiz.
http://www.quia.com/quiz/6451108.html   Auto-graded.

SPN 214. Unidad 2: ACENTOS: Palabras agudas   Quiz.
http://www.quia.com/quiz/5520417.html   Auto-graded.

SPN 214. Unidad 2: Conjugación de verbos irregulares en presente.   Auto-graded.
http://www.quia.com/quiz/6451047.html

SPN 214. Unidad 2-Reflexiones sobre el idioma   Instructor graded.
http://www.quia.com/quiz/6450932.html

SPN 214. Unidad 2: Verbos con cambio en el radical o irregulares.   Auto-graded
http://www.quia.com/quiz/5561518.html

SPN 214. Unidad 2: Vocabulario.   Auto-graded
http://www.quia.com/quiz/7221423.html

SPN 214. Unidad 2: Verbos recíprocos y pronominales   Instructor graded
http://www.quia.com/quiz/6451088.html

PN 214. Unidad 2: Acentos II (SPN 214)   Auto-graded.
http://www.quia.com/quiz/5520379.html

SPN 214. Unidad 2: El lenguaje coloquial   Instructor grading
http://www.quia.com/quiz/6451116.html   recommended.

SPN 214. Unidad 2: Acentos: agudas, graves o (sobre)esdrújulas   Quiz.
http://www.quia.com/quiz/5549854.html   Auto-graded.

SPN 214. Unidad 2: Variaciones del español   Instructor graded
http://www.quia.com/quiz/6451070.html

SPN 214. Unidad 2: Variaciones del español II   Quiz.
http://www.quia.com/quiz/6451085.html   Instructor graded.

SPN 214. Unidad 2: Calcos, anglicismos y cognados falsos.   Quiz.
http://www.quia.com/quiz/6454274.html   Instructor graded.

UNIDAD 3: Comida e identidad

Actividad	**Tipo de actividad**	**Fecha de entrega**

SPN 214. Unidad 3: El presente progresivo y el gerundio   Auto-graded.
http://www.quia.com/quiz/6454215.html

SPN 214. Unidad 3: Homófonos I   Instructor graded.
http://www.quia.com/quiz/6454277.html

SPN 214. Unidad 3: Vocabulario I   Auto-graded.
http://www.quia.com/quiz/6454240.html

SPN 214. Unidad 3: Ortografía: los homófonos.   Pop activity.
http://www.quia.com/pop/592421.html   Auto-graded

SPN 214. Unidad 3: Por qué/ porque / porqué/ por que   Pop activity.
http://www.quia.com/pop/630622.html   Auto-graded.

SPN 214. Unidad 3: Ser y estar   Pop activity.
http://www.quia.com/pop/602523.html   Auto-graded.

SPN 214. Unidad 3: ¿Infinitivo o gerundio?   Pop activity.
http://www.quia.com/pop/5038.html   Auto-graded.

SPN 214. Unidad 3: Prefijos y sufijos   Instructor graded
http://www.quia.com/quiz/6535924.html

SPN 214. Unidad 3: Puntuación (instructor graded).   Instructor graded.
http://www.quia.com/quiz/6535972.html

SPN 214. Unidad 3: Anglicismos y falsos cognados.   Auto-graded.
http://www.quia.com/quiz/7221767.html

UNIDAD 4: ¿Qué la historia los absuelva?

Actividad	Tipo de actividad	Fecha de entrega
SPN 214. Unidad 4: Para pensar en el vocabulario. http://www.quia.com/quiz/6555905.html	Instructor graded	
SPN 214. Unidad 4: Vocabulario **http://www.quia.com/quiz/7221795.html**	Auto-graded.	
Conjugación del pretérito (irregular y cambios de ortografía). http://www.quia.com/quiz/5520393.html	Auto-graded.	
SPN 214. Unidad 4: el pretérito. (Parte 2) http://www.quia.com/quiz/6555945.html	Auto-graded.	
SPN 214: hacer/ a ser http://www.quia.com/pop/630623.html	Auto-graded.	
SPN 214. Unidad 4: La diéresis. http://www.quia.com/quiz/6555992.html	Auto-graded.	
SPN 214. Unidad 4: Cognados falsos. http://www.quia.com/cm/720086.html	Auto-graded.	
SPN 214. Unidad 4: Homófonos http://www.quia.com/quiz/6576332.html	Auto-graded.	
SPN 214: Unidad 4: Traducción de verbos con preposiciones. http://www.quia.com/quiz/5549872.html	Auto-graded.	

UNIDAD 5: Mitos y leyendas

Actividad	Tipo de actividad	Fecha de entrega
SPN 215. Unidad 5: Vocabulario **http://www.quia.com/pop/687761.html**	Auto-graded	
SPN 215. Unidad 5: Pretérito e Imperfecto http://www.quia.com/quiz/5661385.html	Auto-graded	
SPN 215. Unidad 5: ¿Pretérito o Imperfecto? http://www.quia.com/quiz/3881812.html	Auto-graded.	
SPN 215. Unidad 5: Repaso de los acentos **http://www.quia.com/quiz/7224247.html**	Auto-graded	
SPN 215. Unidad 5: El imperfecto (conjugación). **http://www.quia.com/quiz/7224044.html**	Auto-graded.	
SPN 215. Unidad 5: Cognados y falsos cognados. **http://www.quia.com/pop/687201.html**	Auto-graded.	
SPN 215. Unidad 5: Pequeñas diferencias en el uso de artículos. **http://www.quia.com/quiz/7224192.html**	Auto-graded.	
SPN 215. Unidad 5: Pero, sino, sino que, ni http://www.quia.com/rr/1080392.html	Autp-graded.	
SPN 215. Unidad 5: Pretérito o Imperfecto. ¿Acción o descripción? http://www.quia.com/pop/592777.html	Auto-graded.	
SPN 215. Unidad 5: Por y Para http://www.quia.com/pop/687220.html	Auto-graded.	

UNIDAD 6: La educación

Actividad	Tipo de actividad	Fecha de entrega
SPN 215: Comparaciones y superlativos http://www.quia.com/pop/593209.html	Auto-graded.	

SPN 215. Unidad 6: ¿B o V?
http://www.quia.com/pop/593131.html

Auto-graded.

SPN 215: Comparaciones y superlativos
http://www.quia.com/pop/593209.html

Auto-graded.

SPN 215: Pronombres relativos & Cuyo(a)(s)
http://www.quia.com/pop/593594.html

Auto-graded.

SPN 215: Pronombres Relativos
http://www.quia.com/jq/267228.html

Auto-graded.

Pronombres relativos & Cuyo(a)(s)
http://www.quia.com/pop/12893.html

Auto-graded.

Pronombres Relativos (second year)
http://www.quia.com/jq/15370.html

Auto-graded.

Pronombres Relativos (combina las oraciones)
http://www.quia.com/quiz/4592037.html

Auto-graded.

UNIDAD 7: La tecnología y la sociedad de hoy

Actividad	Tipo de actividad	Fecha de entrega
SPN 215. Unidad 7: La tecnología y la sociedad http://www.quia.com/pop/691560.html	Auto-graded.	
SPN 215. Unidad 7: Pronombres de objeto indirecto. http://www.quia.com/pop/587724.html	Auto-graded.	
SPN 215. Unidad 7: Objeto directo e indirecto **http://www.quia.com/quiz/7242016.html**	Auto-graded.	
SPN 215. Unidad 7: La C, S, Z **http://www.quia.com/quiz/7242018.html**	Auto-graded.	
SPN 215. Unidad 7: Subjuntivo, conjugación. **http://www.quia.com/quiz/7222681.html**	Auto-graded.	
SPN 215. Unidad 7: ¿Subjuntivo, indicativo o infinitivo? **http://www.quia.com/quiz/7222668.html**	Auto-graded.	

UNIDAD 8: Las finanzas y la economía

Actividad	Tipo de actividad	Fecha de entrega
Vocabulario: el trabajo y la economía. http://www.quia.com/jg/346360.html	Auto-graded.	
Mandatos formales (drill) (SPN 215) http://www.quia.com/quiz/5708851.html	Auto-graded.	
Mandatos informales (tú)[drill] (SPN 215) http://www.quia.com/quiz/5708829.html	Auto-graded.	
SPN 215. Unidad 8: Presente Perfecto (drill) http://www.quia.com/quiz/5883427.html	Auto-graded.	

UNIDAD 9: Los retos de hoy

Actividad	Tipo de actividad	Fecha de entrega
Subjuntivo con expresiones de certeza/duda http://www.quia.com/pop/580491.html	Auto-graded.	
El Subjuntivo y el indicativo del Presente Perfecto http://www.quia.com/pop/39491.html	Auto-graded.	
SPN 216. Unidad 12: Ortografía. La LL y la Y. http://www.quia.com/pop/689700.html	Auto-graded.	

SPN 216: Subjuntivo o indicativo (expresiones de certeza y verbos de emoción/influencia). http://www.quia.com/quiz/5821481.html

Auto-graded.

Presente Perfecto del Indicativo y del subjuntivo
http://www.quia.com/quiz/351771.html

Auto-graded.

El Subjuntivo y el indicativo del Presente Perfecto
http://www.quia.com/pop/39491.html

Auto-graded.

UNIDAD 10: La música y otras artes

Actividad	Tipo de actividad	Fecha de entrega
El Subjuntivo del Imperfecto http://www.quia.com/quiz/286922.html	Auto-graded.	
Imperfecto del Subjuntivo: conjugación http://www.quia.com/quiz/2825223.html	Auto-graded.	
El condicional http://www.quia.com/quiz/145371.html	Auto-graded.	
El Futuro (drill) http://www.quia.com/quiz/2900499.html	Auto-graded.	

UNIDAD 11: Nuestro presente, pasado y futuro

Actividad	Tipo de actividad	Fecha de entrega
Secuencia de tiempos con el subjuntivo http://www.quia.com/quiz/1408209.html	Auto-graded.	
Pluscuamperfecto o subjuntivo del pluscuamperfecto http://www.quia.com/pop/30400.html	Auto-graded.	
El Condicional Perfecto http://www.quia.com/quiz/1380833.html	Auto-graded.	
"SI" clauses with present or imperfect subjunctive http://www.quia.com/quiz/2927136.html	Auto-graded.	

UNIDAD 12: La salud

Actividad	Tipo de actividad	Fecha de entrega
La Voz Pasiva http://www.quia.com/quiz/436307.html	Auto-graded.	
SPN 216. Unidad 12: Ortografía. La LL y la Y. http://www.quia.com/pop/689700.html	Auto-graded.	

Made in the USA
Monee, IL
10 August 2024